DAS GROSSE KOCH- UND BACKBUCH

Cholesterin-spiegel senken

Über 170 Genießer-Rezepte
für Gesundheitsbewusste

Leicht & schnell –
für jede Gelegenheit

Rezepte: Angelika Ilies, Doris Muliar, Edita Pospisil
Rezeptfotos: Michael Brauner

Weltbild

Der Inhalt dieses Buches

Die Rezepte

Cholesterinspiegel senken

Liebe Leserin, lieber Leser, jeder möchte gerne lange und dabei ohne Krankheiten leben. Dies zeigen unter anderem die vielen Umfragen, wie sie etwa immer zum Jahreswechsel durchgeführt werden. Häufig hört man dabei: Das Wichtigste ist die Gesundheit. Und es stimmt. Schon kleine Beschwerden stören unser Wohlbefinden erheblich, wie ist es dann erst mit großen und schwerwiegenden Erkrankungen.

Viele Krankheiten zeichnen sich schon lange vorher ab. Eigentlich könnten wir rechtzeitig etwas dagegen tun. Dies gilt insbesondere für Herz-Kreislauf-Erkrankungen. Unter diesem Begriff fasst man eine Reihe schwerwiegender Ereignisse zusammen: Herzinfarkt, Schlaganfall, Durchblutungsstörungen. Die Hälfte von uns wird an Herz-Kreislauf-Erkrankungen sterben. Um also lange und ohne Krankheit zu leben, haben wir die Chance, das Entstehen der Herz- und Kreislauf-Erkrankungen hinauszuzögern oder gar zu verhindern. Grund dafür ist die Tatsache, dass bestimmte Risikofaktoren für deren Entstehung verantwortlich sind. Solche Risikofaktoren sind Fettstoffwechselstörungen, einfach zusammengefasst als erhöhtes Cholesterin im Blut, Bluthochdruck, Zuckerkrankheit, deutliches Übergewicht und Zigarettenrauchen. Klar ist das Risiko am höchsten, wenn man mehrere dieser Faktoren aufweist. Dies bedeutet natürlich auch, dass man zur Verringerung des Risikos möglichst alle Risikofaktoren in ihrer Auswirkung vermindern oder sogar ausschalten könnte. Diese Risikofaktoren sind einfach zu erkennen: Ob man raucht, weiß man selbst. Eine Waage gibt Auskunft über das Ausmaß des Übergewichts. Der Blutdruck kann einfach gemessen werden, ebenso, wie sich Zucker im Urin nachweisen lässt. Für die Beurteilung des Fettstoffwechsels benötigt man jedoch eine Blutuntersuchung. Spätestens im Alter von 20 Jahren sollte jeder von uns seinen Cholesterinwert kennen, besser noch wissen, wie sich das Cholesterin zusammensetzt. Das so genannte LDL-Cholesterin fördert nämlich, wenn zu viel davon im Blut vorhanden ist, das Entstehen von Herz-Kreislauf-Erkrankungen, HDL-Cholesterin wirkt diesem entgegen. Je niedriger also LDL-Cholesterin und je höher HDL-Cholesterin ist, desto geringer ist das Risiko.

Für das Auftreten eines Herzinfarkts sind ein erhöhtes LDL-Cholesterin und ein niedriges HDL-Cholesterin die wichtigsten Risikofaktoren, für die Entwicklung des Schlaganfalls der Bluthochdruck. Wer also einem Herzinfarkt vorbeugen will, der muss vor allem – aber wie schon gesagt, nicht nur – sein LDL-Cholesterin möglichst tief und sein HDL-Cholesterin möglichst hoch halten. Veränderungen im Erbgut bestimmen die Höhe des LDL-Cholesterins und des HDL-Cholesterins mit. Aber eine ungünstige Ernährung kann entweder allein oder zusammen mit den Veränderungen des Erbguts den LDL-Cholesterinwert nach oben treiben. Wenn das LDL-Cholesterin deutlicher erhöht ist (>190 mg/dl oder >4,9 mmol/l), liegt meist eine Kombination aus Veränderungen des Erbguts und ungünstiger Ernährung vor.
Es lohnt sich also immer, durch eine Umstellung der Ernährung das LDL-Cholesterin zu senken. Gerade auch, wenn Medikamente zur Senkung des LDL-Cholesterins erforderlich sind. Denn dann können schwächere Medikamente oder geringere Dosierungen gewählt werden, die häufig viel besser verträglich sind. Dies ist sehr wichtig, denn diese Medikamente müssen ja lebenslang eingenommen werden, und je weniger man davon benötigt, desto besser.

Es gibt noch einen weiteren Grund, sich frühzeitig um sein LDL-Cholesterin zu kümmern: Wer Beschwerden am Herzen bekommt, hat bereits eine Einengung der Herzkranzgefäße um 70 Prozent. Außerdem weiß man heute, dass die meisten Herzinfarkte an nicht deutlich eingeengten Herzkranzgefäßen auftreten. Es sind also in den meisten Fällen nie Herzbeschwerden vorausgegangen. Wer also wirklich vorbeugen will, muss damit früh anfangen.

Das vorliegende Buch wird Ihnen zeigen, dass es zur Senkung eines erhöhten LDL-Cholesterins oder auch zur Vorbeugung des Anstiegs nicht notwendig ist, seine Ernährung radikal einzuschränken und zu ändern. Es geht darum, die Ernährung zu modifizieren, das heißt, die einzelnen Nahrungsbestandteile in ein vernünftiges Verhältnis zueinander zu bringen. Modifikation heißt die Devise, nicht Revolution. Und man hat Zeit dafür. Langsam anfangen und sich hineinfinden – das ist der Weg zum Erfolg.
Dies wünsche ich Ihnen.

Ihr
Prof. Dr. Werner Richter

Cholesterin – lebensnotwendig oder gefährlich

Cholesterin ist ein lebenswichtiger Stoff. Es ist wichtiger Bestandteil der Zellummantelung, hat zentrale Bedeutung für die Funktion des Nervengewebes und ist Ausgangsstoff für die Herstellung von Sexualhormonen. In der Haut wird aus Cholesterin Vitamin D gebildet, das für stabile Knochen verantwortlich ist, denn es steuert den Kalkgehalt. Mengenmäßig bedeutsam ist die in der Leber stattfindende Umwandlung von Cholesterin zu Gallensäuren. Diese gelangen mit der Galle in den Darm und vermitteln dort die Aufnahme von Fett und Cholesterin aus der Nahrung.
Die Körperzellen produzieren Cholesterin in erheblichen Mengen selbst und könnten den täglichen Bedarf unabhängig von der Zufuhr mit der Nahrung decken. Zusätzlich wird Cholesterin mit tierischen, aber nicht mit pflanzlichen Lebensmitteln aufgenommen.

Erhöhter Cholesterinspiegel und die Folgen

Ist die Cholesterin-Konzentration im Blut über längere Zeit zu hoch, steigt das Risiko an einer Arterienverengung, der Arteriosklerose, zu erkranken. Es kommt zu cholesterinhaltigen Ablagerungen in den Arterienwänden. Diese führen mehr und mehr zu einer Gefäßeinengung, die schließlich den Blutfluss erheblich stören, ja sogar unterbrechen kann. Die von diesen Gefäßen abhängigen Körpergewebe werden durch eine längere Unterbrechung der Blutversorgung gefährlich geschädigt. Es droht ein Infarkt, das bedeutet das Absterben von Gewebe bzw. ganzer Organe.

Besonders häufig bilden sich solche Ablagerungen an den Gefäßen, die das Herz mit Blut versorgen, den Herzkranzgefäßen. Diese Erkrankung wird koronare Herzkrankheit genannt, kurz KHK. Selten verursachen diese Schädigungen Schmerzen, in den meisten Fällen entwickelt sich die Arteriosklerose unbemerkt – ihre schlimmsten Auswirkungen, Schlaganfall und Herzinfarkt, treten völlig unerwartet ein. Denn Cholesterin ist tückisch: Man sieht und spürt es nicht: Selbst wenn zum Beispiel ein Herzkranzgefäß bereits zu 70 Prozent verstopft ist, verspürt der Betroffene in Ruhe meist noch keine Anzeichen. Erst bei körperlicher Anstrengung oder Anstieg des Blutdrucks können sich leichte Schmerzen in der Herzgegend einstellen, die so genannten Angina-pectoris-Anfälle.

Risikofaktoren für Fettstoffwechselstörungen

Die Risikofaktoren von Herz-Kreislauf-Erkrankungen stehen in enger Beziehung zur Lebens- und Ernährungsweise.
Für die koronare Herzkrankheit und damit den Herzinfarkt ist ein erhöhter Cholesterinspiegel der gefährlichste Risikofaktor. Für eine Arteriosklerose in den Gehirnarterien, und damit für den Schlaganfall, ist dagegen ein erhöhter Blutdruck der schwerwiegendste Risikofaktor. Die Arterien der Beine sind wiederum am meisten durch das Rauchen bedroht. Für alle Organbereiche gilt gleichermaßen, dass eine Kombination von Risikofaktoren die Gefährdung erheblich steigert.

Zahlreiche Studien belegen, dass die Ernährung als wesentlicher Faktor zur Entstehung der koronaren Herzkrankheit beiträgt. Eine zu hohe Kalorienaufnahme und fettreiches Essen, wie es für viele Menschen in den westlichen Industrienationen typisch ist, bilden eine gefährliche Basis für die Entstehung der Risikofaktoren Übergewicht, Fettstoffwechselstörungen, Diabetes (Zuckerkrankheit) und Bluthochdruck.
Eine zu geringe Aufnahme von Vitaminen und Ballaststoffen, Mangel an körperlicher Aktivität sowie Stress, Alkohol und Nikotin tragen ebenfalls zur hohen Herzinfarkt-Rate bei.

Schmerzen treten erst auf, wenn das Gefäß um mehr als 70 Prozent eingeengt ist und die Versorgung des hinter der Einengung liegenden Gewebes mit Sauerstoff und Nährstoffen nicht mehr in ausreichendem Umfang stattfindet. Ein Engegefühl in der Brust ist charakteristisches Anzeichen einer solchen Angina pectoris.
Doch die meisten Menschen werden völlig unerwartet von einem Herzinfarkt heimgesucht: Mehr als zwei Drittel der Herzinfarkte treten bereits bei Einengungen der Gefäße von weniger als 50 Prozent auf. Weitere 20 Prozent bei Einengungen zwischen 50 und 75 Prozent und nur jeder sechste Infarkt bei sehr weit fortgeschrittenen Veränderungen. Vorbeugen tut also dringend Not.

Cholesterinspiegel senken

Das A und O bei der Behandlung erhöhter Cholesterinwerte ist eine fettmodifizierte Ernährung. Fettmodifiziert bedeutet nicht, dass Sie auf fetthaltige Lebensmittel verzichten müssen. Doch Sie sollten Ihren Speiseplan kritisch auf sichtbares und verstecktes Fett in tierischen Lebensmitteln überprüfen und gegebenenfalls einschränken.

- Bevorzugen Sie pflanzliche Fette, diese kurbeln den Fettstoffwechsel sogar noch an.
- Essen Sie nicht zu kalorienreich, stillen Sie Ihren Appetit öfter mit Vollkornprodukten, Gemüse, Kartoffeln und frischem Obst.
- Trinken Sie nur ab und zu alkoholische Getränke und auch dann nicht mehr als ein oder zwei Gläser.
- Kontrollieren Sie Ihr Gewicht, denn deutliches Übergewicht ist ein eigenständiger Risikofaktor für die Entstehung der Arteriosklerose. Die langfristige Reduktion überflüssiger Pfunde kann die Cholesterinwerte verbessern.
- Bewegen Sie sich regelmäßig. Körperliche Aktivität bewirkt eine günstige Veränderung der Cholesterinwerte im Blut. Am günstigsten sind Sportarten, die die Ausdauer trainieren, z. B. Joggen, Rad fahren oder Schwimmen.

Beratungsstellen

Mit dem Ziel der Prävention von Herz-Kreislauf-Erkrankungen durch intensive Aufklärung, haben sich in Deutschland sieben Institutionen bzw. Gesellschaften zu einer Arbeitsgemeinschaft in der Nationalen-Herz-Kreislauf-Konferenz zusammengeschlossen.

Deutsche Gesellschaft zur Bekämpfung von Fettstoffwechselstörungen und ihren Folgeerkrankungen DGFF (Lipid-Liga) e.V.
Waldklausenweg 20
81377 München
Tel. 089-7191001
Fax 089-7142687
http://www.lipid-liga.de

Deutsche Gesellschaft für Kardiologie-Herz- und Kreislaufforschung (DGK)
Goethestraße 38a
40237 Düsseldorf
Tel. 0221-6006920
Fax 0221-60069210

Deutsche Gesellschaft für Prävention und Rehabilitation von Herz-Kreislauferkrankungen e.V. (DGPR)
Friedrich-Ebert-Ring 38
56068 Koblenz
Tel. 0261-309231
Fax 0261-309232

Deutsche Gesellschaft für Sportmedizin und Prävention
Hugstetter Straße 55
79106 Freiburg
Tel. 0761-2707451
Fax 0761-2024881

Deutsche Herzstiftung e.V.
Vogtstraße 50
60322 Frankfurt/Main
Tel. 069-9551280
Fax 069-955128313
http://www.herzstiftung.de

Deutsche Liga zur Bekämpfung des hohen Blutdrucks e.V. Deutsche Hypertonie Gesellschaft
Postfach 102040
69010 Heidelberg
Tel. 06221-411774
Fax 06221-402274
Herz-Kreislauf-Telefon: 06221-474800
http://www.paritaet.org/RR-Liga

Stiftung Deutsche Schlaganfallhilfe
Postfach 104
33311 Gütersloh
Tel. 05241-977053
Fax 05241-702071
http://www.schlaganfall-hilfe.de

So erfahren Sie die Höhe Ihres Cholesterinspiegels

Die Cholesterinmessung ist Bestandteil der mit der Gesundheitsreform eingeführten Vorsorgeuntersuchung, die ab dem 35. Lebensjahr alle zwei Jahre in Anspruch genommen werden kann. Aber bereits vor diesem Zeitpunkt kann eine Untersuchung empfehlenswert sein, insbesondere wenn in Ihrer Familie Hinweise auf das Vorhandensein von Herz-Kreislauf-Erkrankungen vorliegen, wie z. B. für Herzinfarkt oder Schlaganfall. In solchen Fällen fragen Sie Ihren Arzt, ob es sinnvoll ist, auch die Blutfette Ihres Kindes bestimmen zu lassen.

Herz-Kreislauf-Erkrankungen

Etwa 40 Prozent aller Patienten überleben den ersten Herzinfarkt nicht. Daher sollte jeder einzelne wissen, wie stark bei ihm die Risikofaktoren für das Auftreten eines Herzinfarktes ausgeprägt sind. Herz-Kreislauf-Erkrankungen sind die häufigste Krankheits- und Todesursache in der Bundesrepublik Deutschland. Hauptursache für Angina pectoris, Herzinfarkt und plötzlicher Herztod, die so genannte koronare Herzkrankheit, ist die Einschränkung der Sauerstoffzufuhr zum Herzmuskel. Und fast immer ist diese auf eine unbehandelte Arteriosklerose an den Herzkranzgefäßen zurückzuführen. Wenn keine Vorsorge betrieben wird, breitet sich die koronare Herzkrankheit im Laufe der Jahre immer weiter aus. Es ist ein schleichender Prozess, der selten oder erst spät Schmerzen verursacht. Mehr als 80 Prozent der Betroffenen erleiden unerwartet einen Herzinfarkt, bei anderen wird durch den langsamen Untergang von Herzmuskelgewebe und schwielige Durchsetzung des Herzmuskels die Herzfunktion eingeschränkt.

Etwa die Hälfte aller Todesfälle in den westlichen Industrieländern ist auf Herz-Kreislauf-Erkrankungen zurückzuführen. Im Jahr 1999 waren Beeinträchtigungen der Herz-Kreislauf-Funktionen für rund 406 000 (48 Prozent) aller Todesfälle in der Bundesrepublik Deutschland verantwortlich. 76 000 starben plötzlich an einem Infarkt – die anderen hatten den Herzinfarkt zunächst überlebt oder hatten Durchblutungsstörungen am Herzen oder starben nach einem Schlaganfall. Sie sehen, der Mensch wird so alt wie seine Blutgefäße. In vielen Fällen kann man das durch frühe Vorbeugung hinauszögern oder sogar verhindern

Wer ist besonders gefährdet?

Herz-Kreislauf-Erkrankungen können praktisch jeden treffen, der auf Grund des Alltagsstress eine eher ungesunde Lebensweise praktiziert. Diese äußert sich zum Beispiel in einem Mangel an körperlicher Bewegung, wenig Schlaf und Stress sowie Fehl- und Überernährung. Diese Umstände begünstigen viele Risikofaktoren, welche für die große Zahl von Herz-Kreislauf-Erkrankungen verantwortlich sind.

Anerkannte Risikofaktoren sind Fettstoffwechselstörungen, Bluthochdruck, Zigarettenrauchen, Diabetes und deutliches Übergewicht. Aber das Risiko ist hoch auch wenn innerhalb der Familie schon in niedrigen Lebensjahren (vor dem 60. Lebensjahr bei Männern, vor dem 70. Lebensjahr bei Frauen) ein Herzinfarkt aufgetreten ist. Sind mehrere dieser Faktoren vorhanden, steigt die Gefahr an, einen Herzinfarkt zu erleiden. Auch wenn eine deutliche Reduktion des Cholesterinspiegels im Blut das Risiko für einen Herzinfarkt bei weitem am deutlichsten senkt, müssen für die Vorbeugung des Herzinfarkts alle Risikofaktoren in Angriff genommen werden.

Diagnose Arteriosklerose

Arteriosklerose oder Atherosklerose, im Volksmund auch Arterienverkalkung genannt, ist eine der häufigsten Ursachen von Herz-Kreislauf-Erkrankungen. Verursacht wird die zu Herzinfarkt führende Arteriosklerose durch eine chronische Verengung der Herzkranzgefäße. Diese kann im fortgeschrittenen Stadium die Sauerstoffzufuhr zum Herzmuskel stark einschränken. Denn wenn die krankhafte Gefäßveränderung nicht behandelt wird, und die Verdickung der Arterie das Herzkranzgefäß um mehr als 70 Prozent einengt, ist der Blutfluss erheblich beeinträchtigt. Das dahinter liegende Gewebe kann nicht mehr ausreichend mit Sauerstoff und Nährstoffen versorgt werden. Für eine schwerwiegende Durchblutungsstörung genügt es bereits, wenn nur durch eine Stelle zu wenig Sauerstoff kommt. Kommt es schließlich zum Verschluss des Gefäßes durch die übermäßige Ablagerung von Blutplättchen, droht ein Herzinfarkt.

Gesunde Gefäße von innen

Wie bei jedem Gefäß ist die Wand eines Herzkranzgefäßes, das den Herzmuskel mit Sauerstoff und Nährstoffen versorgt, aus drei Schichten aufgebaut, von denen jede lebenswichtige Funktionen erfüllt:

1. Die innere Auskleidung, das so genannte Endothel, sorgt unter anderem dafür, dass sich an der Gefäßwand keine Blutgerinnsel bilden und dass keine krankmachende Partikel in die Blutgefäßwand gelangen. Sie stellt eine Art Schutzschicht dar.
2. Die mittlere Schicht aus Muskelzellen, so genannte »glatte Muskelzellen«, reguliert die Weit- und Engstellung der Arterien. Sie spielt eine wichtige Rolle bei der Anpassung des Kreislaufes in Belastungssituationen.
3. In der äußeren Schicht, die aus Binde- und Stützgewebe besteht, verlaufen kleinste Blutgefäße. Diese versorgen die Gefäßwände mit Sauerstoff und Nährstoffen.

Stadien der Arteriosklerose

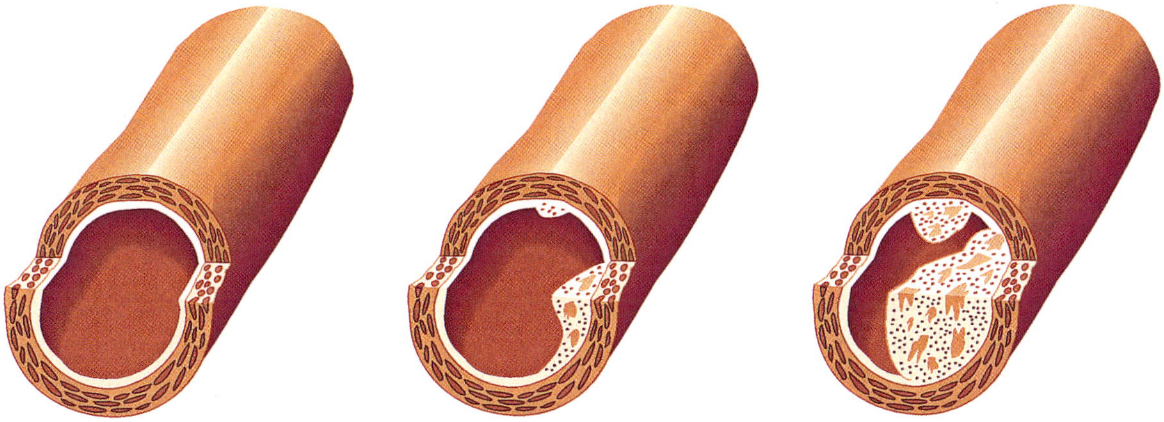

1. Gesunde Arterie

2. Arterie mit ersten Gefäßveränderungen

3. Stark verengte Arterie

Grafik: becel

Wenn die Gefäße enger werden

Insbesondere die innere Auskleidung der Arterienwand erfüllt eine wichtige Schutzfunktion. Sie ist allen Stoffen ausgesetzt, die im Blut transportiert werden – auch den aggressiven Substanzen. Diese können die Endothelschicht erheblich schädigen und Entzündungen auslösen, die die Arterien verletzbarer und durchlässiger machen.
Fettstoffwechselstörungen, die mit einem erhöhten Cholesterinspiegel einher gehen, beeinträchtigen die Funktion des Endothels. Auslöser für die krankhaften Veränderungen der Gefäßwand ist die vermehrte Aufnahme von Cholesterin bei geschädigter innerer Auskleidung derselben. Cholesterin lagert sich dann an Zellen und zwischen Gewebefasern ein.
Es kommt zu einer Vermehrung von Bindegewebsfasern und glatten Muskelzellen. Diese Wucherungen führen dazu, dass sich die geschädigte Arterienwand deutlich vorwölbt und damit das Herzkranzgefäß einengt. Die Einlagerungen von Cholesterin sind häufig nur noch durch wenige Bindegewebsfasern und das Endothel gegenüber dem Blut abgedichtet. Es besteht dann die Gefahr, dass die dünne Bindegewebsschicht nachgibt: Die innere Auskleidung des Blutgefäßes reißt ein. An der Einrissstelle bildet sich ein Blutgerinnsel, das je nach Größe das Herzkranzgefäß einengt oder sogar verschließt. Es kommt zu Durchblutungsstörungen oder sogar zum Infarkt.
Ohne Cholesterin kann sich also keine Arteriosklerose entwickeln.
Eine Bindegewebsvermehrung und die Anreicherung von glatten Muskelzellen in den Wänden der Herzkranzgefäße sind für die Erkrankung von wesentlicher Bedeutung.
Eine wichtige Schutzfunktion hat die innere Auskleidung der Arterienwand. Fettstoffwechselstörungen, die mit einem erhöhten Cholesterinspiegel einher gehen, sowie ein hoher Blutdruck oder Rauchen stören diese Funktion nachhaltig und bahnen so den Weg für die Arteriosklerose.

Gezielt vorbeugen

Erkrankungen des Herz-Kreislaufsystems treten bei bestimmten Personen bereits in den mittleren Lebensjahren auf. Werden die Risikofaktoren frühzeitig entdeckt und beginnt die gezielte Vorsorge bereits im Kindesalter, kann der Arteriosklerose rechtzeitig begegnet werden. Eine besonders effektive Prävention ist eine gesunde Lebens- und Ernährungsweise.
Von einer Ernährungsumstellung profitiert die ganze Familie. Der wesentlichste Aspekt ist, den Verzehr von tierischen Produkten mit hohem Fettanteil einzuschränken. Sofern kein Übergewicht vorliegt, muss die Ernährung dabei gar nicht kalorienarm im Sinne einer Reduktionsdiät sein. Frisch, abwechslungsreich und arm an tierischen Fetten heißt jedoch die Devise!

Cholesterin im Überfluss – die andere Seite des Cholesterins

Wie bereits erwähnt, ist Cholesterin ein lebenswichtiger Nährstoff, der für viele Aufgaben und Funktionen im menschlichen Organismus unerlässlich ist (siehe Seite 6). Warum also kann das Cholesterin für Herz und Kreislauf so gefährlich werden?

HDL und LDL – Stichwort Lipoproteine

Um die Zusammenhänge zwischen Cholesterin, Arteriosklerose und Herzinfarkt zu verstehen, sind einige Vorbemerkungen zur Benennung der Blutfette und ihres Stoffwechsels erforderlich.
Fette und Cholesterin sind schlecht wasserlöslich und können deswegen nicht einfach so im Blut transportiert werden. Um dieses Hindernis zu überwinden, werden sie in eine Eiweißhülle verpackt. Diese kugelförmigen Komplexe aus Eiweiß und Fett heißen Lipoproteine (Lipo = Fett, Protein = Eiweiß) und werden auf Grund ihrer Dichte unterschieden. Die beiden wichtigsten Vertreter dieser Familie – im Hinblick auf erhöhte Cholesterinwerte – sollten Sie kennen: Die Lipoproteine niedriger Dichte (LDL) versorgen die Zellen mit diesen Nährstoffen. Die Lipoproteine hoher Dichte (HDL) hingegen sind in der Lage, unbenötigtes Cholesterin wieder zu binden und zurück zur Leber zu transportieren.
Um diese ungleichen Aufgaben vereinfacht darzustellen, werden LDL im Volksmund auch als »schlechtes« Cholesterin und HDL als »gutes« Cholesterin bezeichnet.

Die Rolle des LDL – Cholesterinversorgung

Diagnostiziert Ihr Arzt einen gesundheitlich bedenklich hohen Cholesterinspiegel, bedeutet dies, dass die Konzentration des LDL-Cholesterins erhöht ist.
LDL enthalten den größten Teil des Cholesterins im Blut. Sie transportieren Cholesterin zu den verschiedenen Organen unseres Körpers, wo sie durch spezielle Aufnahmestellen (Rezeptoren) in die Zelle eingeschleust werden. Schwimmen zu viele LDL im Blutstrom oder werden nicht genügend Aufnahmestellen gefunden bzw. fehlen diese völlig, reichern sich die LDL dramatisch im Blut an. Die Makrophagen (Fresszellen), eine Art Schutzpolizei, die den Körper vor Gesundheitsschäden bewahrt, kümmern sich um die Beseitigung der angereicherten LDL. Sie nehmen das LDL auf und lagern es so lange ein, bis sie völlig mit Cholesterin überladen in der Gefäßwand liegen bleiben. Denn sie können die Aufnahme von LDL nicht regulieren.
Diese Entwicklung ist gefährlich, denn die »überfressenen« Makrophagen können den arteriosklerotischen Prozess auslösen! Mit der Zeit wölben sich kleine Pölsterchen vor, die das Gefäß einengen und die Blutversorgung gefährden. Pfropft nun ein Blutgerinnsel auf diese Verengung auf, verschließt dies die Arterie vollständig. Es kommt zum Infarkt.

LDL-Konzentration im Blut

Ursache für einen gesundheitsgefährdenden Überschuss von LDL im Blut kann eine ererbte Störung im Fettstoffwechsel sein. Bei der so genannten familiären Hypercholesterinämie ist zum Beispiel die Anzahl der Aufnahmestellen für LDL an den Körperzellen vermindert. Ganz wesentlich trägt aber auch eine falsche Ernährung zu Veränderungen des LDL-Stoffwechsels bei.
Wie viel LDL im Blut kreist, hängt einerseits von der gebildeten Menge, andererseits von der LDL-Aufnahme in die Zelle ab. Letztere ist wiederum abhängig von der Anzahl funktionsfähiger Aufnahmestellen für LDL. Wenn diese speziellen Rezeptoren ausgelastet sind, nehmen die Zellen kein LDL mehr auf. Das ist bei einer Konzentration von etwa 200 mg/dl (5,2 mmol/L) der Fall.

Die Rolle des HDL – Cholesterinentsorgung

HDL wird im Darm und in der Leber gebildet sowie beim Abbau anderer Lipoproteine im Blut.
Es kann sich an die Makrophagen anlagern und Cholesterin, das dort von den LDL angebracht wurde, wieder aufnehmen. Dieses Cholesterin transportiert das HDL zurück zur Leber. Diese kann das Cholesterin zu Gallensäure verstoffwechseln und in den Darm ausscheiden. Auf Grund dieser besonderen Eigenschaft, überschüssiges Cholesterin wieder

Die Lipoproteine niedriger Dichte – im Englischen »low-density-lipoproteins«, abgekürzt LDL. Sie transportieren Cholesterin zu den Zellen. Die Lipoproteine hoher Dichte – im Englischen »high-density-lipoprotein«, abgekürzt HDL. Sie nehmen von bestimmten Körperzellen, den Makrophagen, wieder Cholesterin auf und transportieren es zur Leber.
Der Arzt kann den Anteil dieser beiden Lipoproteine im Blut bestimmen, und anhand des Verhältnisses von LDL-Cholesterin und HDL-Cholesterin das Herz-Kreislauf-Risiko ermitteln.
Ein Gesundheitsrisiko stellen sowohl ein erhöhter LDL-Cholesterinspiegel als auch ein zu niedriger HDL-Cholesterinspiegel dar.
Besonders hoch ist das Risiko für das Auftreten eines Herzinfarkts, wenn das LDL-Cholesterin hoch und gleichzeitig das HDL-Cholesterin niedrig ist.

einsammeln zu können, unterscheidet sich das HDL von allen anderen im Blut vorhandenen Lipoproteinen: HDL schützt vor arteriosklerotischen Ablagerungen in den Gefäßen. Je höher die HDL-Konzentration im Blut ist, desto besser.

Der Maßstab für ein gesundes Herz

Diese Richtwerte sollten eingehalten werden

Gesamtcholesterin (in mg/dl)	unter	200
LDL-Cholesterin (in mg/dl)	unter	130
HDL-Cholesterin (in mg/dl)	mehr als	45
Blutdruck (in mmHg)	unter	140/90
Körpergewicht (in kg/m²)	BMI unter	25

Quelle: Lipid-Liga e.V. Grafik: becel

Die Triglyceride

Es gibt noch eine weitere wichtige Gruppe von Fettstoffen im Blut, die bei der Entstehung der Arteriosklerose eine Rolle spielen können, die Triglyceride (Neutralfette). Sie sind Hauptbestandteil der Fette, die wir mit der Nahrung aufnehmen. Das Fettgewebe des Körpers besteht zum größten Teil aus Triglyceriden, denn diese stellen die wichtigste Energiereserve des Körpers dar. Bei ererbten Störungen, Übergewicht oder einer ungünstigen Ernährung steigt ihre Konzentration im Blut allerdings stark an, besonders bei Alkoholkonsum, bei hoher Zufuhr von schnell resorbierbaren Kohlenhydraten, den Einfachzuckern.
Die Beurteilung der Triglyceride ist jedoch nicht einfach, nur bestimmte Formen begünstigen den Herzinfarkt.
Dennoch hilft der Triglyceridwert Ihrem Arzt, die Gesamtsituation des Fettstoffwechsels in Ihrem Körper beurteilen zu können.

Bei einer deutlichen Erhöhung der Triglyceridwerte (über 1000 mg/dl; 11,2 mmol/l) verschlechtern sich die Fließeigenschaften des Blutes. Besonders negativ wirkt sich das in den kleinen Blutgefäßen aus.

Erhöhte Triglyceridwerte können Sie durch folgende Maßnahmen sehr rasch und wirksam senken:

- Verzicht auf alkoholische Getränke.
- Vermeidung von leicht resorbierbaren Zuckern, z. B. aus Limonadengetränken, Süßwaren und Weißmehlprodukten. Stattdessen Verzehr von ballaststoffreichen Kohlenhydratträgern wie Gemüse, Getreide und Hülsenfrüchten.
- Gewichtsreduktion bei Übergewicht.
- Mehr körperliche Aktivität.

Fettstoffwechselstörungen

Die Ursachen, die den Cholesterinspiegel im Blut ansteigen lassen können, sind heute genau bekannt. Das ist sehr wichtig, da bei bestimmten Menschen ein Herzinfarkt auch begünstigt werden kann, wenn das LDL-Cholesterin nur sehr gering erhöht ist. In wenigen Fällen sind angeborene Fettstoffwechselstörungen ausschließliche Ursache für erhöhte Cholesterinwerte. Meist liegen geringe Veränderungen im Erbgut vor, doch nur wenn weitere Risikofaktoren hinzukommen, steigen die LDL-Konzentrationen tatsächlich auf gesundheitsgefährdende Werte an.
Eine besonders ausgeprägte Erhöhung des LDL-Cholesterins ist zu beobachten, wenn eine bestimmte Genschädigung dazu führt, dass keine Aufnahmestellen (Rezeptoren) für LDL an den Zellen gebildet werden. Bei dieser seltenen, reinerbigen Form (nur einer unter einer Million Menschen ist davon betroffen) liegen überhaupt keine funktionsfähigen LDL-Aufnahmestellen vor. Bei diesen Menschen ist mit dem ersten Herzinfarkt vor dem 15. Lebensjahr zu rechnen. **(Familiäre homozygote Hypercholesterinämie)**

Bei der wesentlich häufigeren gemischterbigen Form, die **familiäre Hypercholesterinämie** genannt wird und nur jeweils einen von fünfhundert Menschen trifft, ist die Anzahl der LDL-Rezeptoren auf die Hälfte vermindert. Erfolgt keine ausreichende Behandlung, kommt es meistens zwischen dem 40. und 60. Lebensjahr zum ersten Herzinfarkt. Bei dieser Art von Fettstoffwechselstörung muss nahezu jeder Betroffene mit dem Auftreten eines Herzinfarkts rechnen, wenn er keine wirksame Behandlung durchführt.
Eine wiederum ganz anders geartete genetisch bedingte Störung verändert den Eiweißanteil der LDL derart, dass die LDL nicht mehr in normalem Umfang über die Aufnahmestellen der Zellen verstoffwechselt werden können. Auch diese Erkrankung verursacht chronisch erhöhte LDL-Cholesterinwerte im Blut. **(Familiär defektes Apolipoprotein B-100)**

In den meisten Fällen beeinträchtigt die genetische Veränderung die Bildung von Enzymen und Eiweißen des Fettstoffwechsels allerdings nur geringfügig. Zu einem bedenklichen Anstieg des LDL-Cholesterins kommt es dadurch nicht. Erst wenn andere Faktoren hinzu kommen, wie Übergewicht, Diabetes, eine zu fett- oder kalorienreiche Ernährung, eine zu hohe Zufuhr an gesättigten Fettsäuren, Schilddrüsenfunktionsstörungen oder auch bestimmte Medikamente, kann das LDL-Cholesterin so weit ansteigen, dass es gesundheitliche Schäden verursachen kann. **(Polygene Hypercholesterinämie)**

Eine weitere Form von Fettstoffwechselstörungen führt dazu, dass mehr Nahrungscholesterin aus dem Darm in den Körper eingeschleust wird als üblich. Auf Grund dieser ungewöhnlich hohen Versorgung, kann auch die Leber nicht alles Cholesterin aus dem Blut wieder aufnehmen. Die LDL-Spiegel steigen. **(Apolipoprotein E-4-Polymorphismus)**

Neben den bisher geschilderten Fettstoffwechselstörungen gibt es Formen von erhöhtem LDL-Cholesterin, die durch Veränderungen des Erbguts bedingt sind und ein besonders ausgeprägtes Risiko für einen Herzinfarkt darstellen. Obwohl das LDL-Cholesterin dabei nur geringfügig erhöht oder sogar auf normalem Niveau ist, besteht ein massiv gesteigertes Herzinfarkt-Risiko. Bei Menschen, die vor dem 60. Lebensjahr einen Herzinfarkt erleiden, wird meist diese Fettstoffwechselstörung diagnostiziert. Sie betrifft in unserer Bevölkerung nahezu jeden 100. Die Früherkennung einer solchen Störung ist in der Regel nur einem Arzt möglich.

Dieses Beispiel zeigt, dass das Herz-Kreislauf-Risiko auf Grund von Fettstoffwechselstörungen nicht allein an der Höhe des LDL-Cholesterinspiegels festgemacht werden kann. Weiterhin kann eine hohe Konzentration von LDL-Cholesterin auch infolge anderer Stoffwechselkrankheiten, z. B. einer Störung des Galleflusses, einer Unterfunktion der Schilddrüse oder durch Nierenfunktionsstörungen, verursacht werden. Eine Reihe von Medikamenten tragen ebenfalls zum Anstieg von LDL-Cholesterin bei.

Auch die Ernährung beeinflusst die Blutfettwerte. Wenn das Nährstoffverhältnis unausgewogen ist, täglich mehr Energie zugeführt als verbrannt wird, wenn mit den Mahlzeiten viel tierisches Fett, gesättigte Fettsäuren sowie cholesterinreiche Nahrungsmittel aufgenommen werden, kann dies zu einem Anstieg des LDL-Cholesterins beitragen. In 40 Prozent der Krankenfälle wird die Erhöhung des Cholesterinspiegels auf eine ungünstige Ernährung zurückgeführt. Dabei steht meist nicht der Cholesteringehalt der verzehrten Lebensmittel im Vordergrund. Eine entscheidende Rolle spielt das Fettsäuremuster der Speisen (siehe Seite 16ff.).

Eine Umstellung der Ernährung ist immer notwendig und eine wichtige Grundlage der Behandlung erhöhter LDL-Cholesterinwerte, ganz gleich, welche Ursachen der LDL-Cholesterinerhöhung zu Grunde liegen.
Erniedrigte Konzentrationen von HDL-Cholesterin können genetische Gründe haben, und werden auch bei Fettstoffwechselstörungen mit hohen Triglyceridspiegeln und bei Übergewicht beobachtet.

Die Risikofaktoren auf einen Blick

Risikofaktor LDL-Cholesterin
Dieses Buch hat den Titel »Cholesterinspiegel senken«. Wenn Ihr Arzt von einem bedenklich hohen Cholesterinspiegel im Blut spricht, bedeutet das in der Regel eine erhöhte Konzentration des LDL-Cholesterins. Denn nur dieses fördert das Entstehen von Arteriosklerose. HDL-Cholesterin hat hingegen eine schützende Funktion.

Kennen Sie nur Ihren Gesamtcholesterinwert, können Sie daraus nicht auf Ihr Herz-Kreislauf-Risiko schließen. Denn in den Gesamtcholesterinspiegel gehen die HDL- und LDL-Fraktionen gleichermaßen ein. Hohe Werte können also sowohl auf zu viel LDL-Cholesterin als auch auf hohe Konzentrationen HDL-Cholesterins zurückgehen. Die Bedeutung für das Herzinfarktrisiko ist jedoch völlig gegensätzlich.

Ohne mit Ihrem Arzt gesprochen zu haben, wie Sie die Cholesterinwerte günstig beeinflussen können, sollten Sie daher keine einschneidenden Maßnahmen einleiten. Denn eine Änderung der Ernährung kann das Verhältnis von LDL-Cholesterin und HDL-Cholesterin unter Umständen auch negativ beeinflussen!

Risikofaktor Nikotin
Zigarettenrauchen unterstützt die Entwicklung arteriosklerotischer Gefäßveränderungen besonders stark und gilt als einer der größten Risikofaktoren. Nicht ganz so gefährlich sind das Rauchen von Zigarre und Pfeife, weil der Rauch dabei nicht so tief inhaliert wird.

Cholesterinwerte – gesund oder kritisch?

Welche LDL- und HDL-Cholesterinspiegel als optimal gelten, hängt auch immer von den zusätzlichen Risikofaktoren ab.
Laut der Deutschen Gesellschaft für Fettstoffwechselstörungen und ihre Folgeerkrankungen DGFF (Lipid-Liga) e.V. gilt, dass das Herz-Kreislauf-Risiko gering ist, wenn das LDL-Cholesterin folgende Werte nicht überschreitet:

Kein oder ein zusätzlicher Risikofaktor	LDL-Cholesterin < 160 mg/dl
Zwei oder mehr zusätzliche Risikofaktoren	LDL-Cholesterin < 130 mg/dl
Bereits bestehende Durchblutungsstörungen am Herzen	LDL-Cholesterin < 100 mg/dl

Zusätzliche Risikofaktoren auf einen Blick
Übergewicht • Fettstoffwechselstörungen • Diabetes mellitus
Bluthochdruck • Nikotinkonsum • Bewegungsmangel

Dabei sollte das Verhältnis von LDL-Cholesterin zu HDL-Cholesterin jeweils günstiger als 3 sein. Das bedeutet, der gemessene LDL-Wert sollte nicht größer als der gemessene HDL-Wert multipliziert mit 3 sein. Wenn kein erkennbarer weiterer Risikofaktor vorliegt, kann auch ein Verhältnis bis zu 4 (LDL:HDL = 4:1) als ausreichend angesehen werden. International besteht allerdings die Übereinkunft, dass ein Cholesterin senkendes Medikament erst ab folgenden LDL-Cholesterin-Werten eingesetzt werden sollte:

Kein oder ein zusätzlicher Risikofaktor	LDL-Cholesterin > 190 mg/dl
Zwei oder mehr zusätzliche Risikofaktoren	LDL-Cholesterin > 160 mg/dl
Bereits bestehende Durchblutungsstörungen am Herzen	LDL-Cholesterin > 130 mg/dl

Risikofaktor Übergewicht

Übergewicht beeinflusst den Fettstoffwechsel ungünstig. Je weiter das Körpergewicht von einem gesunden Mittelmaß entfernt ist, desto höhere LDL-Cholesterin-Werte, niedrigere HDL-Cholesterin-Werte und höhere Triglycerid-Konzentrationen werden im Blut gemessen. Außerdem begünstigt Übergewicht die Entwicklung weiterer Risikofaktoren wie Diabetes, Fettstoffwechselstörungen, Bluthochdruck.

Durch eine Gewichtsabnahme steigt der HDL-Spiegel meist an, und der Schutz vor Cholesterinablagerungen im Körper wird wieder verstärkt.

Wann man von Übergewicht spricht, und mit Hilfe welcher Maßnahmen Sie überflüssige Pfunde sinnvoll reduzieren können, erfahren Sie auf Seite 22.

Risikofaktor Bluthochdruck

Bei hohem Blutdruck, kritisch ist ein Wert über 140/90 mmHg, wird das Blut mit einer solchen Kraft durch die Gefäße gepresst, dass es zu Verletzungen der empfindlichen Arterienwände kommen kann. An derart beschädigten Stellen kommt es leicht zu arteriosklerotischen Veränderungen.

Haben sich bereits Ablagerungen in den Gefäßen gebildet, können durch den hohen Blutdruck Teilchen dieser Auflagerungen mitgerissen werden und an anderer Stelle zu Gefäßverschlüssen führen.

Risikofaktor Ernährung

Lange Zeit ging man davon aus, dass eine hohe Zufuhr von Cholesterin mit der Nahrung den Cholesterinspiegel im Blut erhöht. Heute ist bekannt, dass zwei andere Umstände dafür verantwortlich sind, dass cholesterinreiche Nahrung die LDL-Werte anhebt: Cholesterin steckt prinzipiell in fettreichen tierischen Produkten.

Werden solche Lebensmittel regelmäßig in hohem Maß verzehrt, übersteigt die Energieaufnahme schnell den täglichen Energiebedarf. Zusätzlich belastet eine übermäßige Zufuhr von ungünstigen Fettsäuren den Fettstoffwechsel. Beide Faktoren tragen entscheidend zum Anstieg der LDL-Werte bei. Wie stark die Auswirkungen sind, ist von Mensch zu Mensch unterschiedlich ausgeprägt.

Besonders eine gedankenlose Ernährung mit Fast Food und fleischlastigen Mahlzeiten, kann das Arterioskleroserisiko enorm erhöhen. Weitere Informationen zum Risikofaktor Ernährung finden Sie ab Seite 16.

Risikofaktor Stress

Vielen Menschen ist nicht einmal bewusst, dass sie täglich unter Stress stehen. Doch die unterschwelligen Belastungen durch Druck am Arbeitsplatz, in der Familie oder auch Freizeitstress führen zur Ausschüttung von Stresshormonen, die den Blutdruck und die Abwehrfähigkeit des Immunsystems negativ beeinflussen. Achten Sie auf Ausgleich durch ausreichend Erholung und Schlaf, bewusste Entspannungstechniken oder leichte sportliche Aktivitäten.

Risikofaktor Diabetes

Diabetes, im Volksmund auch als Zuckerkrankheit bezeichnet, kann den Fett- und Zuckerstoffwechsel im Körper nachteilig verändern und deshalb die Entwicklung von Arteriosklerose unterstützen.

Lassen Sie Ihre Blutzuckerwerte vom Hausarzt bestimmen: Nüchtern sollten die Werte 100 mg/dl nicht überschreiten. Zwei Stunden nach einer Mahlzeit (postprandial) sollten Sie einen Blutzuckerwert unter 120 mg/dl erreichen. Liegen die Blutzuckerkonzentrationen darüber, sollten Sie mit Ihrem Arzt Rücksprache halten, wie Sie diese wirksam und dauerhaft senken können. Eine Ernährungsumstellung und die Reduktion von Übergewicht sind die empfehlenswertesten Maßnahmen, um den Blutzuckerspiegel auf gesundheitlich unbedenkliche Werte zu senken.

Risikofaktor Bewegungsmangel

Bewegung reguliert und normalisiert viele Stoffwechselprozesse, unter anderem den Fettstoffwechsel und den Blutdruck. Mäßige sportliche Aktivität – etwa drei- bis viermal wöchentlich über 30–60 Minuten – hat vielfache günstige Wirkungen auf die Senkung des Arterioskleroserisikos: Sport verbessert die Herz-Kreislauf-Funktionen, unterstützt den Stressabbau, beugt Übergewicht vor und erhöht die HDL-Werte im Blut.

Ziele einer erfolgreichen Therapie

Hauptziel in der Behandlung erhöhter Cholesterinwerte ist immer die Senkung des schädlichen LDL-Cholesterins. So verschieden die Ursachen für hohe Cholesterinwerte im Blut auch sein können, eine Umstellung der Ernährungs- und Lebensgewohnheiten ist der sinnvollste Therapieansatz. Nach wissenschaftlichen Erkenntnissen trägt eine Senkung der Cholesterinwerte auf diese Weise am nachhaltigsten dazu bei, das Herzinfarkt-Risiko deutlich zu senken.

Es macht wenig Sinn, nur den LDL-Cholesterinspiegel im Blut zu senken. Es müssen alle Risikofaktoren berücksichtigt und weitgehend ausgeschaltet werden, um einem Herzinfarkt vorzubeugen.

Die richtige Ernährung ist immer die Grundlage der Behandlung, auch wenn eine schwere Form der LDL-Cholesterinerhöhung vorliegt. Je höher die Ausgangswerte sind, desto bessere Ergebnisse werden bei der Senkung der LDL-Cholesterins erreicht.

Bedenken Sie, dass eine Ernährung zur Senkung erhöhter LDL-Cholesterinspiegel auch zur Einsparung von Medikamenten führen kann.
Je niedriger die Dosis, desto besser ist die Verträglichkeit. Dies ist angesichts der Tatsache, dass in der Regel eine lebenslange Therapie notwendig ist, von besonderer Bedeutung.

LDL-Cholesterin senken

Zur Senkung erhöhter LDL-Cholesterin-Werte werden stufenweise folgende Maßnahmen eingesetzt:

➤ Richtige Ernährung und eine Änderung des Lebensstils (Zigarettenrauchen beenden, vermehrte körperliche Aktivität, Stress abbauen).

➤ Gabe von Medikamenten, die das LDL-Cholesterin im Blut senken.

➤ LDL-Apherese, ein der Dialyse ähnliches Verfahren, das bei sehr schweren Fällen eingesetzt wird, um das LDL-Cholesterin aus dem Blut zu entfernen.

HDL-Cholesterin erhöhen

Zur Anhebung des HDL-Cholesterins bestehen folgende Möglichkeiten:

➤ Gewichtsabnahme. Jedes Kilogramm ist hier hilfreich.

➤ Zigarettenrauchen beenden. Dies ist eine ganz entscheidende Maßnahme. Man beseitigt nicht nur den eigenständig wirksamen schweren Risikofaktor Zigarettenrauchen, sondern hebt auch deutlich das HDL-Cholesterin an.

➤ Steigerung der körperlichen Aktivität hebt das HDL-Cholesterin: Pro 1000 m Dauerlauf pro Woche steigt dieses um durchschnittlich 1,2 mg/dl.
Bewegungsmangel hingegen trägt zum vermehrten und vorzeitigen Auftreten von Herzinfarkten bei. Daher sind auch kleinere körperliche Aktivitäten sehr sinnvoll, auch wenn nicht sofort eine Verbesserung des HDL-Cholesterins zu erreichen ist.

➤ Mäßiger Genuss von Alkohol – es sei denn, andere vorliegende Gesundheitsstörungen sprechen dagegen. Sprechen Sie dies in jedem Fall mit Ihrem Arzt ab.

Mäßig bedeutet einen Konsum von weniger als 15 g Alkohol pro Tag. Dies entspricht etwa 650 ml Bier oder 250 ml Wein oder 2 Schnäpsen. Liegen dem niedrigen HDL-Cholesterin jedoch hohe Triglyceride zu Grunde, führt Alkohol zu einer weiteren Senkung des HDL-Cholesterins. Sie sollten dann ganz auf alkoholische Getränke verzichten.

➤ Behandlung von Fettstoffwechselstörungen, die mit einem erniedrigten HDL-Cholesterin einhergehen. Je höher die Triglyceride sind, desto niedriger ist nämlich das HDL-Cholesterin.

➤ Einsatz von Cholesterin senkenden Medikamenten, die auch das HDL-Cholesterin günstig beeinflussen können.

Die richtige Ernährungsstrategie bei erhöhtem Cholesterinspiegel

Die wesentlichen Säulen der Ernährungsstrategie bei erhöhten LDL-Cholesterinwerten sind

- die Reduktion von Übergewicht.
- eine Senkung des Fettkonsums bzw. ein gesteigerter Verzehr pflanzlicher anstelle tierischer Fette.
- ein verminderter Verzehr cholesterinreicher Lebensmittel.

Um diese Ziele bequem zu erreichen, bedarf es nur einer leichten Ernährungsumstellung. Auf den folgenden Seiten erfahren Sie mehr darüber, wie die »richtige«, Herz und Kreislauf freundliche Ernährung zur Senkung des LDL-Cholesterins beitragen kann.

Wichtig: Angepasste Energieaufnahme

Zur richtigen Ernährung bei hohem LDL-Cholesterin gehört unbedingt eine angepasste Energieaufnahme. Dies bedeutet, dass nur so viele Kalorien aufgenommen werden, wie notwendig sind, um das Körpergewicht zu halten oder um langsam abzunehmen, wenn eine Gewichtsreduktion ratsam ist.

Wenn im Folgenden über die günstige Wirkung von verschiedenen Nahrungsbestandteilen gesprochen wird, setzt dies immer voraus, dass der Energiegehalt nicht deutlich über dem persönlichen Bedarf liegt. Dann ist nämlich keine günstige Wirkung zu erwarten, selbst wenn der Speiseplan sonst unter Beachtung aller Regeln der gesunden Küche zusammengestellt wird.

Wie hoch Ihr persönlicher Energiebedarf ist, können Sie anhand einer einfachen Faustregel selbst ermitteln:

Körpergewicht x 30 = täglicher Energiebedarf bei leichter körperlicher Aktivität

Betrachten Sie das Ergebnis als ungefähren Richtwert, denn viele weitere Faktoren beeinflussen die Höhe Ihres Energieumsatzes. Unter anderem die Auswahl der Lebensmittel und das Verhältnis der Nährstoffe untereinander, das Maß Ihrer körperlichen Aktivität – durch Sport oder schwere körperliche Arbeit, Körperbau und Grundumsatz.

Unerlässlich: Verzehr tierischer Fette reduzieren

Gesättigte Fettsäuren, die vorwiegend in tierischen Lebensmitteln enthalten sind, sind der Nahrungsfaktor mit der ungünstigsten Auswirkung auf die LDL-Werte im Blut. Wie intensiv diese Auswirkungen sind, ist von Mensch zu Mensch unterschiedlich.

Ursache für diese gesundheitsschädigende Wirkung ist, dass nach häufigem Verzehr fettreicher tierischer Lebensmittel besonders viele LDL im Blut schwimmen. Die LDL-Aufnahmestellen sind überlastet, es kommt zum Cholesterinüberschuss im Blut. Diese Entwicklung lässt sich nur durch einen eingeschränkten Verzehr bestimmter tierischer Lebensmittel umgehen.

Bevorzugen Sie Lebensmittel mit hohem Anteil an einfach und mehrfach ungesättigten Fettsäuren (siehe Tabelle Seite 224 ff.). Eine besonders günstige Maßnahme, um die Blutfettwerte positiv zu beeinflussen, ist der regelmäßige Verzehr von Tiefseefischen. Die »Fischöle«, Omega-3-Fettsäuren, können zur Vorbeugung der Arteriosklerose beitragen, denn sie haben eine stabilisierende Wirkung auf die Herzmuskelzellen und unterstützen die Senkung erhöhter Triglyceridspiegel. Empfehlenswert ist der Verzehr von mindestens zwei Mahlzeiten mit Seefisch pro Woche.

Sinnvoll: Cholesterinarme Lebensmittel bevorzugen

Nur etwa 50 Prozent des Nahrungscholesterins werden während der Verdauung in den Körper aufgenommen. Mehr als 400–500 mg Nahrungscholesterin pro Tag können nicht aus dem Darm ins Blut eingeschleust werden, der Rest wird mit dem Stuhl wieder ausgeschieden. Das ist ein Bruchteil der Cholesterinmenge, die der Körper von sich aus täglich produziert. Die Auswirkungen der Cholesterinaufnahme auf den LDL-Cholesterinspiegel sind eher als unbedeutend einzustufen, weswegen das Nahrungscholesterin auch heute nicht mehr so verteufelt wird.

Dennoch macht es Sinn, den Speiseplan einmal kritisch auf cholesterinreiche Produkte hin zu untersuchen, und deren Verzehr gegebenenfalls einzuschränken. Denn meist handelt es sich dabei um Lebensmittel tierischer Herkunft, die reich an gesättigten Fettsäuren sind. Und, wie zuvor geschildert, erhöht ein hoher Konsum derselben das Arterioskleroserisiko. Generell aber gelten für Personen mit erhöhten Cholesterinwerten die gleichen Richtwerte für die Zufuhr von Nahrungscholesterin wie für gesunde Menschen: Die Cholesterinaufnahme sollte 300 mg pro Tag nicht überschreiten.

Fett – der kritische Nährstoff

Fett ist mit einer Energiedichte von 9,3 kcal/g der größte Energielieferant. Jede Form von Nahrungsfett ist ein Triglycerid (Neutralfett), sei es tierischer oder pflanzlicher Herkunft. Allerdings unterscheiden sich die Triglyceride auf Grund ihrer Bausteine, der Fettsäuren:

Gesättigte Fettsäuren: Sie finden sich fast nur in tierischen Lebensmitteln wie Milch, Butter, Schmalz, Fleisch, selten auch in pflanzlichen Produkten, wie in Kokosfett.

Einfach ungesättigte Fettsäuren: Sie sind sowohl in tierischen als auch pflanzlichen Lebensmitteln enthalten. Oliven- und Raps- und Distelöl bestehen überwiegend aus einfach ungesättigten Fettsäuren.

Mehrfach ungesättigte Fettsäuren: Sie müssen mit der Nahrung zugeführt werden, da sie von den Körperzellen nicht selbst gebildet werden können. Mehrfach ungesättigte Fettsäuren sind wichtige Ausgangssubstanzen für Hormone und Zellbausteine.
Mit der Nahrung zugeführt werden müssen sowohl die zweifach ungesättigte Fettsäure Linolsäure, wie auch die mehrfach ungesättigte Fettsäure Linolensäure. »Omega-3-Fettsäure«, oft auch »Fischöl« genannt, ist eine mehrfach ungesättigte Fettsäure. Sie kommt in erster Linie in Tiefseefischen vor. Darüber hinaus gibt es nur wenige pflanzliche Quellen für eine Omega-3-Fettsäure, die Alpha-Linolensäure: Leinöl, Rapsöl und Sojaöl. Die Alpha-Linolensäure kann im Körper zu einem geringen Teil in die »Fischöle« umgewandelt werden. Grünes Blattgemüse, wie Spinat und Portulak sowie Linsen und Walnüsse sind zwar auch reich an Linolensäure, doch da Gemüse und Hülsenfrüchte sehr fettarme Lebensmittel sind, können Sie Ihren Fettbedarf darüber nicht decken.

Die zweifach ungesättigte Linolsäure ist in Pflanzenölen und Fetten enthalten, z. B. in Diät-Margarine. Besonders reich an Linolsäure sind Keimöle, Distel-, Raps- und Sojabohnenöl.

Trans-Fettsäuren: Bei der Härtung von pflanzlichen Ölen, z. B. bei der Herstellung von herkömmlicher Margarine, oder durch bakterielle Enzyme im Magen von Wiederkäuern (Kühen) können die natürlich vorliegenden Fettsäuren in die so genannten trans-Fettsäuren umgewandelt werden.
Man nimmt an, dass trans-Fettsäuren zu einem Anstieg des LDL-Cholesterinspiegels beitragen können und zusätzlich das HDL-Cholesterin vermindern.
In Deutschland enthalten die Lebensmittel heute kaum noch trans-Fettsäuren. Geringe Mengen sind in Butter, gehärteter Margarine sowie in vielen Fertigprodukten enthalten, z. B. verzehrsfertigen Dressings und Cocktailsaucen, Fast-Food-Produkte, gegrillten Hähnchen und in diversen Snacks. Achten Sie auf der Zutatenliste auf Zusätze wie »Fett, z.T. gehärtet«, »gehärtetes Fett«.
In Diät-Margarinen sind keine trans-Fettsäuren enthalten.

Einfluss verschiedener Nährstoffe auf LDL- und HDL-Cholesterin

Zucker

Zucker beeinflusst zwar nicht die LDL-Werte, wohl aber den Fettstoffwechsel, wenn zuckerreiche Produkte in großen Mengen verzehrt werden. Bei einer hohen Zufuhr von Einfachzuckern (Fruchtzucker, Traubenzucker, Rohrzucker) steigen die Triglyceride im Blut. Deswegen sollten Fruchtsäfte, Limonaden und Colagetränke, Süßigkeiten, Kuchen und andere Weißmehlprodukte auch nur in Maßen verzehrt werden.

Eiweiß

Pflanzliches Eiweiß aus Sojaprodukten senkt das LDL-Cholesterin im Blut, weil es die Aufnahmestellen für LDL an den Körperzellen aktiviert. Dadurch sinkt der LDL-Spiegel im Blut. Je höher die Ausgangswerte der LDL-Konzentration, desto größer ist die Senkung.

Ballaststoffe

Nicht alle Ballaststoffe, die mit der Ernährung aufgenommen werden, beeinflussen den Fettstoffwechsel. Bestimmte Ballaststoffe aber können unmittelbar zur Senkung des LDL-Cholesterins beitragen: Die löslichen Ballaststoffe der Haferkleie können das LDL um bis zu 15 Prozent senken. Auch der tägliche Verzehr der Quellstoffe Pektin (in Äpfeln und Zitrusfrüchten) und Guar (pflanzliches Verdickungsmittel) reduziert das LDL-Cholesterin. Durch täglichen Verzehr von mehr als 10 g dieser Ballaststoffe können die LDL-Werte um etwa 21 mg/dl (Pektin) bzw. 11 mg/dl (Guar) verringert werden.
Die erforderliche Menge an Pektin können Sie durch Verzehr von drei bis vier mittelgroßen Äpfeln pro Tag aufnehmen.
Vorsicht ist jedoch bei Einnahme cholesterinsenkender Medikamente geboten: Haferkleie und Pektin quellen im Darm, wobei sie auch die arzneilich wirksamen Wirkstoffe binden können und deren Wirkung aufheben.

Alkohol

Der genussvolle Konsum von ein bis zwei Gläschen alkoholhaltiger Getränke kann das HDL-Cholesterin ein wenig anheben. Deswegen wird der mäßige Alkoholkonsum bei niedrigen HDL-Werten empfohlen. Vorsicht jedoch, wenn auch die Triglyceridwerte erhöht sind, dann sollte der Alkoholkonsum völlig eingeschränkt werden: Alkohol kann die Triglyceridwerte erhöhen. Der positiven Wirkung des Alkohols auf das HDL stehen allerdings die bekannten, gesundheitsschädigenden Nebenwirkungen entgegen.

Kaffee

Wissenschaftlich lässt sich nicht nachweisen, dass ein Zusammenhang zwischen der Höhe des Kaffeekonsums und dem Auftreten koronarer Herzkrankheiten besteht. Nur in Einzelfällen wurde beobachtet, dass auf skandinavische Art zubereiteter Kaffee, dabei verweilt das Kaffeepulvers längere Zeit im kochenden Wasser, das LDL-Cholesterin um bis zu 10 Prozent erhöhte. Filterkaffee und Espresso wirken sich hingegen in keiner Weise auf den Cholesterinspiegel aus.

Einfluss verschiedener Nahrungsbestandteile auf LDL- und HDL-Cholesterin

Aufnahme von (Nährstoff)	Wirkung auf LDL-Cholesterin	Wirkung auf HDL-Cholesterin
Kohlenhydrate, die rasch ins Blut schießen (Einfachzucker)	∅	∅
Sojaeiweiß	↓	∅
Weniger Fett	↓	↓
Weniger gesättigte Fettsäuren (tierische Lebensmittel)	↓	↓
Mehr einfach ungesättigte Fettsäuren (als Ersatz gesättigter Fettsäuren)	↓	↓
Erhöhte Zufuhr mehrfach ungesättigter Fettsäuren, Omega-6-Fettsäuren (als Ersatz gesättigter Fettsäuren)	↓	↓
Omega-6-Fettsäuren	↓	∅
Omega-3-Fettsäuren (Fischöle)	∅	Wenn dadurch Triglyceride gesenkt werden, steigt das HDL-Cholesterin
Weniger Cholesterin	↓	∅
Hohe Ballaststoffzufuhr	↓	∅
Alkohol	∅	↑
Übergewicht	↑	↓

↑ = steigernd ↓ = senkend ∅ = kein Einfluss

Vorsicht, gesättigte Fette

In der folgenden Tabelle sind beispielhaft einige tierische Lebensmittel aufgelistet, die den LDL-Cholesterinspiegel auf Grund ihres hohen Anteils an gesättigten Fettsäuren erhöhen können.
Um die aufgeführten Lebensmittel zu vergleichen, berücksichtigen Sie, welche Mengen der jeweiligen Produkte Sie tatsächlich verzehren. So weisen 100 ml Vollmilch nur 3,4 g gesättigte Fettsäuren auf, bei 1 l pro Tag summieren sich diese auf stolze 34 g. Wenn Sie diese Menge Vollmilch durch fettarme Milch mit 1,5% Fett ersetzen, können Sie täglich mehr als 20 g gesättigter Fettsäuren einsparen. Mayonnaise enthält pro 100 g 45,8 g gesättigte Fettsäuren, doch Sie werden kaum eine solche Menge pro Tag essen.

Lebensmittel	Gesättigte Fettsäuren in g/100 g
Vollmilch, 3,5 % Fett	3,4
Joghurt, 3,5 % Fett	2,6
Brie (Rahmbrie), 50 % Fett i. Tr.	18,8
Camembert, 60 % Fett i. Tr.	23,7
Emmentaler, 45 % Fett i. Tr.	21,5
Romadur, 30 % Fett i. Tr.	9,3
Schweinefleisch (Bug, Blatt, Schulter, Vorderschinken)	7,8

Lebensmittel	Gesättigte Fettsäuren in g/100 g
Cervelatwurst	28,0
Fleischkäse	10,9
Fleischwurst	11,2
Deutsche Salami	17,1
Käsegebäck	22,1
Nussgebäck	7,2
Rührkuchen	6,4
Mayonnaise	45,8

Das fettmodifizierte Ernährungskonzept

Nach heutigen Erkenntnissen kann eine fettmodifizierte Ernährung

➤ aktiv zur Senkung hoher LDL-Cholesterinspiegel beitragen.

➤ schon im Vorfeld dem Anstieg der LDL-Werte vorbeugen.

➤ die Arterien so stabilisieren, dass diese sich besser vor arteriosklerotischen Veränderungen schützen können.

Bedenken Sie, dass es immer mehrere Wochen dauert, bis sich neue Ernährungsmaßnahmen sowohl in günstigem als auch ungünstigem Sinne auf das LDL-Cholesterin auswirken. Die Schweinshaxe, die vorgestern verzehrt wurde, dient nicht zur Erklärung eines erhöhten LDL-Cholesterinspiegels. Halten Sie deswegen an Ihrem neuen Ernährungskonzept fest, auch wenn die nächste Kontrolluntersuchung noch keine offensichtlichen Erfolge zeigt.
Das folgende Ernährungskonzept beruht auf den Empfehlungen der European Atherosclerosis Society (Europäischen Arteriosklerose Gesellschaft), denn aus medizinischer Sicht ist bei erhöhtem LDL-Cholesterinspiegel eine fettmodifizierte Kost empfehlenswert. Dabei geht es nicht darum, tierische Fette völlig vom Speiseplan zu verbannen, sondern ihren Anteil ins richtige Verhältnis zu anderen Lebensmitteln zu bringen. Hauptziel dieser Maßnahmen ist, die Blutfette günstig zu verändern sowie eine fortschreitende Entwicklung arteriosklerotischer Prozesse zu verhindern.

Wie viele Nährstoffe sind gesund?

Zur Senkung erhöhter Cholesterinspiegel, genauer erhöhter LDL-Werte, wird eine Zusammensetzung der Nahrung nach folgendem Schema empfohlen (nach dem »National Cholesterol Education Program«):

Kohlenhydrate	50–60 %
Eiweiß	10–20 %
Fett	weniger als 30 %
aufgeschlüsselt sind das:	
gesättigte Fettsäuren	7–10 %
einfach ungesättigte Fettsäuren	10–15 %
mehrfach ungesättigte Fettsäuren	7–10 %
Ballaststoffe	35 g/Tag
Cholesterin	weniger als 300 mg/Tag

Geht man von den üblichen Verzehrsgewohnheiten aus, sind folgende Maßnahmen empfehlenswert, um die Fettaufnahme in ein günstiges Verhältnis zu den anderen Nährstoffen in der Ernährung zu setzen:

➤ Den Fettverzehr insgesamt senken.

➤ Weniger tierische Lebensmittel mit einem hohen Anteil an gesättigten Fetten und Cholesterin verzehren. Stattdessen tierische Lebensmittel mit geringem Anteil gesättigter Fettsäuren essen, z. B. Fisch, Truthahn oder Hähnchen (ohne Haut), Kalb und Wild.

➤ Öfter Lebensmittel mit einem hohen Anteil an einfach und mehrfach ungesättigten Fettsäuren verwenden, insbesondere Pflanzenöle.

➤ Viele Kohlenhydrat- und ballaststoffreiche Lebensmittel verzehren, z. B. Getreideprodukte, Kartoffeln, Gemüse, Hülsenfrüchte, Obst und dunkle Brotsorten.

Für die Küchenpraxis bedeutet das:

➤ Achten Sie bei der Auswahl des Fetts mehr auf Qualität als auf Quantität. Nur 30 Prozent der täglichen Kalorienzufuhr sollten aus Fett bestehen, umgerechnet sind das 65-80 Gramm Gesamtfett.

➤ Verwenden Sie Pflanzenöle.

➤ Schränken Sie die Gesamtfettmenge pro Tag ein, vor allem die tierischen Fette. Höchstens die Hälfte der Fettmenge darf aus tierischen Lebensmitteln stammen, die andere Hälfte von pflanzlichen.

➤ Reduzieren Sie den Verzehr von »fetten« tierischen Lebensmitteln, damit verringern Sie die Aufnahme an Fett, gesättigten Fettsäuren und Cholesterin.

➤ Bevorzugen Sie fettarme Fleisch- und Wurstsorten sowie fettreduzierte Milch und Milchprodukte.

➤ Vermeiden Sie sichtbares und verstecktes Fett. Verstecktes Fett finden Sie z. B. in Wurst, Käse und Milch, aber auch in Saucen und vielen Fertiggerichten.

➤ Bevorzugen Sie fettarme Zubereitungsarten wie Grillen oder Dünsten.

➤ Ersetzen Sie Butter durch Diät-Margarine mit einem besonders hohen Anteil an mehrfach ungesättigten Fettsäuren (und ohne trans-Fettsäuren).

Sie müssen Ihre Ernährung also nicht revolutionieren, sondern nur leichte Anpassungen vornehmen. Beim Fettgehalt der Nahrung sieht das etwa so aus: Der durchschnittliche tägliche Fettverzehr liegt in Deutschland bei durchschnittlich 38 Prozent, aus gesundheitlicher Sicht sollte er 30 Prozent nicht überschreiten. Sie müssen also gerade mal ein Fünftel Ihres täglichen Fettkonsums einsparen - das tut dem Genuss keinen Abbruch.

Alle vorgenannten Maßnahmen zielen darauf, die Fettaufnahme zu optimieren. Doch letztendlich ist die richtige Mischung entscheidend: Wirklich ausgewogen versorgen Sie sich mit Kohlenhydraten, Eiweißen und Fetten sowie Vitaminen, Mineralstoffen und Spurenelementen, wenn der Speiseplan abwechslungsreich zusammengestellt ist. Den Schwerpunkt sollten kohlenhydrat- und ballaststoffreiche Lebensmittel wie Gemüse, Hülsenfrüchte, Kartoffeln und Brot, sowie andere Getreideerzeugnisse und Obst die Basis bilden.

Übergewicht im Griff

Eine wesentliche Maßnahme zur Senkung hoher LDL-Werte ist die Kontrolle des Körpergewichts. Bereits eine Gewichtsabnahme von nur wenigen Kilogramm wirkt sich günstig auf die Cholesterinwerte aus und trägt zusätzlich zur Verbesserung von Begleiterkrankungen wie Bluthochdruck und Fettstoffwechselstörungen bei. Ob und wie viel Sie abnehmen sollten, stimmen Sie am besten mit Ihrem Arzt ab. Bei leichtem Übergewicht (BMI 25–29,9) sollten es mindestens 3–5 Kilogramm sein. Bei starkem Übergewicht (BMI von 30 und mehr) 5–10 Kilogramm.

Ob das Gewicht im Normalbereich liegt, errechnet man heute mit Hilfe des so genannten Body-Mass-Index (BMI), der das Körpergewicht in Relation zur Körpergröße setzt.

$$\text{BMI} = \frac{\text{Körpergewicht (kg)}}{\text{Körpergröße (m)}^2}$$

Diese Werte gelten für Erwachsene. Für Kinder, Jugendliche und Senioren sind sie allerdings nicht anzuwenden!

Wie viel Energie benötige ich?

Die Zeiten pedantischer Kohlenhydratzählerei sind inzwischen endgültig vorbei. Werden die Pfunde runter gehungert, bilden sich nach Beendigung der Diät rasch wieder neue Fettpolster an den Problemzonen. Das Gewicht steigt meist weiter an, als vor der Diät.

Das neue Motto lautet: Abwechslungsreich und fettarm genießen. Der Energiebedarf ist individuell unterschiedlich. Orientieren Sie sich an der Formel »30 kcal pro Kilogramm Körpergewicht und Tag«. Um Gewicht abzunehmen, multiplizieren Sie Ihr Gewicht mit 30 kcal und ziehen Sie davon 500 kcal ab. Auf keinen Fall sollten Sie die Grenze von 1200 kcal pro Tag unterschreiten. Crash-Diäten hingegen belasten das Herz-Kreislauf-System sehr stark und haben keinen Langzeiteffekt. Ideal ist ein Abbau von 1–2 kg Körpergewicht pro Monat über einen Zeitraum von 3–6, allerhöchstens aber 12 Monaten.

Werden trotzdem kurzfristige »Diätkuren« durchgeführt, so ist darauf zu achten, dass bestimmte Mindestanforderungen an die Zusammensetzung erfüllt werden, um akute Komplikationen zu vermeiden. Dies gilt besonders für Menschen, die bereits einen Herzinfarkt hinter sich haben. Generell sollten rigide Diäten nie länger als zwei Wochen auf eigene Verantwortung durchgeführt werden, darüber hinaus nur in Rücksprache mit Ihrem Arzt. Täglich müssen mindestens 50 g Eiweiß und 70 g Kohlenhydrate (Zucker) aufgenommen werden. Ganz besonders wichtig sind die Kohlenhydrate, da es bei Unterschreiten der angegebenen Grenze zu einem übermäßigen Wasserverlust über die Nieren kommen und dann der Kreislauf zusammenbrechen kann.

Der Weg zum Wunschgewicht

Beim Stichwort Abnehmen denken die meisten unwillkürlich an Verzicht. Doch es ist Zeit, diese Einstellung zu revidieren: Weder müssen Sie eine eintönige Diät einhalten, noch strikt auf ihre Lieblingsspeisen verzichten. Die wirksamsten Maßnahmen, sich dem realistischen Wunschgewicht zu nähern, sind den Fettverzehr zu senken und den Energieumsatz durch mehr körperliche Aktivität zu steigern.

Eine sinnvolle Umstellung der Ernährung, wie bereits besprochen, erlaubt Ihnen, sich abwechslungsreich und gesund satt zu essen, ohne auf Leckereien ganz verzichten zu müssen. Alles ist im Grunde erlaubt, ausschlaggebend ist aber die richtige Menge! Wenn die tägliche Energieaufnahme den Energiebedarf des Körpers täglich um nur 30 kcal überschreitet, summieren sich diese im Jahr so, dass daraus 1 Kilogramm neues Fettgewebe gebildet werden. Wären es täglich 100 kcal mehr, führen diese zur Bildung von 3,5 Kilogramm Fettgewebe.

Körperlich aktiv werden

Überdenken Sie kritisch Ihren Speiseplan und Tagesablauf, um leicht vermeidbare Fehler zu erkennen. Hier einige Tipps zur Gewichtsreduktion:

➤ Setzen Sie sich kleine, realistische Ziele, die Sie erreichen können, z. B. pro Monat 1 Kilogramm abzunehmen.

➤ Vermeiden Sie während des Essens Ablenkungen wie Fernsehen, Lesen oder Ähnliches. Diese führen dazu, dass Sie unbewusst größere Portionen verzehren als Sie eigentlich brauchen, um satt zu werden.

➤ Trinken Sie vor dem Essen ein Glas Wasser, essen Sie Rohkost oder einen Salat, das füllt den Magen.

➤ Richten Sie Ihre Speisen appetitlich an, auch wenn Sie alleine essen. Decken Sie den Tisch für sich schön ein, schließlich ist Essen auch Genuss.

➤ Versuchen Sie wahrzunehmen, ob Sie Hunger oder einfach nur Appetit haben.

➤ Kauen Sie jeden Bissen sehr ausgiebig.

➤ Löschen Sie den Durst mit kalorienfreien Getränken: Mineralwasser, Kräuter- und Früchtetees – verfeinert mit Zitronen- oder Limettensaft – oder Diätlimonade mit Süßstoff gesüßt.

➤ Gehen Sie niemals hungrig zum Einkaufen und halten Sie sich an Ihren Einkaufszettel. Kaufen Sie möglichst nur so viel ein, wie Sie für 1–2 Tage benötigen.

➤ »Light« bedeutet nicht immer, dass die Speisen zucker- oder fettarm sind. Lesen Sie die Zutatenliste genau. Steht an erster Stelle Fett, ist dies ein Produkt mit hohem Kaloriengehalt. Steht Zucker an letzter Stelle der Zutatenliste, ist der Zuckergehalt meist zu vernachlässigen.

Regelmäßige Bewegung macht Spaß, erhöht das Wohlbefinden und unterstützt die Gewichtskontrolle. Außerdem kann sie viele Risikofaktoren für den Herzinfarkt günstig beeinflussen, sowohl Fettstoffwechselstörungen, Blutdruckhochdruck als auch Diabetes. Mehr und regelmäßige körperliche Aktivität ist daher ein wesentlicher Faktor zur Verhütung eines Herzinfarkts. Im Hinblick auf den Cholesterinspiegel kann durch vermehrte körperliche Aktivität eine Erhöhung des HDL-Cholesterins erwartet werden. LDL-Cholesterin wird hingegen nicht direkt beeinflusst. Wenn allerdings die körperliche Aktivität zur Gewichtsreduktion beiträgt, kann der LDL-Wert sehr deutlich sinken.

Sie müssen nicht zum Leistungssportler werden, einfache Maßnahmen reichen aus, um Ihre körperliche Aktivität zu steigern. Allerdings ist – abhängig vom Gesundheitszustand – nicht jede sportliche Betätigung gleichermaßen empfehlenswert. Beginnen Sie generell mit einem leichten bis mittelschweren Übungsprogramm, und steigern Sie die Dauer Ihrer Übungen langsam. Wenn Sie schon längere Zeit nicht mehr sportlich aktiv waren, sollten Sie sich vor dem Wiedereinstieg auf jeden Fall ein Okay vom Hausarzt geben lassen. Und geben Sie Ihrem Körper Zeit, sich wieder an Muskelarbeit zu gewöhnen!

Ausdauersport ist ideal, um die Herz-Kreislauf-Leistung zu verbessern und die Fettverbrennung anzukurbeln. Je länger die Aktivitäten durchgeführt werden, desto mehr Fett mobilisiert der Körper aus den eigenen Reserven. Die bestmögliche Fettverbrennung erzielen Sie, wenn Sie sich länger als 20–30 Minuten bewegen. Dabei sollten Sie sich noch unterhalten können, ohne aus der Puste zu kommen, und Ihr Puls sollte nicht schneller als 130-mal pro Minute schlagen.

> Ideal ist eine Kombination von Ausdauerbewegung und Kraftsport. Gehen Sie z.B. drei- bis viermal wöchentlich 30 Minuten in strammem Tempo spazieren und machen Sie einmal wöchentlich Muskel aufbauende Übungen.

Gut geeignet sind Gelenk schonende Sportarten wie Spazieren gehen, Walking – zügiges Gehen, Rad fahren, Schwimmen oder Tanzen.

Aktivitäten, die mit abrupten Richtungswechseln, Druck- oder Stoßbelastungen einhergehen, sind eher Gelenk belastend. Insbesondere bei Übergewicht, Problemen mit dem Rücken oder den Knien, sollten Sie diese Sportarten vermeiden. Das betrifft z. B. Joggen, Tennis und Fußball und viele andere Ballsportarten.

Kraftsportarten fördern den Muskelaufbau. Da Muskelmasse mehr Energie verbrennt als Fettmasse, bleibt der Energieverbrauch hoch. Zur Gewichtsreduktion trägt Kraftsport wenig bei, durch den Muskelaufbau ändert sich das Körpergewicht kaum. Allerdings wird die Figur deutlich straffer und schlanker.

Kleine Ernährungslehre

Bisher wurde fast nur über den Energieträger Fett gesprochen. Von großer Bedeutung für den Körper ist aber eine ausgewogene Zufuhr der energiehaltigen Nährstoffe Eiweiß, Fett und Kohlenhydrate sowie der Vitalstoffe Vitamine, Mineralstoffe und Spurenelemente. Hier ein kurzer Überblick.

Kohlenhydrate

Der Körper bevorzugt Kohlenhydrate als Energiespender. Denn deren kurze oder lange »Ketten« aus Zuckerbausteinen kann er als schnell verfügbaren Brennstoff für viele Zellen nutzen. Beste Voraussetzung, um den ganzen Tag geistig und körperlich fit zu sein, bilden Mahlzeiten mit hohem Anteil an kohlenhydratreichen Lebensmitteln wie Getreide und Getreideprodukte – z. B. Brot – Kartoffeln, Naturreis und Gemüse. Auch Hülsenfrüchte und frisches Obst sind gute Quellen. Bevorzugen Sie generell unverarbeitete oder wenig verarbeitete Nahrungsmittel, denn diese liefern obendrein Mineralstoffe und Vitamine für mehr Vitalität und Wohlbefinden.
Ebenfalls kohlenhydratreich sind zuckerhaltige Lebensmittel, Haushaltszucker, Süßigkeiten, Limonaden und Fruchtsaftgetränke sowie Fruchtnektare oder Backwaren auf Weißmehlbasis, wie Kuchen, Baguette, Brezeln und andere. Da deren »Einfachzucker« den Abbau von Fett im Blut blockieren können, sollten sie nur in Maßen verzehrt werden.

Ballaststoffe

Je mehr Ballaststoffe die Mahlzeiten enthalten, um so effektiver läuft die Fettverbrennung. Das ist auf den günstigen Einfluss von Ballaststoffen auf den Blutzuckerspiegel und damit verknüpft auf den Fettstoffwechsel zurückzuführen. Viele Ballaststoffe sind enthalten in Hülsenfrüchten, Hafer, Nudeln, Naturreis, Kartoffeln, Gemüse und Obst.

Kohlenhydratreiche Lebensmittel

+ Vollkorngetreide und Produkte daraus (z. B. Haferflocken, Naturreis, Brotsorten und Backwaren, Teigwaren, Müslimischungen etc.), Kartoffeln, Gemüse, frische Früchte, Hülsenfrüchte

– Zucker, Konfitüre, Schokolade, Süßwaren, Kuchen und Gebäck, zuckerhaltige Erfrischungsgetränke, Fruchtsaftgetränke, Backwaren aus hellem Mehl, gezuckerte Müslimischungen, Kartoffel-Fertigprodukte, Fruchtzubereitungen, viele Fertigprodukte

Wer täglich die empfohlene Menge an Ballaststoffen (30–35 g/Tag) verzehrt, beugt außerdem Verdauungsbeschwerden vor und unterstützt den Aufbau einer gesunden Darmflora, die beste Basis für eine gute Gesundheit ist.

Fett

Das Thema Fett und die ungünstigen Auswirkungen eines hohen Fettverzehrs auf die Gesundheit zieht sich wie ein roter Faden durch dieses Buch. Doch dabei darf nicht vergessen werden, dass der Organismus ganz ohne Fett auch nicht auskommen kann. Dieses dient als Brennstoff für Herz- und Muskelzellen, als Trägerstoff für die fettlöslichen Vitamine A, D, E und K, hält die Haut geschmeidig und unterstützt viele andere Körperfunktionen. Entscheidend ist, dass Sie das richtige Fett in der richtigen Menge essen.

Wie viel Fett darf es sein?

Maximal 30 Prozent der täglichen Energiezufuhr sollten aus Fett stammen, das entspricht 60–80 Gramm pro Tag. Rechnen Sie pro Person und Tag jeweils 1 Teelöffel Öl zum Kochen und Braten plus 1 gestrichenen Esslöffel als Streichfett. Der Salat verträgt zusätzlich 1 knappen Esslöffel Öl pro Portion.
Um nicht zu viele »versteckte Fette« aufzunehmen, wählen Sie bei Käse möglichst Produkte mit einem Fettanteil von 30–40 % Fett i. Tr. und schränken Sie Ihren Fleisch- und Wurstkonsum ein.

Welches Fett ist ideal?

Jedes Fett setzt sich aus unterschiedlichen Fettsäuren zusammen. Dabei unterscheidet man gesättigte, einfach und mehrfach ungesättigte Fettsäuren. Pflanzenöle sind reich an einfach und mehrfach ungesättigten Fettsäuren und zudem bis auf wenige Ausnahmen cholesterinfrei. Tierische Produkte hingegen enthalten vor allem gesättigte Fette. Mit Ausnahme von Fisch: Dieser enthält vorwiegend ungesättigte Fettsäuren, darunter die für Herz und Kreislauf wertvollen Omega-3-Fettsäuren.
Zu Gunsten von Gesundheit und Leistungsfähigkeit sollte Ihre Ernährung überwiegend ungesättigte Fettsäuren enthalten. Verwenden Sie daher zum Kochen und Braten oder für Salatdressings hochwertige Pflanzenöle – aber auch diese möglichst sparsam.

Eiweiß

10 bis maximal 20 Prozent der täglichen Energieaufnahme sollten Sie mit Eiweiß (Protein) bestreiten. Da Eiweiß als Grundbaustein aller Körperzellen benötigt wird, müssen eiweißreiche Lebensmittel täglich verzehrt werden. In der Praxis ist der Verzehr eiweißreicher Produkte allerdings deutlich höher als empfohlen. Da die beliebtesten Eiweißlieferanten tierische Produkte, wie Milch und Milchprodukte, Käse, Fleisch und Eier sind, wirkt sich dieser Verzehr ungünstig auf den Fettstoffwechsel aus. Oft unbekannt ist, dass auch viele pflanzliche Nahrungsmittel eiweißreich sind, besonders Getreide, Hülsenfrüchte und Nüsse. Ausgesprochen wertvoll für den Organismus ist die Kombination pflanzlicher und tierischer Eiweißquellen, z. B. Kartoffeln und Ei, Kartoffeln und Quark, Getreide und Milchprodukte, Hülsenfrüchte und Milchprodukte, aber auch Kartoffeln und Hülsenfrüchte oder Bohnen und Mais.
Setzen Sie regelmäßig vegetarische Gerichte auf Ihren Speiseplan, da mit Rücksicht auf den Fettstoffwechsel fettreiche tierische Eiweißquellen nur in Maßen verzehrt werden sollen. Essen Sie außerdem mindestens zwei Mal wöchentlich Fisch. Vor allem fettarme Fischsorten liefern hochwertiges Eiweiß bei gesundheitlich unbedenklichem Fettanteil. Die darin enthaltenen Omega-3-Fettsäuren wirken sich günstig auf die Blutfettwerte und die Gefäße aus. Außerdem versorgt Fisch Sie mit Jod.

Eiweißreiche Lebensmittel

+ Fisch, Meeresfrüchte (wegen ihres Cholesteringehalts aber nur mäßig verzehren), Hülsenfrüchte, Sojaprodukte, Vollkorngetreide, magere Milchprodukte (0,1–1,5 % Fett i. Tr.), fettarme Käsesorten (< 30 % Fett i. Tr.), Sprossen und Keimlinge

– Fischdauerwaren, Fleisch und Fleischprodukte, Ente, Gans, Geflügel mit Haut, Eier, fettreiche Milchprodukte (>3,5 % Fett i. Tr.), fette Käsesorten (>45 % Fett i. Tr.)

Günstige Eiweißkombinationen

Kartoffeln und Milchprodukte (z. B. Pellkartoffeln mit Quark), Getreide und Milchprodukte (z. B. Müsli, Vollkornbrot mit Käse), Bohnen und Mais, sowie Getreide oder Kartoffeln mit Sojaprodukten.

Getränke

Mindestens 1,5 Liter Flüssigkeit müssen Sie Ihrem Körper täglich zuführen, damit er seine Wasserbilanz ausgleichen kann. Ideale Getränke sind Mineralwasser, Saftschorle, Kräuter- und Früchtetee.
In Maßen genießen können Sie Fruchtsaftgetränke, schwarzen Tee und Kaffee. Milch und Milchmischgetränke hingegen sind als energie- und fetthaltige Nahrungsmittel zu sehen und zum Durstlöschen nicht geeignet.

Vitamine und Mineralstoffe

Fünf Mal am Tag sollten Sie frisches Obst und Gemüse essen, lauten die Ernährungsempfehlungen. Je mehr Sie davon täglich genießen, um so sicherer können Sie sein, ausreichend Vitamine und andere gesundheitsschützende Pflanzenstoffe sowie Ballaststoffe aufzunehmen. Eine Portion Salat zu jeder Hauptmahlzeit, zusätzlich mindestens zu einer der Hauptmahlzeiten eine Portion Gemüse und gegen den kleinen Hunger zwischendrin Paprika-, Kohlrabi- oder andere Gemüsesticks knabbern. Ganz gleich, ob Obst oder Gemüse, genießen Sie es möglichst frisch oder garen Sie es – wenn überhaupt – nur kurz, um die wertvollen Vitamine und gesundheitsschützenden Pflanzenstoffe zu erhalten.

Nahrungsmittelpyramide

Essen Sie von allen Stufen der Nahrungsmittelpyramide. Anhand der Größe der Stufen erkennen Sie, von welchen Nahrungsmittelgruppen Sie besonders viel essen können, und bei welchen Sie sich zurückhalten sollten.

Sparsam verwenden: Streichfette wie Butter, Margarine. Deutlich gesünder: Pflanzenöl, setzen Sie es zum Kochen und Backen ein. Vorsicht: Versteckte Fette in Süßwaren und vielen Fertiggerichten.

2–3-mal wöchentlich: Fleisch und Geflügel sollten insgesamt nur 2–3-mal wöchentlich als Hauptgericht verzehrt werden. **In Maßen:** Wurst als Brotbelag sollte so oft wie möglich durch fettarmen Käse, pflanzliche Aufstriche oder Kräuter und Gemüse ersetzt werden. **Mindestens 6-mal im Monat:** Verzehren Sie wegen seiner günstigen Fettsäuren und seines Jodgehalts viel Fisch!

Verzehr in Maßen: Milchprodukte enthalten ebenfalls Kohlenhydrate. Fettreich: Fette Käsesorten und vollfette oder sahnige Milchprodukte. Bevorzugen Sie fettarme Produkte.

Nicht immer, aber immer öfter: Essen Sie täglich bis zu drei Portionen frische Früchte (à ca. 120 g) als Zwischenmahlzeit.

Zugreifen: Frisches Gemüse können Sie immer und überall knabbern, wenn Sie Hunger haben. Bei den Hauptmahlzeiten sollte das Gemüsegericht die größte Portion darstellen.

Vollkorn bevorzugen: Getreideprodukte. Pellkartoffeln und Hülsenfrüchte.

Sinnvolle Praxistipps auf einen Blick

Stichwort fettarm

➤ Das Dämpfen, Dünsten, Braten in beschichteten Pfannen, Schmoren, Grillen und das Garen im Wok sind Fett sparende und Vitamin schonende Garmethoden (siehe Seite 30).

➤ Bevorzugen Sie Oliven- und Rapsöl als Kochfett erster Wahl, da diese auf Grund ihrer Fettsäurenzusammensetzung das Verhältnis der mehrfach ungesättigten Omega-6-Fettsäuren (Linolsäure) zu Omega-3-Fettsäuren (Linolensäure) verbessern.

➤ Verwenden Sie für Speisen und Dressings verschiedene Öle und Essigsorten mit ausgeprägtem Eigengeschmack. Kaltgepresste Öle würzen intensiver, Sie benötigen weniger davon.

➤ Verzichten Sie auf Fertigdressings für den Salat. Bereiten Sie statt eines Sahnedressings das Dressing auf Basis von Essig und Öl oder mit Joghurt zu.
Wenn Sie Saucen und Dressings lieber cremig mögen, verwenden Sie für die Zubereitung Buttermilch, Kefir (1,5 % Fett), Joghurt (1,5 % Fett), Dickmilch (1,5 % Fett) statt Sahne, Crème fraîche & Co.

➤ Statt Bratensaucen mit Sahne anzudicken, können Sie das mitgegarte Gemüse pürieren und unterrühren. Tipp für einen guten Saucenfond: Schmoren oder dünsten Sie viel frisches Gemüse mit. Dunkle Saucen werden aromatischer, wenn Sie Möhren, Tomaten, Zwiebeln, ein Stück Sellerie und Lauch zufügen. Für helle Saucen nehmen Sie weiße Lauchabschnitte, Zwiebeln, etwas Sellerie oder Möhren.

➤ Sojaprodukte wie Soja Cuisine oder Soja Cremig sind gute pflanzliche Alternativen zu saurer Sahne und Crème fraîche. Haben Sie diesen nicht zur Hand, runden auch Buttermilch, Kefir, Joghurt oder Dickmilch jede Bratensauce ab, ohne dass Sie einen geschmacklichen Unterschied feststellen. Damit Joghurt & Co. in der heißen Sauce nicht gerinnen, am besten erst in einer kleinen Schüssel mit 3 bis 4 Esslöffeln des Fond bzw. der Sauce anrühren und dann untermischen.

➤ Für Desserts statt Sahnequark Magerquark verwenden und mit einigen Spritzern kohlensäurehaltiges Mineralwasser luftig und cremig aufschlagen. So sparen Sie steif geschlagene Sahne, die vielen Desserts untergehoben wird, um diese lockerer zu machen!

➤ Auch eine Mischung von Magerquark und fettarmem Joghurt im Verhältnis 1:1 ergibt eine lockere Basis für Quarkspeisen und Desserts.

➤ Bevorzugen Sie beim Backen fettarme Teige wie Strudelteig, Hefeteig oder Quark-Öl-Teig.

➤ Um den Überschuss an Energie und Fett eines »Ausgehtages« wieder wettzumachen, sollten Sie am folgenden Tag besonders bei fetthaltigen Lebensmitteln Kalorien einsparen.

Stichwort gesundheitsbewusst

➤ Je kleiner das Gargut, desto kürzer ist die Garzeit. Schneiden Sie Gemüse in feine Streifen oder Würfelchen. Wenn Sie im Wok garen, schneiden Sie auch das Fleisch ganz fein.

➤ Tiefkühlgemüse sind eine prima Alternative zu frischen Produkten. Verzichten Sie allerdings auf die Verwendung fertiger Gemüsezubereitung, wie z. B. Rahmgemüse oder Buttergemüse. Studieren Sie die Packungsangaben zu den Nährstoffen, Sie werden überrascht sein, wie viel Fett darin enthalten ist.

➤ Gewürze und frische Kräuter verfeinern jedes Gericht und helfen, Salz zu sparen. Frische Kräuter erst unmittelbar vor dem Anrichten an warme Speisen geben, sonst büßen sie ihr Aroma ein.

➤ Greifen Sie zu Vollkornprodukten. Es müssen nicht solche mit ganzen Körnern sein. Wählen Sie zum Ausprobieren Produkte aus fein gemahlenem Vollkorn, z. B. Grahambrot, Vollkornsemmeln und Vollkornknäckebrot. Sie steigern Ihre Ballaststoffaufnahme.

➤ Ungeschälter Reis hat einen nussigen Eigengeschmack, der Gerichten eine besondere Note gibt.

➤ Wenn Sie Vollkornnudeln ohne Ei ausprobieren wollen, wählen Sie Dinkelvollkornnudeln. Diese sind sehr mild im Geschmack.

➤ Wenn Sie Ihre Ballaststoffzufuhr bewusst durch den Verzehr von Obst und Gemüsegerichten bzw.

Vollkornbrot erhöhen, dann spricht nichts dagegen, zu den Gerichten auch mal Stangenweißbrot oder Baguette zu essen.

➤ Vitalstoffe aus frischen, natürlichen Nahrungsmitteln werden vom Körper am besten verwertet. Beste Basis ist eine vielfältige und abwechslungsreiche Lebensmittelauswahl mit drei Portionen Gemüse sowie zwei kleinen Portionen frischem Obst pro Tag.

➤ Unverarbeitete oder wenig verarbeitete Nahrungsmittel enthalten noch ihren ursprünglichen Ballaststoffanteil und viele Vitalstoffe. Deswegen gilt: Besser frisches Obst als Saft, besser Vollkornreis als geschälten Reis, besser Pellkartoffeln als Pommes frites und besser Vollkornbrot als Baguette verwenden.

➤ Verwenden Sie Fertigprodukte nur selten und nur, wenn diese nicht zu viel Fett, Zucker bzw. Salz enthalten. Beachten Sie die Zutatenliste auf der Packung.

➤ Da das Nahrungscholesterin im Hinblick auf den LDL-Cholesterinspiegel nur eine untergeordnete Rolle spielt, sind 2–3 Eier pro Woche und damit auch Rezepte mit Ei akzeptabel. Berücksichtigen Sie dabei allerdings auch den Verzehr eihaltiger Lebensmittel, wie Eiernudeln. Zusätzlich enthalten auch Aufläufe, Nudeln, Kuchen und Gebäck Eier.

➤ Jodmangel ist nach wie vor ein aktuelles Thema in Mitteleuropa. Verwenden Sie im Haushalt deswegen am besten ausschließlich Jodsalz, sofern keine Schilddrüsenerkrankung vorliegt.

➤ Alkohol kann viele unerwünschte aber auch erwünschte gesundheitliche Auswirkungen haben. Werden alkoholhaltige Getränke jedoch im Rahmen der Speisezubereitung mitgekocht, verdampft er während des Erhitzens. Die fertigen Gerichte enthalten zwar das würzige Aroma, aber keinen Restalkohol. Insofern können Gerichte durchaus mit Wein verfeinert werden.

➤ Wenn Sie normalerweise Mineralwasser oder Tee als Durstlöscher wählen, stellt ein Glas Wein zum Essen kein Problem dar.

Nüsse – eine leckere Knabberei zwischendurch

Weil Nüsse einen hohen Fettgehalt aufweisen, sind viele Patienten mit hohen Blutfettwerten unsicher, ob sie im Rahmen einer fettmodifizierten Ernährung Nüsse verzehren dürfen.
Die gute Nachricht: Sie können die leckeren Kerne von Zeit zu Zeit durchaus als kleinen Snack zwischendurch knabbern und auch exotisch angehauchte Gerichte damit verfeinern. Denn Nüsse sind reich an den gesundheitlich wertvollen einfach und mehrfach ungesättigten Fettsäuren, frei von Cholesterin, vitaminreich und gute Quellen für hochwertiges Eiweiß.
Die schlechte Nachricht: Trotz allem muss der hohe Fettgehalt im Rahmen einer fettmodifizierten Ernährung berücksichtigt werden.
In Hinblick auf den Cholesterinspiegel haben sich Californische Pistazien als gesundheitlich besonders günstig erwiesen. Sie weisen von allen Nüssen den niedrigsten Gesamtfettgehalt auf. Das Verhältnis ungesättigter zu gesättigten Fettsäuren beträgt etwa 10:1. Auf Grund dieser Fettverteilung stärken sie das »gute« HDL-Cholesterin und tragen zur Senkung des »schlechten« LDL-Cholesterins bei.
Wie verschiedene Studien belegen, kann der regelmäßige Genuss der dunkelgrünen Pistazien die LDL-Werte sowie das Herzinfarktrisiko um 30–50 Prozent senken. Darüber hinaus sind Pistazien reich an B-Vitaminen, Magnesium und Folsäure, was sie unter anderem als »Nervennahrung« auszeichnet. Bitte beachten: Eine knappe Hand voll Pistazien (ca. 45 Stück, 25 g) enthalten 160 kcal und 13 g Fett (11 g ungesättigte Fettsäuren).

Lebensmittel, die für eine fettmodifizierte Ernährung geeignet sind

Fleisch: Kalbfleisch, mageres Rindfleisch, Geflügel, (Brathuhn, Truthahn, Rebhuhn, Fasan) ohne Haut, Wild (Kaninchen, Hase, Hirsch, Reh und Wildschwein)

Wurstwaren: Wurstsorten mit einem Fettgehalt bis 20 % (Deklaration beachten), roher und gekochter Schinken ohne Fettrand, Putenschinken, kalter Braten, Geflügelbraten, Roastbeef, Tatar (ohne Eigelb), Deutsches Corned Beef

Suppen: Fettarme Bouillon, selbst gekochte klare Fleischbrühe, Gemüsebrühe

Sülzen: Kalbfleischsülze, Schinkensülze, Geflügelsülze

Fisch: Dorsch, Flunder, Heilbutt, Kabeljau, Schellfisch, Scholle, Seelachs, Seezunge, Rotbarsch, Steinbutt, Forelle, Renke, Zander, Hecht, Schleie, Felchen, Steinbeißer

Eier: Eiklar, cholesterinfreier Eiersatz

Milch- und Milchprodukte: Fettarme Milch (1,5 % Fettgehalt), Magermilch, Buttermilch, fettarme Milchprodukte (1,5 % Fett; Joghurt, Dickmilch, Magerquark, Hüttenkäse (20 % Fett), Schichtkäse (10 und 20 % Fett)

Getreide: Buchweizen, Dinkel, Gerste, Hafer, Hirse, Naturreis, Roggen, Weizen

Brot: Alle Brotsorten, insbesondere bei bestehender Hypertriglyceridämie jedoch Weizen- und Roggen-Vollkornbrot, Leinsamenbrot, Sonnenblumenbrot, Vollkornbrot, Sojabrot

Teigwaren: Alle Teigwaren ohne Eigelb, Hartweizen-Teigwaren

Kartoffeln: Alle Kartoffelgerichte, die mit fettarmer Milch ohne Eigelb und fettarm mit hochwertigen Pflanzenfetten zubereitet wurden, Kartoffelknödel

Kuchen und Gebäck: Hefeteig-Gebäck, bei Hypercholesterinämie auch Sorten, die mit hochwertigen Pflanzenfetten, fettarmer Milch und ohne Eigelb zubereitet wurden

Hülsenfrüchte: Bohnen, Linsen, Erbsen, Sojabohnen

Gemüse: Alle Gemüsesorten, möglichst als Salat oder Rohkost zubereitet

Obst: Alle Sorten, außer Avocados

Süßspeisen: Fruchtpudding, Milchpudding aus fettarmer Milch, Frucht- und Wassereis, Kakao (stark entölt)

Getränke: Bohnenkaffee (mäßiger Verbrauch, mit der Kaffeemaschine zubereitet), Malzkaffee, Tee, Mineralwasser, Frucht- und Gemüsesäfte, Erfrischungsgetränke mit Süßstoff, bei Hypercholesterinämie auch »normale« Erfrischungsgetränke

Lebensmittel, die im Rahmen einer fettmodifizierten Ernährung verwendet werden können, wenn ihr Gehalt an Fett, gesättigten Fettsäuren und/oder Cholesterin berücksichtigt wird

Fleisch: Schweine- und Rindfleisch, Hammel- und Lammfleisch, Hackfleisch, Speck, mit Speck gespicktes mageres Fleisch, Ente, Gans, Suppenhuhn, Innereien (Leber, Herz, Nieren, Bries und Hirn), Fleischkonserven

Wurstwaren: Alle Wurstwaren mit einem Fettgehalt über 20 %, auch Mettwurst, Teewurst, Salami, Aufschnitt, Blut- und Leberwurst, Leberkäse, Würstchen

Fisch: Aal, Lachs, Hering, Makrele, Thunfisch, Tintenfisch, Mastkarpfen, Austern, Speisekrabben, Hummer, Languste, Kaviar, Fischkonserven in Sauce, Fischmarinaden, panierte Fische

Eier: Eigelb, mit Eigelb hergestellte Nahrungsmittel und Speisen (z. B. Eiernudeln), Rührei, Spiegelei, Omelette

Milch und Milchprodukte: Milch- und Milchprodukte der Voll- und Halbfettstufe, Vorzugsmilch, Sahne, Sahnejoghurt, saure Sahne, Sahnejoghurt, -quark, -Dickmilch, Creme fraiche, Käsesorten, die mehr als 30 % Fett i. Tr. enthalten

Knödel: alle Sorten (außer Kartoffelknödel)

Teigwaren: Eierteigwaren

Kuchen und Gebäck: Biskuit, Blätterteig, Cremeschnitten, Torten, Krapfen

Nüsse: alle Sorten

Obst: Avocado

Süßwaren: Schokolade, Pralinen, Marzipan, Nougat, Kuvertüre, Milch- und Sahnekaramellen

Süßspeisen: Mehlspeisen, Cremespeisen aus Vollmilch oder Sahne

Fette: Öle, Margarine mit einem hohen Anteil an mehrfach ungesättigten Fettsäuren, Butter, Schmalz, Gänsefett, Kokosfett, Palmkernfett, Margarine mit einem niedrigen Gehalt an mehrfach ungesättigten Fettsäuren, Mayonnaise, Remouladensauce, Speck, Talg

Getränke: Bei gleichzeitig erhöhten Triglyceriden Alkohol und zuckerhaltige Erfrischungsgetränke

Fettarme Garmethoden

Wer seinen Cholesterinspiegel erfolgreich senken möchte, muss seine Gewohnheiten etwas umstellen. Bewährtes beim bisherigen Garen, sollten Sie überdenken und eventuell korrigieren. Mit Hilfe dieser Anregungen zur richtigen Gartechnik gelingt Ihnen die Umstellung sicher ganz leicht.

Grillen

Grillen bei 250° ist eine fettarme und aromareiche Garmethode mit gleichzeitiger Bräunung. Dabei bilden sich Röst- und Aromastoffe.

Das Zubehör:
Sie können wählen zwischen Holzkohlen-, Gas-, Elektrogrill oder Backofen mit Grilleinrichtung. Geeignete Alternativen sind der Tischgrill, der heiße Stein, die Grillpfanne oder der Elektro-Grillspieß.

Geeignete Zutaten:
Ungepökeltes, mageres Fleisch, Würstchen, Fisch, Gemüse, Kartoffeln, Obst.

So gelingt's:
– Das Gerät nach Vorschrift aufheizen.
– Das vorbereitete Grillgut auf den Rost oder direkt auf die Heizfläche legen oder auf den Spieß stecken. Das Grillgut nur so lange bräunen lassen, bis gerade gar ist.

Dämpfen

Die schonendste Zubereitung ist das Dämpfen, das Garen im Dampf um etwa 100°. Hierbei kommt das Gargut weder mit Garflüssigkeit noch mit Fett in Berührung, behält auf sanfte Art sein typisches Aroma und die frische Farbe.

Das Zubehör:
Zum Dämpfen brauchen Sie ein asiatisches Dampfkörbchen, einen gelochten Dämpfeinsatz oder einen flexiblen Siebeinsatz aus Metall, der sich allen Topf-, Wok- und Pfannengrößen leicht anpasst.

Geeignete Zutaten:
Brokkoli, Blumenkohl, Erbsen, Fenchel, Kartoffeln, Lauch, Möhren, Rote Bete, Spargel, Fischfilets, Forellen, Makrelen, Geflügelbrust und Hähnchenkeulen.

So gelingt's:
– Den Boden eines Topfs 3–5 cm hoch mit Wasser, Brühe oder Wein bedecken.
– Das Gargut in einem Dämpfeinsatz in den Topf stellen.
– Den Deckel auflegen und die Flüssigkeit aufkochen lassen.
– Die Garzeit beginnt, wenn Dampf zu sehen ist. Dann die Hitze etwas verringern und fertig garen.

Dünsten

Beim Dünsten garen Sie ohne oder nur mit wenig Fett im eigenen Saft oder in etwas Flüssigkeit. Die Gartemperatur liegt etwa bei 100°. Vitamine und Mineralstoffe bleiben weitgehend erhalten.

Das Zubehör:
Beschichtete Töpfe oder Töpfe mit schließenden Deckeln und Böden, die die Wärme gut leiten, sind dafür besonders gut geeignet. Bewährte Alternativen sind der Tontopf, der Bratschlauch, die Bratfolie oder die Alufolie.

Geeignete Zutaten:
Bohnen, Möhren, Paprika, Pilze, Tomaten, Zucchini, Obst, Fischfilets, ganze Fische sowie Geflügelteile.

So gelingt's:
– Das Gargut tropfnass in den Topf oder die Folie geben oder in sehr wenig heißem Fett im Topf andünsten.
– Mit Wasser, Brühe oder Fischfond aufgießen oder ablöschen und das Gargut zugedeckt bei geringer Temperatur fertig garen.
– Beim Garen in Folie oder im Tontopf werden die Lebensmittel auf dem Rost im Backofen gegart.
– Die Folienpäckchen mit dem Rost aus dem Backofen nehmen und über dem Spülbecken vorsichtig öffnen – sie sind sehr heiß.

Braten

Braten können Sie sowohl ohne Fett als auch mit, dann aber nur sehr wenig verwenden. Die optimale Gartemperatur liegt zwischen 140° und 200°. Bei diesen hohen Temperaturen verschließen sich sofort die Poren der Lebensmittel und bleiben saftig.

Das Zubehör:
Ideal sind Bratpfannen mit und ohne Deckel, am besten antihaftbeschichtet und kratzfest. Investieren Sie in Pfannen oder Töpfe aus nickelfreiem Mehrschichtmaterial, das die Hitze schnell und gleichmäßg verteilt.

Geeignete Zutaten:
Schnitzel, Steaks, Medaillons, Koteletts, Fischfilets, Gemüse, Kartoffeln, Eier.

So gelingt's:
– Bratpfanne oder Topf erhitzen; eventuell vorher mit einem Pinsel einfetten.
– Trockenes Bratgut einlegen und von allen Seiten braun braten.
– Je nach Lebensmittel die Hitze verringern und fertig garen.
– Das Bratgut herausnehmen, den Bratensatz nach Belieben mit etwas Flüssigkeit loskochen und als Sauce zubereiten.

Schmoren

Diese Garmethode ist eine Kombination aus Braten bei 160°–200° und Dünsten in wenig Flüssigkeit bei 100°.

Das Zubehör:
Ein flacher Schmortopf mit fest schließendem Deckel, Bräter oder Pfanne mit Deckel sind sehr gut geeignet, vor allem wenn darin wasserarmes und fettfreies Garen möglich ist.

Geeignete Zutaten:
Ragout oder Gulasch aus Schwein, Rind und Lamm, Braten und Rouladen, Schmorgemüse wie Kohl, gefüllte Paprika und Auberginen.

So gelingt's:
– Sehr wenig Fett erhitzen und das Schmorgut darin rundherum anbraten.
– Weitere Zutaten, zum Beispiel Gemüse und Gewürze, dazugeben.
– Mit wenig Brühe, Wein oder Wasser ablöschen und zugedeckt in der Nähe des Siedepunkts fertig garen.

Braten im Wok

Das schnelle Garen im Wok heißt Pfannenrühren und ist eine gesunde und Aroma schonende Garmethode. Kleingeschnittene Zutaten werden in sehr wenig Fett ständig hin und her bewegt.

Das Zubehör:
Für den Gasherd brauchen Sie den klassischen Wok mit gewölbtem Boden. Für den Elektroherd muss der Wok einen plangeschliffenen Boden haben. Woks gibt es aus Gusseisen, Gusseisen mit kratzfester Emaillierung, Edelstahl oder Kupfer.

Geeignete Zutaten:
Alle Gemüse, Obst, Fisch, Meeresfrüchte, Geflügel und mageres Fleisch.

So gelingt's:
– Sämtliche Zutaten in kleine Scheiben, Streifen oder Würfel schneiden.
– Ein Minimum an Öl erhitzen. Zuerst grobe Zutaten, dann feinere unter ständigem Rühren braten.
– Gewürze dazugeben, eventuell mit etwas Flüssigkeit ablöschen und fertig garen.

Frühstücke & Snacks

Frischer Obstsalat mit Mohnjoghurt

Fett ● 20 Min.
Cholesterin 1 mg
Ballaststoffe ●●

Pro Portion ca. 202 kcal
7 g Eiweiß · 5 g Fett · 34 g Kohlenhydrate

ZUTATEN FÜR 2 PERSONEN:
2 EL Mohnsamen
50 ml Magermilch
150 g Magermilch-Joghurt
1 Päckchen Vanillezucker
1 kleiner rotschaliger Apfel
1 kleine Banane
1 EL Zitronensaft
100 g helle Weintrauben
1 Orange

1 Die Mohnsamen mit der Milch in einem kleinen Topf ein Mal aufkochen lassen. Den Mohn in eine kleine Schüssel umfüllen und etwas abkühlen lassen. Mit Joghurt und Vanillezucker gut verrühren und kalt stellen.

2 Den Apfel waschen, gut abreiben, vierteln, entkernen und die Viertel quer in Spalten schneiden. Die Banane schälen und in Scheiben schneiden. Mit dem Apfel mischen und das Obst sofort mit dem Zitronensaft beträufeln.

3 Die Weintrauben waschen, von den Stielen zupfen, eventuell halbieren und entkernen. Die Orange schälen. Die einzelnen Segmente zwischen den Trennhäutchen herausschneiden, dabei den abtropfenden Saft auffangen und unter den Mohnjoghurt rühren.

4 Die Früchte vorsichtig mischen, mit dem Mohnjoghurt anrichten und sofort servieren.

!! Tipp: Sie können auch andere Früchte verwenden, lassen Sie sich bei der Auswahl von Ihrem Geschmack, der Saison und dem Marktangebot leiten.

Flockenmüsli mit Quarkcreme

Fett ● 15 Min.
Cholesterin 7 mg
Ballaststoffe ●●●

Pro Portion ca. 392 kcal
19 g Eiweiß · 6 g Fett · 65 g Kohlenhydrate

ZUTATEN FÜR 2 PERSONEN:
200 g Magerquark
100 g gemischte tiefgekühlte Beeren
2 EL Apfel- oder Birnendicksaft
1 Prise gemahlene Vanille
50 g Sultaninen
100 g gemischte Getreideflocken

1 Den Quark mit 3–4 EL Wasser cremig rühren. Die Beeren in einer kleinen Schüssel in der Mikrowelle auftauen lassen. Einige Beeren beiseite legen, die restlichen mit einer Gabel zerdrücken. Das Püree mit dem Quark, Apfel- oder Birnendicksaft und der Vanille verrühren.

2 Die Sultaninen heiß abwaschen, auf Küchenpapier abtrocknen lassen und mit den Getreideflocken mischen.

3 Die Sultaninen-Flocken-Mischung mit der Quarkcreme anrichten, mit den übrigen Beeren garnieren.

!! Tipp: Getreideflockenmischungen bekommen Sie in Reformhäusern und Bioläden. Sie können aber auch nur eine Flockensorte verwenden, etwa grobe Haferflocken oder Dinkelflocken.

!! Tipp: Quark wird in verschiedenen Fettgehaltsstufen angeboten. Dabei variiert nicht nur der Fett- und damit der Kaloriengehalt, auch der Anteil an enthaltenem Cholesterin ist sehr unterschiedlich. So stecken in 100 g Quark mit 40 % Fett i. Tr. etwa 153 kcal und 31 mg Cholesterin, bei 100 g Magerquark sind es nur etwa 72 kcal und 1 mg Cholesterin. Ähnliches gilt für alle Milchprodukte, deshalb fettarme Varianten wählen.

Bananentofu mit Trauben

Fett – 15 Min.
Cholesterin –
Ballaststoffe ●

Pro Portion ca. 157 kcal
4 g Eiweiß · 3 g Fett · 35 g Kohlenhydrate

ZUTATEN FÜR 2 PERSONEN:
150 g Seidentofu
1 Banane
1–2 EL Ahornssirup oder Zucker
150 g helle oder dunkle Weintrauben
150 g Erdbeeren
2 EL Cornflakes

1 Den Tofu in kleine Würfel schneiden und mit einer Gabel zerdrücken oder mit dem Pürierstab pürieren. Die Banane schälen und ebenfalls zerdrücken. Tofu und Banane mit Ahornsirup oder Zucker zu einem glatten Brei verrühren.

2 Die Weintrauben waschen, von den Stielen zupfen und in Scheiben schneiden, eventuell die Kerne entfernen. Die Erdbeeren vorsichtig waschen, entstielen abtropfen lassen und würfeln. Unter den Bananentofu heben und mit Cornflakes bestreut servieren.

Bild oben: Frischer Obstsalat mit Mohnjoghurt
Bild unten links: Flockenmüsli mit Quarkcreme
Bild unten rechts: Bananentofu mit Trauben

Ananas-Joghurt mit Leinsamen

Fett	●●●	10 Min.
Cholesterin	–	
Ballaststoffe	●●●	

Pro Portion ca. 315 kcal
11 g Eiweiß · 11 g Fett · 44 g Kohlenhydrate

ZUTATEN FÜR 2 PERSONEN:
250 g Magermilch-Joghurt
3 EL Leinsamen
1/2 Zitrone
2 EL Zucker
1/2 Päckchen Vanillezucker
2 EL gemahlene Mandeln
1/2 TL gemahlener Zimt
1/2 TL gemahlener Piment
300 g frische Ananas (etwa 1/2 geputzte Frucht)

1 Den Joghurt in eine Schüssel geben und mit den Leinsamen vermischen. Den Saft der Zitronenhälfte auspressen und unterrühren. Mit Zucker, Vanillezucker, Mandeln, Zimt und Piment gut verrühren.

2 Die Ananas schälen, dabei von den braunen »Augen« und dem mittleren harten Strunk befreien und in kleine Würfel schneiden. Die Ananas zum Joghurt geben und sofort servieren.

!! Tipp: Ananas gibt es inzwischen das ganze Jahr über. Allerdings werden sie meist grünreif geerntet und erreichen nicht die Qualität der vollreif geernteten Früchte. Kaufen Sie daher nur duftende Ananas mit frischen, grünen Blättern. Im Kühlschrank aufbewahren und rasch verbrauchen.

Sojamüsli mit Birnen

Fett	+	20 Min.
Cholesterin	–	
Ballaststoffe	●●●	

Pro Portion ca. 423 kcal
13 g Eiweiß · 17 g Fett · 57 g Kohlenhydrate

ZUTATEN FÜR 2 PERSONEN:
2 EL gemahlene Haselnüsse
2 EL kernige Haferflocken
2 EL Rosinen
200 ml Sojamilch
2 EL Cashewkerne
2 EL Birnendicksaft
250 g reife Birnen
150 g fettarmer Joghurt
2 EL Leinsamen

1 Haselnüsse, Haferflocken und Rosinen in eine Schüssel geben, mit der Sojamilch verrühren und 10–15 Min. ziehen lassen.

2 Die Cashewkerne grob hacken und in einer kleinen beschichteten Pfanne bei schwacher Hitze ohne Fett goldbraun rösten, herausnehmen und beiseite stellen.

3 Den Birnendicksaft unter die Haferflockenmischung rühren. Die Birnen schälen, vom Kerngehäuse befreien und klein würfeln. Birnen, Joghurt und Leinsamen mit der Haferflockenmischung verrühren. Mit Cashewkernen bestreut servieren.

!! Tipp: Sie können die Haselnüsse, Haferflocken, Rosinen und Sojamilch schon am Vorabend mischen und über Nacht ziehen lassen.

!! Tipp: Die mild-süßen Cashewkerne mit Biss sollten Sie dunkel und trocken aufbewahren, am besten im Kühlschrank. Sie enthalten viel Eiweiß, kein Cholesterin und, verglichen mit anderen Nüssen, wenig Fett.

Hirsemüsli mit Rosinen

Fett	●●	25 Min.
Cholesterin	5 mg	
Ballaststoffe	●●	

Pro Portion ca. 420 kcal
12 g Eiweiß · 7 g Fett · 75 g Kohlenhydrate

ZUTATEN FÜR 2 PERSONEN:
200 ml fettarme Milch
70 g Hirse
2 EL Rosinen
6 getrocknete ungeschwefelte Aprikosen
1 Apfel (z. B. Elstar oder Boskoop)
2 EL Zitronensaft
150 g fettarmer Joghurt
6 Amarettini (kleine italienische Makronen)

1 Die Milch mit Hirse aufkochen lassen, die Rosinen einrühren und zugedeckt bei schwacher Hitze 15–20 Min. quellen lassen, bis die Flüssigkeit aufgesogen ist.

2 In der Zwischenzeit die Aprikosen in feine Streifen schneiden. Den Apfel schälen, klein würfeln und sofort mit Zitronensaft beträufeln. Aprikosenstreifen, Apfelwürfel und Joghurt unter die Hirse heben.

3 Die Amarettini zerbröseln und über das Müsli streuen.

!! Tipp: Hirse, eine Getreideart, die in Vergessenheit geraten war, wird neuerdings wieder öfter angebaut. Sie enthält viel biologisch wertvolles Eiweiß, jede Menge Mineralstoffe – allen voran Magnesium und Kalium. Ihr hoher Gehalt an Eisen macht sie unverzichtbar für Menschen, die wenig oder gar kein Fleisch essen.

Bild oben: Ananas-Joghurt mit Leinsamen
Bild unten links: Sojamüsli mit Birnen
Bild unten rechts: Hirsemüsli mit Rosinen

Haferkeimlinge mit Erdbeeren

Fett	++	15 Min.
Cholesterin	8 mg	
Ballaststoffe	●●●	

Pro Portion ca. 640 kcal
16 g Eiweiß · 22 g Fett · 96 g Kohlenhydrate

ZUTATEN FÜR 2 PERSONEN:
4 EL Haferkeimlinge (Reformhaus)
2 EL Rosinen
1/4 l fettarme Milch
1–2 EL Honig
200 g Erdbeeren
2 Kiwis
2 EL Pekannüsse (ersatzweise Walnusskerne)

1 Die Haferkeimlinge mit Rosinen, Milch und Honig vermischen und 10–15 Min. quellen lassen.

2 Die Erdbeeren vorsichtig waschen, abtropfen lassen, von den Stielen zupfen und in Spalten schneiden. Die Kiwis schälen, vierteln, vom mittleren harten Strunk befreien und würfeln. Die Pekannüsse grob hacken.

3 Erdbeeren und Kiwis unter die Keimlinge mischen und das Müsli mit Nüssen bestreut servieren.

!! Tipp: Hafer ist in jeder Form ideal, wenn Ihr Cholesterinspiegel zu hoch ist. Er enthält reichlich essenzielle Fett- und Aminosäuren. In den Randschichten des vollen Korns sind die wichtigen Ballaststoffe reichlich enthalten, deshalb sind in einer cholesterinfreundlichen Ernährung Haferkeimlinge besonders empfehlenswert.

Haferfleks mit Pfirsichen

Fett	●●	5 Min.
Cholesterin	6 mg	
Ballaststoffe	●●	

Pro Portion ca. 286 kcal
10 g Eiweiß · 7 g Fett · 43 g Kohlenhydrate

ZUTATEN FÜR 2 PERSONEN:
20 g Pistazienkerne
2 Pfirsiche oder anderes Obst der Saison, z. B. Pflaumen
60 g Haferfleks
2 EL Birnendicksaft
250 g fettarmer Kefir

1 Die Pistazien in einer kleinen beschichteten Pfanne bei schwacher Hitze ohne Fett goldbraun rösten, herausnehmen und beiseite stellen.

2 Die Pfirsiche heiß waschen, halbieren, entsteinen und in Würfel schneiden. Mit den Haferfleks und dem Birnendicksaft vermischen. Den Kefir darüber gießen, mit Pistazien bestreuen und sofort servieren, damit die Haferfleks knusprig bleiben.

!! Tipp: Haferkleieprodukte, wie Haferfleks, sind aus einer cholesterinspiegelfreundlichen Ernährung nicht wegzudenken. Hafer enthält Ballaststoffe, die der Körper besonders gut verarbeiten kann. Die unlöslichen Ballaststoffe regen die Verdauung an, die löslichen Ballaststoffe helfen das schädliche Cholesterin zu binden und auszuscheiden. Wichtig ist, dass Sie zu diesen ballaststoffreichen Produkten viel trinken. Also am besten gleich ein Glas Fruchtsaft, gemischt mit Mineralwasser, dazu trinken.

Buchweizenschale mit Himbeeren

Fett	–	25 Min.
Cholesterin	3 mg	
Ballaststoffe	●●●	

Pro Portion ca. 393 kcal
12 g Eiweiß · 3 g Fett · 78 g Kohlenhydrate

ZUTATEN FÜR 2 PERSONEN:
200 ml fettarme Milch
1/2 TL abgeriebene Schale von 1 unbehandelten Zitrone
1/2 Vanilleschote
100 g Buchweizen
1 kleine Mango (etwa 250 g vorbereitet gewogen)
2 EL Zucker
150 g fettarmer Joghurt
200 g Himbeeren

1 Die Milch mit Zitronenschale verrühren. Die Vanilleschote längs aufschlitzen, das Mark herauskratzen und in die Milch geben.

2 Den Buchweizen in ein Sieb geben und mit kaltem Wasser abspülen und abtropfen lassen. Mit der Milch ein Mal aufkochen lassen und bei schwacher Hitze zugedeckt 15 Min. köcheln lassen, bis die gesamte Flüssigkeit aufgesogen ist.

3 Die Mango schälen, das Fruchtfleisch in Spalten vom harten Kern schneiden und klein würfeln. Den Buchweizen mit Mango, Zucker und Joghurt verrühren. Die Himbeeren vorsichtig waschen, gut abtropfen lassen und über die Buchweizenschale streuen.

Bild oben: Haferkeimlinge mit Erdbeeren
Bild unten links: Haferfleks mit Pfirsichen
Bild unten rechts: Buchweizenschale mit Himbeeren

Sellerie-Frischkäse-Aufstrich

Fett – **10 Min.**
Cholesterin –
Ballaststoffe ●

Pro Portion ca. 130 kcal
5 g Eiweiß · 3 g Fett · 22 g Kohlenhydrate

ZUTATEN FÜR 2 PERSONEN:
100 g Knollensellerie
1 EL Zitronensaft
50 g fettreduzierter Frischkäse
frisch geriebene Muskatnuss
Salz, weißer Pfeffer
10 g Walnusskerne

1 Den Sellerie schälen, grob würfeln und im Blitzhacker fein hacken. Sofort mit dem Zitronensaft vermischen, damit der Sellerie weiß bleibt. Den Frischkäse hinzufügen und mit dem Sellerie vermischen. Mit 1 Prise Muskat, Salz und Pfeffer abschmecken und etwas ziehen lassen. Mit gehackten Walnüssen bestreut servieren. Dazu passt Sandwichbrot.

!! Tipp: Doppelrahm-Frischkäse enthält mindestens 60 % Fett i. Tr. (28 g Fett absolut in 100 g), doch mittlerweile gibt es eine breite Palette an fettreduzierten Frischkäseprodukten mit 7 g bis 16 g Fett in 100 g. Je nach Produkt enthalten sie 5 %. Meist sind es Produkte mit dem Hinweis »leicht«, »mit Buttermilch/Joghurt«, »Sport« oder »Fitness«.

Kidneybohnen-Aufstrich

Fett ● **10 Min.**
Cholesterin –
Ballaststoffe ●●●

Pro Portion ca. 446 kcal
30 g Eiweiß · 4 g Fett · 77 g Kohlenhydrate

ZUTATEN FÜR 2 PERSONEN:
1 Dose Kidneybohnen (250 g Abtropfgewicht)
1 kleine Zwiebel
1 Knoblauchzehe
1 TL Sonnenblumenöl
1 TL Zitronensaft oder Weißweinessig
Salz
schwarzer Pfeffer aus der Mühle
Cayennepfeffer
1 EL frisch gehackte Petersilie

1 Die Kidneybohnen in einem Sieb abbrausen und abtropfen lassen.

2 Die Zwiebel und den Knoblauch schälen, beides fein hacken. Das Öl in einer beschichteten Pfanne erhitzen. Die Zwiebel darin bei schwacher Hitze glasig dünsten, den Knoblauch dazugeben und kurz anbraten.

3 Die Kidneybohnen im Mixer oder mit dem Pürierstab fein pürieren. Das Bohnenpüree mit der Zwiebel-Knoblauch-Mischung vermengen. Mit Zitronensaft, Salz, Pfeffer und Cayennepfeffer pikant abschmecken und mit Petersilie bestreut servieren.

!! Tipp: Der Brotaufstrich passt gut zu Fladenbrot oder Stangenweißbrot, ist aber auch als Füllung für Tortillas (mexikanische Weizenmehlfladen) geeignet. Die Tortillas mit Bohnenaufstrich bestreichen, mit 1–2 dünnen Tomatenscheiben und einigen Salatstreifen belegen und aufrollen.

!! Info: Der Bohnenaufstrich hält sich abgedeckt im Kühlschrank bis zu 3 Tagen.

Süßer Apfelaufstrich

Fett – **10 Min.**
Cholesterin 7 mg
Ballaststoffe ●

Pro Portion ca. 126 kcal
6 g Eiweiß · 3 g Fett · 17 g Kohlenhydrate

ZUTATEN FÜR 2 PERSONEN:
3 geh. EL Weizenkeime (Reformhaus)
1 großer Apfel (etwa 150 g geputzt gewogen)
1 EL Zitronensaft
50 g fettreduzierter Frischkäse
1 Päckchen Vanillezucker
gemahlene Nelken
gemahlener Zimt

1 Die Weizenkeime in einer beschichteten Pfanne ohne Fett bei mittlerer Hitze unter ständigem Rühren 2–3 Min. rösten. Auf einem Teller auskühlen lassen, da sie sonst in der heißen Pfanne nachbräunen.

2 Den Apfel schälen, vom Kerngehäuse befreien und grob zerkleinern. Die Apfelstücke und den Zitronensaft im Mixer oder mit dem Pürierstab pürieren.

3 Die Weizenkeime und den Frischkäse zum Apfelpüree geben und zu einer glatten Creme verrühren. Die Creme mit dem Vanillezucker, je 1 Prise Nelken- und Zimtpulver abschmecken.

!! Tipp: Zu diesem fruchtignussigen Brotaufstrich passt Toast-, Knäcke- oder Stangenweißbrot sehr gut.

!! Tipp: Weizenkeime sind das Wertvollste des vollen Korns. Sie liefern hochwertiges Eiweiß, essenzielle Fettsäuren und Lecithin, B-Vitamine, Vitamin E, Mineralstoffe und Spurenelemente sowie reichlich Ballaststoffe.

Bild oben: Kidneybohnen-Aufstrich
Bild unten: Süßer Apfelaufstrich

Mandel-Kresse-Aufstrich

Fett ● 10 Min.
Cholesterin 3 mg
Ballaststoffe ●

Pro Portion ca. 95 kcal
7 g Eiweiß · 6 g Fett · 3 g Kohlenhydrate

ZUTATEN FÜR 2 PERSONEN:
20 g Mandeln (etwa 10 Stück, ersatzweise gemahlene)
1/4 Bund Schnittlauch
1 Kästchen Kresse
100 g cremiger Magerquark
Salz
weißer Pfeffer aus der Mühle

1 Die Mandeln im Mixer fein mahlen. Den Schnittlauch waschen, trockenschütteln und in Röllchen schneiden. Die Kresse mit einer Küchenschere vom Beet schneiden, in einem Sieb mit Wasser abbrausen und abtropfen lassen.

2 Mandeln, Quark, Schnittlauch und Kresse zu einer cremigen Paste verrühren. Den Aufstrich mit Salz und Pfeffer abschmecken.

!! Beilage: Der Aufstrich passt hervorragend zu Vollkornbrot oder Roggenbrötchen Ihrer Wahl.

!! Tipp: Nüsse und Samen schmecken am besten leicht geröstet. In einer Pfanne ohne Fett hellbraun anrösten.

Kräuter-Hefeflockenpaste

Fett ●●● 10 Min.
Cholesterin 9 mg
Ballaststoffe ●

Pro Portion ca. 116 kcal
2 g Eiweiß · 11 g Fett · 1 g Kohlenhydrate

ZUTATEN FÜR 2 PERSONEN:
40 g Diät-Margarine
5 EL Edelhefeflocken (Reformhaus)
50 g saure Sahne
1/4 TL gekörnte Gemüsebrühe (Trockenextrakt)
2 EL frisch gehackte Kräuter (z. B. Petersilie, Schnittlauch, ersatzweise 1/4 Päckchen tiefgekühlte Kräuter-Mischung)
schwarzer Pfeffer aus der Mühle

1 Die Diät-Margarine, Hefeflocken, saure Sahne, Brühe und Kräuter in einen Rührbecher geben und mit einem Kochlöffel zu einer glatten Paste verrühren. Mit Pfeffer abschmecken und etwa 10 Min. in den Kühlschrank stellen, damit der Aufstrich etwas fester wird.

!! Beilage: Dazu passen Vollkornbrot und Rohkost, z. B. Gurkenscheiben und Kresse oder Tomatenscheiben und Basilikum.

!! Tipp: Nehmen Sie für die Zubereitung des Brotaufstrichs die neue Diät-Margarine mit pflanzlichen Sterinen. Wie wissenschaftliche Studien belegen, senkt eine Tagesportion von etwa 20 Gramm im Austausch gegen andere Streichfette das LDL-Cholesterin in kurzer Zeit um 10–15 Prozent.

Räucherfisch-Quark-Aufstrich

Fett – 10 Min.
Cholesterin –
Ballaststoffe –

Pro Portion ca. 54 kcal
9 g Eiweiß · 1 g Fett · 3 g Kohlenhydrate

ZUTATEN FÜR 2 PERSONEN:
100 g Magerquark
25 g geräucherte Kieler Sprotten (etwa 3 Stück ohne Kopf und Schwanz), ersatzweise geräucherte Sprotten in Öl (Dose)
1/2 TL Meerrettich (aus dem Glas)
1/2 TL Dijon-Senf
1/2 kleine Zwiebel (etwa 20 g)
Salz
schwarzer Pfeffer aus der Mühle

1 Den Quark mit Sprotten, Meerrettich und Senf im Mixer oder mit dem Pürierstab zu einer glatten Creme pürieren. Eventuell etwas Mineralwasser untermischen.

2 Die Zwiebel schälen, sehr fein hacken und unter die Creme heben (nicht pürieren). Mit Salz und Pfeffer abschmecken.

!! Beilage: Der Aufstrich schmeckt auf Vollkornschrotbrot oder Vollkornbrötchen. Als Beilage passen Radieschen, Tomaten oder andere rohe Gemüsesorten dazu.

!! Tipp: Statt Sprotten können Sie auch geräucherte Makrele oder Forelle verwenden.

Bild oben: Mandel-Kresse-Aufstrich
Bild unten links: Kräuter-Hefeflockenpaste
Bild unten rechts: Räucherfisch-Quark-Aufstrich

Soja-Haselnuss-Creme

Fett	+	5 Min.
Cholesterin	–	
Ballaststoffe	–	

Pro Portion ca. 190 kcal
5 g Eiweiß · 15 g Fett · 8 g Kohlenhydrate

ZUTATEN FÜR 2 PERSONEN:
3 TL Haselnussmus (Reformhaus)
3 EL SojaCremig neutral (Reformhaus)
1 EL Magerquark
1/2 TL Zitronensaft
1 EL Honig (ersatzweise einige Tropfen flüssiger Süßstoff)

1 Das Haselnussmus mit Soja Cremig neutral, Magerquark und dem Zitronensaft cremig verrühren und mit Honig oder Süßstoff abschmecken.

!! Tipp: Die Creme sparsam auf Brot oder Knäckebrot streichen. Die Brote mit frischen Früchten wie Bananen- oder Kiwischeiben belegen.

Mediterraner Brotaufstrich

Fett	●	15 Min.
Cholesterin	–	
Ballaststoffe	●●●	

Pro Portion ca. 81 kcal
3 g Eiweiß · 6 g Fett · 3 g Kohlenhydrate

ZUTATEN FÜR 4 PERSONEN:
40 g Sonnenblumenkerne
12 grüne entsteinte Oliven (etwa 30 g, aus dem Glas)
1 Knoblauchzehe
100 g SojaCremig neutral (Reformhaus, ersatzweise cremiger Magerquark)
1 geh. TL Kapern (aus dem Glas)
1/2 TL Aceto balsamico

1 Die Sonnenblumenkerne in einer beschichteten Pfanne ohne Fett bei schwacher Hitze goldbraun rösten, herausnehmen und beiseite stellen.

2 Die Oliven in einem Sieb abtropfen lassen und halbieren. Den Knoblauch schälen und grob hacken. SojaCremig neutral oder Quark, Oliven, Kapern, Knoblauch, Essig und Sonnenblumenkerne im Mixer oder mit dem Pürierstab pürieren und zu einer festen Creme verarbeiten.

!! Tipp: Dieser pikante Brotaufstrich passt am besten zu Weißbrot. Verwenden Sie ihn wie andere Streichfette, zum Beispiel Diät-Margarine, nur sparsam. Belegen Sie die dünn bestrichenen Brote zusätzlich mit einigen Tomatenscheiben.

Radieschen-Tofu-Aufstrich

Fett	●	10 Min.
Cholesterin	–	
Ballaststoffe	●●	

Pro Portion ca. 244 kcal
10 g Eiweiß · 4 g Fett · 43 g Kohlenhydrate

ZUTATEN FÜR 2 PERSONEN:
100 g geräucherter Tofu
4 Radieschen
1 EL Zitronensaft
1 EL SojaCremig neutral (Reformhaus, ersatzweise fettarmer Joghurt)
1/4 Bund Schnittlauch
weißer Pfeffer aus der Mühle
4 Scheiben Roggenbrot

1 Den Tofu in grobe Würfel schneiden. Die Radieschen putzen, waschen und vierteln. Tofuwürfel und Radieschenviertel mit Zitronensaft und SojaCremig neutral oder Joghurt im Mixer oder mit dem Pürierstab zu einer festen Creme pürieren.

2 Den Schnittlauch waschen, trockenschütteln, in Röllchen schneiden und unter die Creme mischen. Den Tofu-Aufstrich mit Pfeffer abschmecken. Die Roggenbrotscheiben mit dem Aufstrich bestreichen.

!! Info: SojaCremig neutral aus dem Reformhaus ist fettarm, cholesterinfrei und geschmacksneutral. Sie kann wie Sahne, Crème fraîche oder Speisequark für die Zubereitung von Brotaufstrichen, Salatdressings, Desserts, zum Legieren von Suppen und Saucen, zum Überbacken und Gratinieren von Gemüse und Aufläufen verwendet werden.

Bild oben: Mediterraner Brotaufstrich
Bild unten: Radieschen-Tofu-Aufstrich

Hüttenkäse mit Paprika und Curry

Fett	●	10 Min.
Cholesterin	8 mg	
Ballaststoffe	●●	

Pro Portion ca. 286 kcal
19 g Eiweiß · 5 g Fett · 44 g Kohlenhydrate

ZUTATEN FÜR 2 PERSONEN:
150 g fettarmer Hüttenkäse
1 TL Currypulver
2–3 kleine Gewürzgurken
4 entsteinte schwarze Oliven
1/2 rote Paprikaschote
Salz
Pfeffer
2 Vollkornbrötchen

1 Den Hüttenkäse mit Currypulver verrühren. Die Gewürzgurken in kleine Würfel schneiden. Die Oliven fein hacken. Die Paprikahälfte putzen, waschen und halbieren. Eine Hälfte in kleine Würfel, die andere Hälfte in Streifen schneiden.

2 Die Paprikawürfel, Gewürzgurken und Oliven unter den Hüttenkäse mischen und mit Salz und Pfeffer pikant abschmecken.

3 Die Vollkornbrötchen halbieren, die Hälften mit dem Hüttenkäse bestreichen und mit den Paprikastreifen belegen.

!! Tipps: Wer gerne scharf isst, kann auch noch eine halbe Chilischote kleinschneiden und untermischen. Oder den Aufstrich mit 1 Msp. Sambal Oelek »verschärfen«.

Fettarmer Liptauer Quark

Fett	–	15 Min.
Cholesterin	–	
Ballaststoffe	●	

Pro Portion ca. 61 kcal
9 g Eiweiß · 2 g Fett · 2 g Kohlenhydrate

ZUTATEN FÜR 4–5 BROTE:
80 g Romadur (20 % Fett i. Tr.)
150 g cremiger Magerquark
1 TL rosenscharfes Paprikapulver
1 TL Sardellenpaste
1 TL scharfer Senf
1/2 kleine rote Paprikaschote
1 kleine rote Zwiebel
1 Gewürzgurke
1 TL Kapern (aus dem Glas)
Salz
Pfeffer

1 Den Romadur klein würfeln. Romadurwürfel und Quark mit dem Pürierstab fein pürieren. Paprikapulver, Sardellenpaste und Senf unterrühren.

2 Die halbe Paprikaschote putzen, waschen und in winzig kleine Würfel schneiden. Die Zwiebel schälen und klein würfeln. Die Gewürzgurke ebenfalls würfeln. Zwiebel, Gurken und Kapern mit einem großen Messer oder einem Wiegemesser sehr fein hacken. Unter den Quark mischen und mit Salz und Pfeffer pikant abschmecken.

!! Tipp: Den Liptauer Brotaufstrich auf Bauernbrot- oder Vollkornbrotscheiben streichen. 1 kleine rote Zwiebel in dünne Ringe schneiden und darauf verteilen. Die Brote schmecken auch mit Schnittlauchröllchen bestreut sehr gut.

!! Tipp: Luftdicht verschlossen können Sie den Aufstrich im Kühlschrank ein paar Tage aufbewahren.

Apfelquark mit Zwiebelringen

Fett	–	15 Min.
Cholesterin	–	
Ballaststoffe	●	

Pro Portion ca. 188 kcal
13 g Eiweiß · 3 g Fett · 27 g Kohlenhydrate

ZUTATEN FÜR 2 PERSONEN:
1 kleine Zwiebel
1 kleiner Apfel (etwa 100 g geputzt gewogen)
1 TL Rapsöl
2 TL Zucker
schwarzer Pfeffer aus der Mühle
150 g cremiger Magerquark
Salz
4 Scheiben Knäckebrot
1 EL Schnittlauchröllchen

1 Die Zwiebel schälen und in feine Ringe schneiden. Den Apfel schälen, vierteln, vom Kerngehäuse befreien und die Viertel in etwa 3 cm lange Stifte schneiden.

2 Das Öl mit einem Pinsel in einer beschichteten Pfanne verstreichen, erhitzen und die Zwiebelringe darin bei schwacher Hitze glasig dünsten. Zucker und Apfelstifte dazugeben und so lange rühren, bis die Äpfel weich und goldbraun sind. Kräftig mit Pfeffer würzen und abkühlen lassen.

3 Die Apfel-Zwiebelmischung unter die Quarkzubereitung oder den Quark heben. Mit Salz abschmecken. Den Apfelquark auf die Käckebrote streichen. Den Quark eventuell mit Pfeffer übermahlen und mit Schnittlauchröllchen bestreuen.

Bild oben: Hüttenkäse mit Paprika und Curry
Bild unten links: Fettarmer Liptauer Quark
Bild unten rechts: Apfelquark mit Zwiebelringen

Hirseaufstrich mit Majoran

Fett + 25 Min.
Cholesterin 2 mg
Ballaststoffe ●●●

Pro Portion ca. 425 kcal
10 g Eiweiß · 16 g Fett · 59 g Kohlenhydrate

ZUTATEN FÜR 2 PERSONEN:
100 ml Gemüsebrühe
50 g Hirse
1 kleine rote Zwiebel
60 g Champignons
1 EL Rapsöl
1 TL getrockneter Majoran
1 TL getrockneter Thymian
1/2 TL Salz
1/2 TL grüne Pfefferkörner
40 g Diät-Margarine
1–2 Tomaten
2 Scheiben Vollkornbrot

1 Die Gemüsebrühe mit Hirse aufkochen lassen und die Hirse zugedeckt bei schwacher Hitze 20 Min. quellen lassen, bis sie weich ist.

2 In der Zwischenzeit die Zwiebel schälen und fein hacken. Die Champignons putzen und klein würfeln. Das Öl in einer beschichteten Pfanne erhitzen. Die Zwiebel darin bei schwacher Hitze glasig dünsten, die Champignonwürfel dazugeben und 1–2 Min. dünsten. Mit Majoran und Thymian würzen.

3 Hirse, Champignons, Salz und Pfefferkörner mit der Diät-Margarine im Mixer oder mit dem Pürierstab zu einer feinen Paste pürieren.

4 Die Tomaten waschen, von den Stielansätzen befreien und in Scheiben schneiden. Die Brote mit der Paste bestreichen und mit Tomatenscheiben belegen.

!! Tipp: Sie können den Hirseaufstrich auch mit der doppelten Menge der Zutaten herstellen und ihn in einem fest verschließbaren Glas bis zu einer Woche im Kühlschrank aufbewahren.

Erdbeerquark mit Cornflakes

Fett – 10 Min.
Cholesterin –
Ballaststoffe ●

Pro Portion ca. 175 kcal
18 g Eiweiß · 1 g Fett · 24 g Kohlenhydrate

ZUTATEN FÜR 2 PERSONEN:
200 g Erdbeeren
1 EL Ahornsirup oder 1 Päckchen Vanillezucker
Pfeffer
250 g Magerquark
2 EL frisch gehackte Zitronenmelisse
4 EL Cornflakes oder Haferfleks

1 Die Erdbeeren vorsichtig waschen, abtropfen lassen und von den Stielen zupfen. Zwei Erdbeeren zum Garnieren beiseite legen. Die übrigen Früchte mit einer Gabel zerdrücken oder in einem hohen Gefäß mit dem Pürierstab pürieren.

2 Den Ahornsirup oder den Vanillezucker untermischen und kräftig mit Pfeffer würzen. Die Erdbeeren mit dem Quark glatt rühren und die Zitronenmelisse unterheben. Mit Cornflakes oder Haferfleks bestreut servieren.

!! Tipp: Sie können den Erdbeerquark nach Belieben leicht pfeffern, damit die Süße der Früchte besser zum Tragen kommt.

Pumpernickel mit Romadur

Fett ● 15 Min.
Cholesterin 11 mg
Ballaststoffe ●●●

Pro Portion ca. 304 kcal
24 g Eiweiß · 5 g Fett · 41 g Kohlenhydrate

ZUTATEN FÜR 2 PERSONEN:
100 g Magerquark
2 EL Orangenmarmelade
4 Scheiben Pumpernickel
100 g Romadur (20 % Fett i. Tr.)
schwarzer Pfeffer aus der Mühle
1 Orange
gestoßener Koriander

1 Den Magerquark mit der Orangenmarmelade und eventuell einem Schuss Mineralwasser cremig rühren und die Pumpernickelscheiben damit bestreichen. Den Käse in dünne Scheiben schneiden, darauf legen und kräftig mit Pfeffer würzen.

2 Die Orange schälen. Die einzelnen Segmente zwischen den Trennhäutchen herausschneiden. Die Orangenfilets auf dem Käse verteilen und mit Koriander bestreuen.

!! Tipp: Romadur mit Halbfettstufe, enthält relativ wenig Cholesterin: etwa 21 mg pro 100 g. Es gibt auch Limburger als Halbfettstufe oder Tilsiter als Dreiviertelfettstufe. Beide können Sie in der cholesterinspiegelfreundlichen Ernährung gut verwenden.

Bild oben: Erdbeerquark mit Cornflakes
Bild unten links: Hirseaufstrich mit Majoran
Bild unten rechts: Pumpernickel mit Romadur

Lachscreme auf Roggenbrot

Fett	+	20 Min.
Cholesterin	44 mg	
Ballaststoffe	●●●	

Pro Portion ca. 437 kcal
30 g Eiweiß · 15 g Fett · 46 g Kohlenhydrate

ZUTATEN FÜR 2 PERSONEN:
3 Wacholderbeeren
1 Stück unbehandelte Zitronenschale
200 g Lachsfilet
2 EL Zitronensaft
50 g Magerquark
Salz
Pfeffer
3 Blätter Basilikum
1 kleine rote Paprikaschote
4 Scheiben Roggenbrot

1 Die Wacholderbeeren im Mörser zerdrücken. Mit Zitronenschale und wenig Wasser in einen kleinen Topf mit Dampfeinsatz geben und zum Kochen bringen.

2 Den Lachs enthäuten, von den Gräten befreien und auf den Dampfeinsatz legen. Den Lachs in 10 Min. garen, herausnehmen und etwas abkühlen lassen.

3 Den Fisch zerpflücken und mit 1 EL Zitronensaft und Quark fein pürieren. Mit dem restlichen Zitronensaft, Salz und Pfeffer abschmecken. Basilikumblätter abreiben, in Streifen schneiden und unter die Creme rühren.

4 Die Paprikaschote halbieren, putzen, waschen und in Streifen schneiden. Die Lachscreme auf die Brotscheiben streichen. Die Paprikastreifen darauf legen.

!! Tipp: Die Lachscreme hält sich im Kühlschrank gut verschlossen 2–3 Tage. Sie schmeckt hervorragend als Vorspeise oder eignet sich für ein kaltes Buffet.

Putenbrust auf Dinkelbrot

Fett	●●	15 Min.
Cholesterin	75 mg	
Ballaststoffe	●●	

Pro Portion ca. 330 kcal
34 g Eiweiß · 7 g Fett · 33 g Kohlenhydrate

ZUTATEN FÜR 2 PERSONEN:
2 Putenchnitzel (à etwa 100 g)
Salz
Pfeffer
2 reife Feigen
1 EL Oliven- oder Rapsöl
1 EL Sojasauce
1 EL Worcestersauce
4 dünne Scheiben Dinkelbrot

1 Die Schnitzel von Fett und Sehnen befreien, leicht flach klopfen und mit Salz und Pfeffer würzen. Die Feigen vorsichtig abreiben und in schmale Scheiben schneiden.

2 Das Öl in einer beschichteten Pfanne erhitzen, die Schnitzel darin bei mittlerer Hitze pro Seite in 3–4 Min. goldbraun braten. Herausnehmen und beiseite stellen. Die Feigenscheiben in derselben Pfanne im Bratfett der Schnitzel erwärmen.

3 Soja- und Worcestersauce mit 2 EL Wasser vermischen, zu den Feigen geben und etwas einkochen lassen.

4 Zwei Scheiben Dinkelbrot mit je einem Schnitzel belegen. Feigen und Sauce darauf verteilen und die übrigen Brotscheiben darauf legen. Fest zusammendrücken und – zum Mitnehmen – in Alu- oder Klarsichtfolie wickeln.

Vollkornbrot mit Roastbeef

Fett	●	10 Min.
Cholesterin	35 mg	
Ballaststoffe	●	

Pro Portion ca. 255 kcal
16 g Eiweiß · 6 g Fett · 35 g Kohlenhydrate

ZUTATEN FÜR 2 PERSONEN:
2 Scheiben Weizenvollkornbrot
10 g Diät-Margarine
2 EL tiefgekühlte italienische Kräuter oder 8-Kräuter-Mischung
Salz
Pfeffer
1 Stück Salatgurke (etwa 5 cm)
100 g dünn geschnittenes Roastbeef
2 TL Meerrettich (aus dem Glas)
2 EL Schnittlauchröllchen oder Gartenkresse

1 Die Vollkornbrote toasten. Die Diät-Margarine mit den Kräutern glatt rühren und mit Salz und Pfeffer abschmecken. Die Brotscheiben damit bestreichen.

2 Die Gurke dünn schälen, halbieren, mit einem Teelöffel von den Kernen befreien und die Hälften in dünne Scheiben schneiden. Die Gurkenscheiben auf den Kräuteraufstrich legen.

3 Die Roastbeefscheiben zu Tütchen drehen und auf die Brote setzen. In jedes Tütchen etwas Meerrettich geben. Mit Schnittlauch oder Kresse bestreut servieren.

!! Variante: Sie können auch andere tiefgekühlte Kräuter nehmen, zum Beispiel Kräuter der Provence, Dill oder Salatkräuter.

Bild oben: Lachscreme auf Roggenbrot
Bild unten links: Putenbrust auf Dinkelbrot
Bild unten rechts: Vollkornbrot mit Roastbeef

Tofu-Aufstrich mit Champignons

Fett ●● 20 Min.
Cholesterin –
Ballaststoffe ●●

Pro Portion ca. 196 kcal
9 g Eiweiß · 8 g Fett · 22 g Kohlenhydrate

ZUTATEN FÜR 2 PERSONEN:
100 g weicher, geräucherter Tofu
1 EL Sojasauce
frisch gemahlener Koriander
2 Scheiben Roggenvollkornbrot
100 g braune Champignons (Egerlinge)
2 Frühlingszwiebeln
1 Knoblauchzehe
1 EL Olivenöl
Salz
Pfeffer

1 Den Tofu kräftig mit dem Pürierstab pürieren und mit Sojasauce und Koriander würzen. Die Brotscheiben damit bestreichen.

2 Die Champignons putzen und grob hacken. Die Frühlingszwiebeln putzen, waschen und in feine Scheiben schneiden. Den Knoblauch schälen und durch die Presse drücken.

3 Das Öl in einer beschichteten Pfanne erhitzen. Champignons, Frühlingszwiebeln und Knoblauch darin bei mittlerer Hitze unter ständigem Rühren anbraten. Vom Herd nehmen. Auf den Broten verteilen, etwas festdrücken und mit Salz und Pfeffer kräftig würzen.

!! Tipp: Statt mit Koriander können Sie den Aufstrich auch mit gemahlenem Kümmel zubereiten.

Tofubrot mit Basilikum-Tomaten

Fett ●● 15 Min.
Cholesterin –
Ballaststoffe ●●●

Pro Portion ca. 262 kcal
10 g Eiweiß · 8 g Fett · 37 g Kohlenhydrate

ZUTATEN FÜR 2 PERSONEN:
100 g fester, geräucherter Tofu
1 Schalotte
1 TL Olivenöl
schwarzer Pfeffer aus der Mühle
1 EL milder Aceto balsamico
1 reife Fleischtomate (etwa 150 g)
6 Blätter Basilikum
2 Scheiben Roggenvollkornbrot (à etwa 75 g)
Salz

1 Den Tofu in 6 schmale Scheiben schneiden. Die Schalotte schälen und in feine Ringe schneiden.

2 Das Olivenöl in einer beschichteten Pfanne erhitzen. Die Tofuscheiben und Schalottenringe darin bei mittlerer Hitze von allen Seiten anbraten. Mit Pfeffer würzen. Mit dem Essig ablöschen, vom Herd nehmen und ziehen lassen.

3 Die Tomate waschen, vom Stielansatz befreien und in 5 Scheiben schneiden. Die Basilikumblätter abreiben, abwechselnd mit Tomaten- und Tofuscheiben auf die Brote legen. Die Schalotte darauf verteilen. Mit Salz und Pfeffer abschmecken.

!! Tipp: Sie können das Roggenbrot auch toasten und mit Knoblauch einreiben. Statt Basilikum schmeckt auch Rucola gut dazu.

Leinsamenbrot mit Räucherlachs

Fett	●●●	10 Min.
Cholesterin	13 mg	
Ballaststoffe	●●	

Pro Portion ca. 326 kcal
28 g Eiweiß · 10 g Fett · 37 g Kohlenhydrate

ZUTATEN FÜR 2 PERSONEN:
4 Scheiben Leinsamenbrot
100 g Magerquark
2 EL SojaCremig neutral (Reformhaus)
Salz
schwarzer Pfeffer
1 TL Sardellenpaste
1–2 TL Zitronensaft
1 Kästchen Gartenkresse
50 g Räucherlachs
10 Zuckerschoten (ersatzweise 2 Frühlingszwiebeln)

1 Die Brotscheiben toasten. Quark mit SojaCremig neutral, Salz, Pfeffer, Sardellenpaste und Zitronensaft glatt rühren.

2 Die Gartenkresse abschneiden, grob hacken und unterheben. Die Creme auf die Brotscheiben streichen und mit dem Räucherlachs belegen. Eventuell mit Pfeffer würzen.

3 Die Zuckerschoten oder Frühlingszwiebeln putzen, waschen und in Streifen schneiden. Die Streifen auf den Broten verteilen.

Mangoquark auf Leinsamenbrötchen

Fett	–	10 Min.
Cholesterin	–	
Ballaststoffe	●●	

Pro Portion ca. 284 kcal
13 g Eiweiß · 3 g Fett · 50 g Kohlenhydrate

ZUTATEN FÜR 2 PERSONEN:
2 Leinsamenbrötchen
1/2 Mango (etwa 150 g vorbereitet gewogen)
100 g Magerquark
1 EL Zucker
1–2 Msp. gemahlener Zimt
1 EL Mandelblättchen
10 dunkle Weintrauben
2 Zweige Minze

1 Die Leinsamenbrötchen quer halbieren und die Hälften toasten. Die Mango schälen und das Fruchtfleisch in Spalten vom harten Kern schneiden. Ein Drittel davon mit Quark, Zucker und Zimt pürieren.

2 Die übrige Mango klein würfeln und untermischen. Die Creme auf die Brötchenhälften streichen. Die Mandelblättchen in einer beschichteten Pfanne ohne Fett bei schwacher Hitze goldbraun rösten und über die Brötchen streuen.

3 Die Weintrauben waschen, von den Stielen zupfen und in Scheiben schneiden, eventuell die Kerne entfernen. Die Brote damit belegen. Die Minze waschen, trockenschütteln und die Brötchen damit garnieren.

!! Tipp: Der Mangoquark schmeckt auch ohne Brötchen sehr lecker und reicht als Snack für eine Portion.

Salate, Suppen & Dips

Vinaigrette mit Champignon

Fett ●●● 5 Min.
Cholesterin –
Ballaststoffe –

Pro Portion ca. 97 kcal
0 g Eiweiß · 10 g Fett · 2 g Kohlenhydrate

ZUTATEN FÜR 2 PERSONEN:
1 Champignon
1 Knoblauchzehe
2 EL Sonnenblumenöl
4 EL Sherry-Essig
Salz, weißer Pfeffer
1 Prise Zucker

1 Den Champignon putzen und sehr fein hacken. Den Knoblauch schälen.

2 Das Öl mit Essig, 1 EL Wasser, Salz und Pfeffer verrühren. Den Knoblauch durch die Presse drücken, dazugeben und unterrühren. Die Vinaigrette mit Zucker abschmecken. Die Champignonstückchen untermischen.

!! Tipp: Die Pilz-Vinaigrette passt hervorragend zu Feldsalat, aber auch zu allen anderen Blattsalaten.

!! Variante: **Estragon-Vinaigrette.** Die Sauce statt mit Champignon mit frischem oder getrocknetem Estragon sowie je 1/2 TL Senf und Kondensmilch im Mixer verquirlen. Sie passt als Dip zu Artischocken.

Leichte Joghurt-Mayonnaise

Fett ● 5 Min.
Cholesterin –
Ballaststoffe –

Pro Portion ca. 82 kcal
3 g Eiweiß · 5 g Fett · 5 g Kohlenhydrate

ZUTATEN FÜR 2 PERSONEN:
1 EL Sonnenblumen- oder Maiskeimöl
1 TL mittelscharfer Senf
1/2 TL Zucker oder 4 Tropfen flüssiger Süßstoff
1/2 TL gekörnte Gemüsebrühe (Trockenextrakt)
1 Knoblauchzehe
150 g fettarmer milder Joghurt

1 Das Öl mit Senf, Zucker oder Süßstoff und Gemüsebrühe verquirlen. Den Knoblauch schälen, durch die Presse drücken und dazugeben. Unter ständigem Rühren nach und nach den Joghurt unterschlagen, bis die Sauce cremig ist.

!! Tipp: Statt Knoblauch können Sie auch andere Würzmittel, wie Currypulver, Meerrettich, Sojasauce oder frische Kräuter, verwenden.

!! Tipp: Die Joghurt-Mayonnaise passt als Beilage zu gegartem Gemüse wie Blumenkohl, Brokkoli, Kohlrabi oder Möhren und kann als Dressing für die Zubereitung von Gemüse-, Kartoffel-, Nudel- und Reissalaten verwendet werden.

Apfel-Sojannaise mit Senf

Fett – 5 Min.
Cholesterin –
Ballaststoffe –

Pro Portion ca. 52 kcal
2 g Eiweiß · 2 g Fett · 7 g Kohlenhydrate

ZUTATEN FÜR 2 PERSONEN:
1 kleiner Apfel
100 g SojaCremig neutral (Reformhaus)
1 TL Tomatenmark
2 TL Dijon-Senf
1 TL Zitronensaft
Salz
weißer Pfeffer
1/2 TL Zucker oder 4 Tropfen flüssiger Süßstoff

1 Den Apfel schälen, vom Kerngehäuse befreien und grob in Würfel schneiden.

2 Die Apfelwürfel mit SojaCremig neutral, Tomatenmark, Senf und Zitronensaft im Mixer oder mit dem Pürierstab sämig pürieren. Mit Salz, Pfeffer und Zucker oder Süßstoff abschmecken.

!! Info: Die Apfel-Sojannaise hat durch den Dijon-Senf einen pikant-scharfen, meerrettichähnlichen Geschmack und passt deshalb besonders gut als Dip zu Getreide-Gemüsebratlingen oder zum Anmachen von Reis-, Nudel- oder Kartoffelsalaten, die mit Gemüse aber auch mit wenig Räucherlachs, Kasselerfleisch oder gekochtem Schinken angerichtet werden.

Bild oben: Vinaigrette mit Champignon
Bild unten links: Leichte Joghurt-Mayonnaise
Bild unten rechts: Apfel-Sojannaise mit Senf

Sardellen-Frischkäse-Dip zu rohem Gemüse

Fett ● **5 Min.**
Cholesterin 23 mg
Ballaststoffe –

Pro Portion ca. 123 kcal
13 g Eiweiß · 5 g Fett · 3 g Kohlenhydrate

ZUTATEN FÜR 2 PERSONEN:
100 g fettreduzierter Frischkäse
50 g Magerquark
4 Sardellenfilets (Anchovis)
1 EL Kapern (aus dem Glas)
1/2 TL edelsüßes Paprikapulver
1 EL Gin (nach Belieben)

1 Den Frischkäse mit Quark, Sardellen, Kapern, Paprikapulver und eventuell Gin in einem Rührbecher mit dem Pürierstab zu einer sämigen, festen Creme verrühren. Ist die Creme zu fest, etwas Kapernwasser zufügen.

2 Den Dip in einem Schälchen anrichten, mit etwas Paprikapulver bestäuben und mit einigen gehackten Kapern garnieren.

!! Tipp: Gemüsesticks aus rohem Gemüse wie Möhren, Kohlrabi, Paprikaschoten, Staudensellerie, Fenchel, Chicorée und Gurken sind ideal zum Dippen. Servieren Sie rohe Gemüsesticks und Sardellen-Frischkäse-Dip als Vorspeise mit Kräckern.

!! Variante: Streichen Sie den Sardellen-Frischkäse-Dip auf ein herzhaftes, dunkles Brot, und belegen Sie die Brotscheibe mit fein geraspelten Möhren.

Tunfischsauce zu gegartem Gemüse

Fett ● **5 Min.**
Cholesterin 30 mg
Ballaststoffe –

Pro Portion ca. 125 kcal
20 g Eiweiß · 4 g Fett · 1 g Kohlenhydrate

ZUTATEN FÜR 2 PERSONEN:
1 Dose Tunfisch in Wasser (135 g Abtropfgewicht)
50 ml klare Gemüsebrühe
100 ml Kondensmilch (4 % Fett)
1 EL Kapern (aus dem Glas)
1 EL Zitronensaft
Salz, schwarzer Pfeffer

1 Den Tunfisch abtropfen lassen und den Sud auffangen. Mit Gemüsebrühe, Kondensmilch und Kapern mit dem Pürierstab oder im Mixer fein pürieren. Nach Bedarf zum Verdünnen etwas Tunfischsud unterrühren. Mit Zitronensaft, Salz und Pfeffer herzhaft abschmecken und bis zum Servieren kalt stellen.

!! Beilage: Dazu passt lauwarmes Gemüse, bissfest gegart oder in wenig Gemüsebrühe gedünstet, zum Beispiel in Stifte geschnittene Möhren, Kohlrabi, Zucchini, Fenchel und grüne Stangenbohnen. Zum Servieren das Gemüse auf einer Platte dekorativ anrichten, mit der Tunfischsauce übergießen und mit feinen Frühlingszwiebelringen bestreuen. Dazu passt Mischbrot oder Weißbrot.

Bild oben: Sardellen-Frischkäse-Dip zu rohem Gemüse
Bild unten: Tunfischsauce zu gegartem Gemüse

Feldsalat mit Mangomus

Fett ●●● 20 Min.
Cholesterin –
Ballaststoffe ●

Pro Portion ca. 160 kcal
3 g Eiweiß · 14 g Fett · 11 g Kohlenhydrate

ZUTATEN FÜR 2 PERSONEN:
150 g Feldsalat
2–3 EL weißer Aceto balsamico
1/2 Mango (etwa 100 g Fruchtfleisch)
1 EL Olivenöl
1/2 TL Honig
1 Msp. frisch geriebener Ingwer
2 EL Gemüsebrühe (flüssig)
Salz
weißer Pfeffer
2 EL Pinienkerne

1 Den Feldsalat gründlich waschen und trockenschleudern. Auf zwei Tellern verteilen. Mit 1 EL Essig beträufeln.

2 Die Mango schälen und das Fruchtfleisch in Spalten vom harten Kern schneiden. Mango, Olivenöl, Honig, Ingwer und Gemüsebrühe im Mixer oder mit dem Pürierstab fein pürieren. Mit dem restlichen Essig, Salz und Pfeffer pikant abschmecken. Das Mangomus auf den Feldsalat geben.

3 Die Pinienkerne grob hacken, in einer beschichteten Pfanne ohne Fett bei schwacher Hitze goldbraun rösten und über den Salat streuen.

!! Tipp: Sie können auch Mango aus der Dose oder ersatzweise Pfirsiche verwenden.

Kartoffel-Birnen-Salat

Fett – 45 Min.
Cholesterin –
Ballaststoffe ●●●

Pro Portion ca. 231 kcal
6 g Eiweiß · 1 g Fett · 49 g Kohlenhydrate

ZUTATEN FÜR 2 PERSONEN:
500 g Salatkartoffeln (z. B. Kipfler)
4 EL Weißweinessig
3 EL Soja Cuisine (Bioladen oder Reformhaus)
1 EL Ahornsirup oder Zucker
Salz
weißer Pfeffer
2 kleine oder 1 große reife Birne
1 rote Paprikaschote

1 Die Kartoffeln waschen und mit Schale in 20–25 Min. garen. Etwas auskühlen lassen, pellen und in dünne Scheiben schneiden.

2 Für das Dressing Essig, Soja Cuisine und Ahornsirup oder Zucker verrühren, mit Salz und Pfeffer würzen und mit den Kartoffeln vermischen.

3 Die Birnen waschen oder schälen, in Spalten schneiden, vom Kerngehäuse befreien und würfeln. Die Paprikaschote halbieren, putzen, waschen und würfeln.

4 Birnen- und Paprikawürfel unter den Salat heben.

!! Info: Nach Belieben mit 1-2 EL Kürbiskernöl beträufeln. Kürbiskernöl ist eine Spezialität aus Österreich, die auch in Deutschland in jedem gut sortierten Supermarkt erhältlich ist. Es ist besonders reich an Vitamin E und verleiht Salaten eine ganz besonders feine nussige Würze.

Rotkohlrohkost mit Orangendressing

Fett ●● 55 Min.
Cholesterin –
Ballaststoffe ●●

Pro Portion ca. 179 kcal
4 g Eiweiß · 7 g Fett · 27 g Kohlenhydrate

ZUTATEN FÜR 2 PERSONEN:
1/2 kleiner Rotkohl (etwa 300 g)
1 Orange
2 Pflaumen
2 EL Rosinen
Salz, schwarzer Pfeffer
1/2 TL Piment
1 EL Walnussöl
2 El gehackte Walnusskerne

1 Den Rotkohl von den äußeren Blättern und dem mittleren Strunk befreien. Auf einem Küchenhobel in feine Streifen hobeln.

2 Die Orange halbieren, die eine Orangenhälfte schälen und das Fruchtfleisch würfeln. Die Pflaumen waschen, halbieren, entsteinen und in dünne Spalten schneiden. Den Rotkohl mit Orangenwürfel, Pflaumen und Rosinen vermengen.

3 Den Saft der anderen Orangenhälfte auspressen. Für das Dressing Orangensaft, Salz, Pfeffer, Piment und Öl verrühren. Über den Rotkohl geben, gut durchmischen und 30 Min. ziehen lassen.

4 Vor dem Servieren die Walnüsse in einer beschichteten Pfanne ohne Fett bei schwacher Hitze rösten und über die Rotkohlrohkost streuen.

Bild oben: Feldsalat mit Mangomus
Bild unten links: Kartoffel-Birnen-Salat
Bild unten rechts: Rotkohlrohkost mit Orangendressing

Bulgursalat mit Paprika

Fett ● 25 Min.
Cholesterin 31 mg
Ballaststoffe ●●●

Pro Portion ca. 333 kcal
22 g Eiweiß · 6 g Fett · 53 g Kohlenhydrate

ZUTATEN FÜR 2–3 PERSONEN:
150 g Bulgur (Weizengrütze)
300 ml Gemüsebrühe oder Wasser
Salz
1/2 TL rosenscharfes Paprikapulver
1 TL Oregano (frisch oder getrocknet)
150 g Putenschnitzel
Pfeffer
1 EL Olivenöl
3 EL weißer Aceto balsamico
1 EL Zitronenöl oder 1 EL neutrales Öl und abgeriebene Schale von 1/2 Zitrone
1 gelbe Paprikaschote
1 Fleischtomate
1 rote Zwiebel
2 EL Schnittlauchröllchen

1 Den Bulgur mit Brühe oder Salzwasser, Paprikapulver und Oregano aufkochen lassen. Bei schwacher Hitze 20 Min. quellen lassen, bis die Flüssigkeit aufgesogen ist.

2 Das Putenschnitzel von Fett und Sehnen befreien, leicht flach klopfen, salzen und pfeffern. Das Olivenöl in einer beschichteten Pfanne erhitzen und das Schnitzel bei mittlerer Hitze in 4–5 Min. pro Seite goldbraun braten, dann beiseite stellen.

3 Für das Dressing den Bratensatz mit etwas Wasser ablöschen und den Saft loskochen. Essig und Zitronenöl unterrrühren, mit Salz und Pfeffer abschmecken. Das Schnitzel in Streifen schneiden.

4 Die Paprikaschote halbieren, putzen, waschen und in Würfel schneiden. Die Tomate über Kreuz einritzen, überbrühen, häuten und ohne die Stielansätze würfeln. Die Zwiebel schälen und in feine Ringe schneiden.

5 Alle Zutaten in einer großen Schüssel mit dem Dressing vermengen. Mit Schnittlauch bestreut servieren.

Sprossensalat mit Hirse

Fett ●● 35 Min.
Cholesterin 56 mg
Ballaststoffe ●●

Pro Portion ca. 161 kcal
15 g Eiweiß · 8 g Fett · 9 g Kohlenhydrate

ZUTATEN FÜR 2 PERSONEN:
300 ml Gemüsebrühe
100 g Hirse
1 EL Sojasauce
2 EL Weißweinessig
1 haselnussgroßes Stück Ingwer
1 EL Olivenöl
100 g braune Champignons (Egerlinge)
200 g Mungobohnensprossen
schwarzer Pfeffer
3 EL Schnittlauchröllchen

1 Die Brühe zum Kochen bringen. Die Hirse dazugeben und zugedeckt bei schwacher Hitze 25 Min. quellen lassen, bis die Flüssigkeit aufgesogen ist.

2 Für das Dressing die Sojasauce mit Essig verrühren. Den Ingwer schälen und hineinreiben. Das Olivenöl unterschlagen.

3 Die Champignons putzen und in feine Scheiben schneiden. Die Sprossen waschen, abtropfen lassen und grob hacken. Beides unter das Dressing mischen, mit Pfeffer abschmecken und etwas ziehen lassen. Die Hirse unterheben. Auf zwei Tellern verteilen und mit Schnittlauch bestreut servieren.

!! Variante: Den Salat können Sie auch mit Radieschen oder Frühlingszwiebeln zubereiten. Wichtig ist, dass der Salat reichlich Ballaststoffe enthält, denn Ballaststoffe helfen, den Cholesterinspiegel zu senken. Statt Hirse können Sie auch Bulgur oder Reis verwenden.

Salatherzen mit Shiitakepilzen

Fett ●●● 25 Min.
Cholesterin –
Ballaststoffe ●●●

Pro Portion ca. 493 kcal
13 g Eiweiß · 12 g Fett · 101 g Kohlenhydrate

ZUTATEN FÜR 2 PERSONEN:
2 Salatherzen
2 Schalotten
250 g Shiitakepilze oder Austernpilze
1 Orange
1 EL Rapsöl
schwarzer Pfeffer
frisch gestoßener Koriander
2 EL Weißweinessig
1 TL Tomatenmark
Salz
1 EL Olivenöl
1 Kästchen Kresse

1 Die Salatherzen zerpflücken, waschen, trockenschleudern und auf zwei Tellern ausbreiten.

2 Die Schalotten schälen und klein würfeln. Die Pilze putzen, abreiben und von den harten Stielen befreien. Die Hüte in etwa 1,5 cm große Stücke zerpflücken (nicht schneiden!). Den Saft der Orange auspressen.

3 Das Rapsöl in einer großen beschichteten Pfanne sehr heiß werden lassen. Schalotten, Pilze, Pfeffer und Koriander darin unter gelegentlichem Rühren anbraten. Sofort mit Orangensaft ablöschen und die Pfanne vom Herd nehmen.

4 Essig, Tomatenmark, Salz, Pfeffer und Olivenöl verquirlen. Die Pilze samt Orangensauce auf dem Salat verteilen. Mit dem Dressing beträufeln. Die Kresse vom Beet schneiden, waschen und über den Salat streuen.

Bild oben: Bulgursalat mit Paprika
Bild unten links: Sprossensalat mit Hirse
Bild unten rechts: Salatherzen mit Shiitakepilzen

Lachstatar auf Zucchinicarpaccio

Fett ●● 20 Min.
Cholesterin 16 mg
Ballaststoffe –

Pro Portion ca. 149 kcal
14 g Eiweiß · 8 g Fett · 6 g Kohlenhydrate

ZUTATEN FÜR 2 PERSONEN:
1 Schalotte
75 g Räucherlachs
Salz, Pfeffer
2 TL Zitronensaft
3 EL frisch gehackter Dill
1 kleiner Zucchino
2 EL Apfelessig
50 g fettarmer Joghurt
2 schwarze Oliven

1 Die Schalotte schälen und in winzig kleine Würfel schneiden. Vom Lachs eventuell die braunen Ränder abschneiden – sie sind fett und schmecken tranig. Den Lachs ebenfalls sehr klein würfeln und mit Schalottenwürfel, Salz, Pfeffer, Zitronensaft und 1 EL Dill vermischen. Das Tatar zugedeckt 15 Min. ziehen lassen.

2 Den Zucchino waschen und auf dem Gurkenhobel in hauchdünne Scheiben schneiden. Zwei Teller mit den Scheiben auslegen und den Apfelessig darüber träufeln.

3 Eine runde Ausstechform (6 cm Durchmesser) in die Mitte setzen, das Tatar vorsichtig hineinfüllen, festdrücken und die Form behutsam nach oben wegziehen.

4 Den Joghurt mit Salz und dem restlichen Dill verrühren und rund um das Tatar verteilen. Mit den Oliven garniert servieren.

Rote-Bete-Carpaccio mit Ziegenkäsecreme

Fett ●●● 25 Min.
Cholesterin 18 mg
Ballaststoffe ●

Pro Portion ca. 209 kcal
17 g Eiweiß · 12 g Fett · 10 g Kohlenhydrate

ZUTATEN FÜR 2 PERSONEN:
250 g gekochte rote Beten
frisch gestoßener Koriander
weißer Pfeffer
Apfel-Balsam-Essig
8 Fenchelsamen
2 TL Meerrettich (aus dem Glas)
Für die Käsecreme:
100 g Ziegenrolle (45 % Fett i. Tr.) oder Ziegenfrischkäse
2 EL Soja Cuisine (Bioladen oder Reformhaus)
60 g Magerquark
Salz, Pfeffer

1 Die roten Beten auf dem Gurkenhobel in hauchdünne Scheiben schneiden und auf zwei großen flachen Tellern verteilen. Mit Koriander und Pfeffer bestreuen und mit Essig beträufeln. Je vier Fenchelsamen grob hacken und darauf legen. Mit Klarsichtfolie abdecken und 15 Min. oder länger ziehen lassen.

2 Für die Käsecreme die Ziegenrolle oder den Frischkäse mit einer Gabel zerdrücken und mit Soja Cuisine und Quark glatt rühren. Mit Salz und Pfeffer abschmecken.

3 Vor dem Servieren je drei Tupfer Meerrettich auf die roten Beten setzen und die Käsecreme in die Mitte geben.

!! Tipp: Servieren Sie dazu knuspriges Vollkornbaguette oder Roggenbrötchen. Statt Apfel-Balsam-Essig können Sie auch jeweils die Hälfte Aceto balsamico und Apfelessig vermischen.

Bild oben: Lachstatar auf Zucchinicarpaccio
Bild unten: Rote-Bete-Carpaccio mit Ziegencreme

Tomatensuppe mit Banane

Fett + 15 Min.
Cholesterin 6 mg
Ballaststoffe ●●●

Pro Portion ca. 233 kcal
5 g Eiweiß · 15 g Fett · 19 g Kohlenhydrate

ZUTATEN FÜR 2 PERSONEN:
50 g Zwiebel
1 mittelgroße Banane (etwa 150 g)
1 EL Sonnenblumenöl
1 Packung passierte Tomaten (500 g, Fertigprodukt)
1/2 l Fleischbrühe
2 EL Kaffeesahne (10 % Fett)
Salz, weißer Pfeffer
2 TL Kokosraspel

1 Die Zwiebel schälen und in Würfel schneiden. Die Banane schälen und in dünne Scheiben schneiden.

2 Das Öl in einer Pfanne erhitzen, die Zwiebelwürfel darin bei schwacher Hitze glasig werden lassen. Die Bananenscheiben dazugeben, kurz anbraten und dabei ganz leicht zerdrücken.

3 Das Tomatenpüree in einem Topf mit der Brühe verrühren und bei schwacher Hitze 5 Min. kochen lassen. Zwiebelwürfel und Bananenscheiben unterrühren. Mit Kaffeesahne verfeinern, salzen und pfeffern. Mit Kokosraspeln bestreut servieren. Dazu passt gut Toastbrot.

!! Tipp: Noch intensiver schmecken Kokosraspel, wenn Sie in einer trockenen Pfanne ohne Fett bei schwacher Hitze goldbraun geröstet werden.

Cremiger Gemüsemix

Fett ●● 15 Min.
Cholesterin 3 mg
Ballaststoffe ●●●

Pro Portion ca. 107 kcal
1 g Eiweiß · 7 g Fett · 9 g Kohlenhydrate

ZUTATEN FÜR 2 PERSONEN:
100 g rohes Suppengemüse (oder gegarte Gemüsereste)
1 gekochte Kartoffel oder 1 EL Kartoffelpüreeflocken
1 EL Sonnenblumenöl
2 TL gekörnte Gemüsebrühe (Trockenextrakt)
frische Kräuter (z. B. Petersilie, Schnittlauch, Kresse)

1 Rohes Gemüse putzen, waschen und grob zerkleinern. Die Kartoffel grob würfeln. Das Gemüse, Öl und Brühe mit 1/2 l Wasser zum Kochen bringen und in 5–10 Min. garen. Das Gemüse mit den Kartoffelwürfeln oder dem Flockenpüree im Mixer oder mit dem Purierstab pürieren.

2 Die Kräuter waschen, trockenschütteln und fein hacken. Die Suppe mit Kräutern bestreut sofort servieren.

!! Tipp: Je nach der verwendeten Gemüseart, können Sie diese Suppe unterschiedlich würzen. Ein Mix aus Lauch, Kohlrabi, Möhren und Sellerie können Sie mit frisch gemahlenem weißem oder schwarzem Pfeffer abschmecken, Spinat und Rosenkohl mit Muskatnuss sowie Blumenkohl und Brokkoli mit Knoblauch. Nach Belieben können Sie die Suppe mit 1–2 EL SojaCremig neutral verfeinern.

Zwiebelsuppe mit Champignons

Fett – 30 Min.
Cholesterin 13 mg
Ballaststoffe ●●●

Pro Portion ca. 117 kcal
4 g Eiweiß · 3 g Fett · 15 g Kohlenhydrate

ZUTATEN FÜR 2 PERSONEN:
200 g Zwiebeln
100 g Champignons
3/4 l Fleischbrühe
2 TL Dijon-Senf
20 g Suppennudeln
Salz, schwarzer Pfeffer
1/2 Bund Petersilie

1 Die Zwiebeln schälen, halbieren und in dünne Streifen schneiden. Die Champignons putzen und in dünne Scheiben schneiden.

2 Die Fleischbrühe in einem Topf zum Kochen bringen und die Zwiebeln darin bei schwacher Hitze 5 Min. köcheln lassen. Die Champignons dazugeben und 5 Min. mitgaren. Den Senf unterrühren. Die Nudeln dazugeben und 5 Min. kochen lassen, bis sie gar sind. Die Suppe mit Salz und Pfeffer abschmecken.

3 Die Petersilie waschen, trockenschütteln und fein hacken. Die Suppe anrichten und mit Petersilie bestreut servieren.

Bild oben: Tomatensuppe mit Banane
Bild unten links: Cremiger Gemüsemix
Bild unten rechts: Zwiebelsuppe mit Champignons

Provenzalische Tomatensuppe

Fett ●●● 30 Min.
Cholesterin 1 mg
Ballaststoffe ●●

Pro Portion ca. 148 kcal
3 g Eiweiß · 11 g Fett · 8 g Kohlenhydrate

ZUTATEN FÜR 2 PERSONEN:
500 g Flaschentomaten
1 Zwiebel
2 EL Olivenöl
1 Knoblauchzehe
200 ml Gemüsebrühe
Salz, schwarzer Pfeffer
Kräuter der Provence oder 4–6 Zweige Lavendel (möglichst mit Blüten)

1 Die Tomaten waschen, über Kreuz einritzen, überbrühen, häuten und ohne die Stielansätze grob würfeln.

2 Die Zwiebel schälen und klein würfeln. Das Öl in einem Topf nicht zu stark erhitzen. Die Zwiebelwürfel darin bei schwacher Hitze glasig werden lassen. Den Knoblauch schälen und durch die Presse dazugeben.

3 Tomatenwürfel und Brühe einrühren. Alles mit Salz, Pfeffer und den Kräutern der Provence würzen. Oder den Lavendel waschen, die Blättchen und die Blüten abzupfen. Die Blüten beiseite legen, die Blättchen fein hacken und zur Suppe geben. Alles zugedeckt bei schwacher Hitze 20 Min. köcheln lassen.

4 Die Suppe mit Salz und Pfeffer herzhaft abschmecken. Eventuell mit Lavendelblüten bestreut servieren.

!! Tipp: Die Suppe schmeckt auch kalt sehr gut. Stellen Sie sie über Nacht zugedeckt in den Kühlschrank.

Blitz-Minestrone mit Parmesan

Fett ●● 15 Min.
Cholesterin 7 mg
Ballaststoffe ●

Pro Portion ca. 154 kcal
8 g Eiweiß · 7 g Fett · 11 g Kohlenhydrate

ZUTATEN FÜR 2 PERSONEN:
300 g gemischtes tiefgekühltes Gemüse
300 ml Gemüsebrühe
Salz, weißer Pfeffer
2 EL Pesto (aus dem Glas)
2 EL frisch geriebener Parmesan

1 Das Gemüse unaufgetaut in einen Topf geben, die Brühe angießen. Alles aufkochen und zugedeckt bei mittlerer Hitze gut 10 Min. köcheln lassen.

2 Die Suppe mit Salz und Pfeffer abschmecken und auf Teller verteilen. Jeweils 1 EL Pesto und 1 EL Parmesan obenauf geben.

!! Tipp: Pesto, die beliebte Basilikumpaste aus Ligurien, gibt es fertig in kleinen Gläsern zu kaufen. Sie lässt sich aber auch schnell und einfach zubereiten. Dafür 2 EL Pinienkerne in einer Pfanne goldbraun rösten. 3 Knoblauchzehen schälen und grob hacken. Pinienkerne, Knoblauch und Blättchen von 1 großem Bund Basilikum im Mörser zu einer Paste zerreiben oder im Mixer zerkleinern. In ein Schälchen umfüllen, löffelweise 50 g frisch geriebenen Parmesan und 1/8 l Olivenöl unterrühren. Übrig gebliebenes Pesto in ein kleines Schraubdeckelglas füllen, mit Olivenöl bedecken und fest verschlossen im Kühlschrank aufbewahren – es hält sich mindestens 2 Wochen.

Graupensuppe mit Erbsen

Fett ●● 25 Min.
Cholesterin 3 mg
Ballaststoffe ●●●

Pro Portion ca. 323 kcal
11 g Eiweiß · 8 g Fett · 49 g Kohlenhydrate

ZUTATEN FÜR 2 PERSONEN:
100 g Graupen
2 Knoblauchzehen
1 EL Rapsöl
600 ml Gemüsebrühe
1 TL rosenscharfes Paprikapulver
200 g tiefgekühlte Erbsen
Salz, Pfeffer
2 EL Schnittlauchröllchen

1 Die Graupen in ein Sieb geben und mit kaltem Wasser kräftig abspülen.

2 Den Knoblauch schälen und in feine Scheiben schneiden. Das Öl in einem beschichteten Topf erhitzen und die Knoblauchscheibchen darin hellbraun anbraten. Die Graupen dazugeben und glasig dünsten.

3 Mit Brühe aufgießen und mit Paprikapulver würzen. Die Suppe zugedeckt bei schwacher Hitze 10–15 Min. köcheln lassen, bis die Graupen weich sind. Die unaufgetauten Erbsen dazugeben und in der Suppe in 3–5 Min. heiß werden lassen.

4 Mit Salz und Pfeffer kräftig abschmecken und mit Schnittlauch bestreut servieren.

Bild oben: Provenzalische Tomatensuppe
Bild unten links: Blitz-Minestrone mit Parmesan
Bild unten rechts: Graupensuppe mit Erbsen

Indische Hühnersuppe

Fett ++ **30 Min.**
Cholesterin 30 mg
Ballaststoffe ●

Pro Portion ca. 641 kcal
36 g Eiweiß · 26 g Fett · 65 g Kohlenhydrate

ZUTATEN FÜR 2 PERSONEN:
100 g Hähnchenbrustfilet
1 kleine Zwiebel
1 haselnussgroßes Stück Ingwer
1 EL Pflanzenöl zum Braten
1 EL Weizenvollkornmehl
1 EL Currypulver
500 ml Hühnerbrühe
1 kleiner Apfel
Salz
Pfeffer
2 EL frisch gehackter Koriander
(Asienladen, ersatzweise Petersilie)

1 Das Hähnchenbrustfilet in kleine Würfel schneiden. Zwiebel und Ingwer schälen und ebenfalls in feine Würfel schneiden.

2 Das Öl in einem beschichteten Topf erhitzen. Fleisch- und Zwiebelwürfel darin bei mittlerer Hitze goldbraun anbraten. Den Ingwer dazugeben und kurz andünsten. Mit Mehl bestäuben und kräftig umrühren. Das Currypulver einrühren und mit Hühnerbrühe ablöschen. Ein Mal aufkochen lassen und die Suppe bei schwacher Hitze 10 Min. köcheln lassen.

3 In der Zwischenzeit den Apfel schälen, vom Kerngehäuse befreien und in kleine Würfel schneiden. Zur Suppe geben und 2 Min. köcheln lassen, bis die Apfelstücke weich sind. Mit Salz und Pfeffer abschmecken, dann mit Koriander oder Petersilie bestreuen und servieren.

!! Variante: Einen Tick exotischer wird die Hühnersuppe, wenn Sie 1 kleine Banane schälen, längs halbieren, in Scheiben schneiden und mit den Apfelstücken zur Suppe geben.

Dillsuppe mit Hirse

Fett ● **35 Min.**
Cholesterin 6 mg
Ballaststoffe ●●●

Pro Portion ca. 208 kcal
6 g Eiweiß · 5 g Fett · 33 g Kohlenhydrate

ZUTATEN FÜR 2 PERSONEN:
80 g Hirse
600 ml Geflügelbrühe oder Gemüsebrühe
1 Lauchstange
1 Bund Dill
Salz
Pfeffer
1–2 EL Zitronensaft
2 EL saure Sahne

1 Die Hirse in einem beschichteten Topf ohne Fett bei schwacher Hitze rösten, bis die Kügelchen »springen«. Mit Brühe aufgießen, alles ein Mal aufkochen lassen und bei schwacher Hitze 10 Min. köcheln lassen.

2 In der Zwischenzeit den Lauch putzen, längs aufschlitzen, gründlich waschen und in Stücke schneiden. Den Dill waschen, trockenschütteln und fein hacken. Den Lauch und die Hälfte des Dills in die Suppe geben und die Suppe weitere 20 Min. köcheln lassen.

3 Mit Salz, Pfeffer und Zitronensaft abschmecken und vom Herd nehmen. Die saure Sahne glatt verrühren und unter die Suppe heben (sie darf nicht mehr kochen). Auf zwei vorgewärmten Tellern anrichten und mit dem restlichen Dill bestreut servieren.

!! Tipp: Croûtons aus Vollkornbrot schmecken sehr gut dazu. Dafür 1 Scheibe Vollkornbrot (etwa 1 cm dick) dünn mit Diät-Margarine bestreichen, in Klarsichtfolie wickeln und 10 Min. beschwert stehen lassen. In etwa 1 cm große Würfel schneiden und in einer beschichteten Pfanne ohne Fett knusprig braten.

!! Variante: Statt mit Hirse können Sie die Suppe mit der gleichen Menge Bulgur oder Buchweizen zubereiten. Diese Getreide versorgen Sie mit den nötigen Ballaststoffen.

Bild oben: Indische Hühnersuppe
Bild unten: Dillsuppe mit Hirse

Kartoffel-Pilzsuppe mit Zimtcroûtons

Fett ●● 35 Min.
Cholesterin 3 mg
Ballaststoffe ●●●

Pro Portion ca. 203 kcal
4 g Eiweiß · 8 g Fett · 27 g Kohlenhydrate

ZUTATEN FÜR 2 PERSONEN:
1 kleine Zwiebel
250 g Kartoffeln
1 EL Olivenöl
500 ml Gemüsebrühe
50 g frische Pfifferlinge oder 25 g getr. Steinpilze
Salz, weißer Pfeffer
2 EL Schnittlauchröllchen
Für die Croûtons:
1 TL Diät-Margarine
1/2 TL gemahlener Zimt
1 dünne Scheibe Roggenbrot

1 Die Zwiebel schälen und klein würfeln. Die Kartoffeln schälen und etwa 1 cm groß würfeln. Das Öl in einem beschichteten Topf erhitzen. Die Zwiebel darin bei schwacher Hitze glasig werden lassen und mit Brühe ablöschen. Die Kartoffelwürfel dazugeben und in 10 Min. garen.

2 Die Pilze putzen und in Streifen schneiden. Für die Croûtons Diät-Margarine und Zimtpulver gut vermischen und das Roggenbrot damit bestreichen.

3 Die Suppe grob pürieren – es sollen noch Kartoffelstücke zu sehen sein. Mit Salz und Pfeffer abschmecken.

4 Das Roggenbrot würfeln. Eine kleine beschichtete Pfanne erhitzen und die Brotwürfel darin ohne Fett knusprig braten. Die Suppe mit Schnittlauch und Croûtons bestreut servieren.

Cremige Kürbissuppe

Fett ●● 35 Min.
Cholesterin 5 mg
Ballaststoffe ●●●

Pro Portion ca. 188 kcal
4 g Eiweiß · 8 g Fett · 21 g Kohlenhydrate

ZUTATEN FÜR 4 PERSONEN:
2 Schalotten
2 mittelgroße Möhren
500 g Kürbis (z. B. Haikido (vorbereitet gewogen)
1 EL Pflanzenöl zum Braten
1 l Gemüsebrühe
Saft von 1/2 Orange
Salz, Pfeffer
1 Msp. Cayennepfeffer
4 EL Soja Cuisine (Bioladen oder Reformhaus)

1 Die Schalotten schälen und würfeln. Die Möhren putzen, schälen und in Scheiben schneiden. Den Kürbis schälen, entkernen und in Würfel schneiden.

2 Das Öl in einem beschichteten Topf erhitzen und die Schalottenwürfel darin bei schwacher Hitze glasig werden lassen. Die Kürbiswürfel dazugeben und andünsten. Mit Brühe ablöschen. Die Möhrenscheiben dazugeben und 15 Min. kochen lassen.

3 Einige Möhrenscheiben herausnehmen, würfeln und beiseite stellen. Die Suppe fein pürieren. Mit Orangensaft, Salz, Pfeffer und Cayennepfeffer pikant abschmecken.

4 Auf vier vorgewärmte Teller verteilen, die Möhrenwürfel in die Mitte geben und je 1 EL Soja Cuisine rundherum gießen.

Paprikacremesuppe mit Sojamilch

Fett ●●● 30 Min.
Cholesterin –
Ballaststoffe ●●●

Pro Portion ca. 172 kcal
10 g Eiweiß · 11 g Fett · 10 g Kohlenhydrate

ZUTATEN FÜR 2 PERSONEN:
je 1 gelbe und rote Paprikaschote
1 Schalotte
1 EL Rapsöl
600 ml ungesüßte Sojamilch (Reformhaus)
1 EL weißer Aceto balsamico
Salz, Pfeffer
Tabasco
2 EL Schnittlauchröllchen

1 Die Paprikaschoten halbieren, putzen, waschen und grob zerkleinern. Die Schalotte schälen und klein würfeln.

2 Das Öl in einem hohen beschichteten Topf erhitzen und die Schalotte darin bei schwacher Hitze glasig werden lassen. Die Paprikastücke dazugeben und kurz mitdünsten. Mit Sojamilch aufgießen und offen bei mittlerer Hitze 20 Min. kochen lassen und öfters umrühren.

3 Die Suppe fein pürieren und durch ein Sieb streichen, um die Reste der Paprikahaut zu entfernen, und nochmals erhitzen. Mit Essig, Salz, Pfeffer und einigen Spritzern Tabasco kräftig abschmecken. Mit Schnittlauch bestreut servieren.

!! Tipp: Sie können auch nur rote oder gelbe Paprikaschoten verwenden. Wer gerne sehr scharf isst, kocht noch eine aufgeschlitzte Pfefferschote mit.

Bild oben: Kartoffel-Pilzsuppe mit Zimtcroûtons
Bild unten links: Cremige Kürbissuppe
Bild unten rechts: Paprikacremesuppe mit Sojamilch

Gemüse & Hülsenfrüchte

Kartoffel-Curry

Fett ●
Cholesterin –
Ballaststoffe ●●●
40 Min.

Pro Portion ca. 247 kcal
9 g Eiweiß · 6 g Fett · 39 g Kohlenhydrate

ZUTATEN FÜR 2 PERSONEN:
500 g fest kochende Kartoffeln
1 Möhre
1 EL Gemüsebrühe nach Belieben
1 EL Rapsöl
2 Tomaten
1 kleine Lauchstange
1 Knoblauchzehe
1 walnussgroßes Stück Ingwer
1 kleine grüne Chilischote
2 TL Garam Masala (indische Gewürzmischung)
150 g Magermilch-Joghurt
1/4 TL Weizenmehl (Type 1050)
1 EL Zitronensaft
Salz
Pfeffer aus der Mühle
2 Zweige Minze

1 Die Kartoffeln und die Möhre waschen, schälen und in 2–3 cm große Würfel schneiden. Das Öl in einer beschichteten Pfanne erhitzen, Kartoffel- und Möhrenwürfel darin unter häufigem Rühren bei mittlerer Hitze 20 Min. braten. Eventuell die Gemüsebrühe dazugeben.

2 Inzwischen die Tomaten über Kreuz einritzen, überbrühen, häuten, vierteln, entkernen und ohne die Stielansätze klein würfeln. Den Lauch putzen, längs aufschlitzen, gründlich waschen und in Stücke schneiden.

3 Knoblauch und Ingwer schälen. Die Chilischote längs aufschlitzen, putzen und waschen. Alles fein hacken und mit dem Lauch zu den Kartoffeln und den Möhren in die Pfanne geben und kurz anbraten. Mit Garam Masala bestreuen und verrühren.

4 Den Joghurt mit Mehl glatt rühren und mit den Tomaten zu den Kartoffeln geben. Alles bei schwacher Hitze 10 Min. garen. Mit Zitronensaft, Salz und Pfeffer abschmecken. Die Minze waschen, trockenschütteln und die Blättchen in Streifen schneiden. Die Minze über das Curry streuen.

!! Tipp: Durch die Chilischote wird das Curry richtig »feurig«. Wenn Sie es nicht so scharf mögen, lassen Sie sie weg.

Kartoffel-Tomaten-Gratin

Fett ●●●
Cholesterin 25 mg
Ballaststoffe ●●
15 Min. (+ 30 Min. Backzeit)

Pro Portion ca. 294 kcal
14 g Eiweiß · 13 g Fett · 28 g Kohlenhydrate

ZUTATEN FÜR 2 PERSONEN:
400 g fest kochende Kartoffeln
400 g Fleischtomaten
4 Sardellenfilets in Öl (aus der Dose)
1–2 Knoblauchzehen
Salz
1/4 TL getrockneter Thymian
schwarzer Pfeffer
1/4 TL getrockneter Oregano
1 EL Olivenöl
50 g geriebener Gouda oder Edamer

1 Die Kartoffeln waschen und mit Schale in 20–25 Min. garen (am besten am Vortag) und abkühlen lassen. Die Kartoffeln pellen und in Scheiben schneiden. Die Tomaten waschen, von den Stielansätzen befreien und ebenfalls in Scheiben schneiden. Die Sardellenfilets abtropfen lassen und grob kleinschneiden. Den Knoblauch schälen und sehr fein schneiden. Den Backofen auf 220° vorheizen.

2 Die Kartoffelscheiben in eine größere Auflaufform schichten, mit Salz und Thymian bestreuen. Die Tomatenscheiben darauf verteilen, Sardellen und Knoblauch obenauf geben. Mit Salz, Pfeffer und Oregano würzen, zuletzt mit dem Öl beträufeln.

3 Den Auflauf zugedeckt im Backofen (Mitte, Umluft 200°) in 20 Min. garen. Mit dem Käse bestreuen und offen weitere 10 Min. überbacken.

!! Tipp: Mit einem Blattsalat Ihrer Wahl ist dieser Auflauf eine leckere Hauptmahlzeit. Er eignet sich aber auch sehr gut als Beilage zu kurz gebratenem Fisch oder Fleisch.

Bild oben: Kartoffel-Curry
Bild unten: Kartoffel-Tomaten-Gratin

Kartoffel-Bohnen-Pfanne

Fett ●●●		45 Min.
Cholesterin –		
Ballaststoffe ●●●		

Pro Portion ca. 305 kcal
8 g Eiweiß · 13 g Fett · 32 g Kohlenhydrate

ZUTATEN FÜR 2 PERSONEN:
400 g kleine fest kochende Kartoffeln
200 g grüne Bohnen
Salz
5 Artischockenherzen (aus der Dose)
1 kleine Zwiebel
2 Knoblauchzehen
1/2 Bund glatte Petersilie
2 EL Olivenöl
schwarzer Pfeffer
1 EL Pinienkerne
1 TL grüne Pfefferkörner (aus dem Glas)
1 EL Aceto balsamico

1 Die Kartoffeln gründlich waschen und mit Schale in 20–25 Min. garen (am besten am Vortag) und abkühlen lassen. Die Kartoffeln pellen und längs halbieren. Die Bohnen putzen, in kleinere Stücke schneiden und im kochenden Salzwasser in 8 Min. bissfest garen. In einem Sieb mit kaltem Wasser abschrecken und gut abtropfen lassen.

2 Die Artischockenherzen in einem Sieb abtropfen lassen und vierteln. Die Zwiebel schälen, halbieren und in feine Streifen schneiden. Den Knoblauch schälen und fein hacken. Die Petersilie waschen, trockenschütteln und grob hacken.

3 Das Öl in einer großen Pfanne erhitzen. Die Kartoffeln darin bei mittlerer Hitze unter Wenden von jeder Seite goldbraun braten, mit Salz und Pfeffer würzen. Die Kartoffeln an den Pfannenrand schieben. Zwiebelstreifen und Knoblauch in die Pfannenmitte geben und kurz anbraten. Bohnen und Pinienkerne dazugeben und unter gelegentlichem Rühren 5 Min. weiterbraten. Die Artischockenviertel und grünen Pfeffer hinzufügen und warm werden lassen. Den Essig und Petersilie unterrühren.

!! Tipp: Sie können die Kartoffeln auch unter das Gemüse mischen, bevor Sie die Artischockenwürfel dazugeben.

Kürbispüree mit Tomate

Fett –		30 Min.
Cholesterin –		
Ballaststoffe ●●●		

Pro Portion ca. 71 kcal
3 g Eiweiß · 1 g Fett · 13 g Kohlenhydrate

ZUTATEN FÜR 2 PERSONEN:
400–500 g Kürbisfleisch (z. B. Butternusskürbis)
1/2 TL gemahlener Kümmel
1 Tomate
Salz
Pfeffer
etwas Tabasco
1 EL frisch gehacktes Basilikum

1 Den Kürbis schälen, entkernen und in Würfel schneiden. Die Kürbiswürfel in einen Topf geben, mit Wasser bedecken, mit Kümmel würzen und zugedeckt 20 Min. bei schwacher Hitze köcheln lassen, bis das Kürbisfleisch weich ist.

2 In der Zwischenzeit die Tomate über Kreuz einritzen, überbrühen, häuten, entkernen und ohne den Stielansatz in Würfel schneiden.

3 Den Kürbis in ein Sieb abgießen, kurz abtropfen lassen, im Mixer oder mit dem Pürierstab fein pürieren, mit Salz, Pfeffer und einigen Spritzern Tabasco abschmecken. Das Kürbispüree in den Topf geben, Basilikum und Tomatenstücke unterheben und sofort heiß servieren.

!! Beilage: Zum Kürbispüree mit Tomate passen gut gegrilltes Fleisch oder die Kichererbsenbratlinge von Seite 102.

Bild oben: Kartoffel-Bohnen-Pfanne
Bild unten: Kürbispüree mit Tomate

Indisches Joghurt-Gemüse

Fett ●●● **50 Min.**
Cholesterin –
Ballaststoffe ●●●

Pro Portion ca. 226 kcal
9 g Eiweiß · 14 g Fett · 16 g Kohlenhydrate

ZUTATEN FÜR 2 PERSONEN:
1 rote Chilischote
1 haselnussgroßes Stück Ingwer
1 Knoblauchzehe
1 Zwiebel
250 g Zucchini
1 kleine Aubergine
100 g grüne Bohnen
150 g Magermilch-Joghurt
1 TL Weizenmehl (Type 1050)
1 EL gemahlene Mandeln
1 EL Tomatenmark
75 ml Gemüsebrühe
2 EL Sojaöl
1–2 TL Garam Masala (indische Gewürzmischung)
1/2–1 TL gemahlener Kreuzkümmel
Salz
einige Zweige Koriandergrün (Asienladen)

1 Die Chilischote längs aufschlitzen, putzen und waschen, Ingwer und Knoblauch schälen. Alles fein hacken. Die Zwiebel schälen und würfeln. Zucchini, Aubergine und Bohnen waschen und putzen, in mundgerechte Stücke schneiden. Den Joghurt mit Mehl, Mandeln, Tomatenmark und Brühe glatt rühren.

2 Das Öl in einer Pfanne erhitzen. Zwiebelwürfel, Chili, Ingwer und Knoblauch darin bei schwacher Hitze unter Rühren 2 Min. anbraten. Garam Masala und Kreuzkümmel dazugeben und kurz anrösten. Die Joghurtmischung unterrühren.

3 Die Gemüsestücke dazugeben, alles vermengen und zugedeckt bei schwacher Hitze und unter gelegentlichem Rühren 20 Min. köcheln lassen, bis das Gemüse gar ist. Mit Salz abschmecken. Das Koriandergrün waschen, trockenschütteln, grob hacken und darüber streuen.

!! Tipp: Dazu schmeckt gekochter Basmatireis sehr gut. Kochen Sie pro Portion etwa 60 g, und halten Sie sich bei der Zubereitung an die Packungsanleitungen.

Blumenkohl mit Kräutersauce

Fett ●● **25 Min.**
Cholesterin 177 mg
Ballaststoffe ●●

Pro Portion ca. 189 kcal
19 g Eiweiß · 9 g Fett · 9 g Kohlenhydrate

ZUTATEN FÜR 2 PORTIONEN:
1 kleiner Blumenkohl (etwa 500 g)
Salz
1 Ei
je 1/2 Bund Petersilie und Schnittlauch
200 g cremig gerührter Magerquark
1/2 TL Tafel-Meerrettich (aus dem Glas)
1/2 TL mittelscharfer Senf
weißer Pfeffer
60 g gekochter Vorderschinken
1 EL frisch geriebener Parmesan

1 Den Blumenkohl putzen, den Strunk kreuzweise einschneiden, waschen und in reichlich Salzwasser in 15 Min. garen. Nach 5 Min. Garzeit das Ei dazugeben und in 8–10 Min. hart kochen.

2 Die Kräuter waschen und trockenschütteln. Die Petersilie fein hacken und den Schnittlauch in Röllchen schneiden. Den Quark mit Meerrettich, etwas Wasser und Senf cremig rühren. Die Kräuter bis auf 1 EL unterrühren, mit Salz und Pfeffer abschmecken. Den Schinken in feine Würfel schneiden.

3 Den Blumenkohl in einem Sieb abtropfen lassen. Das Ei mit kaltem Wasser abschrecken, pellen und in Würfel schneiden. Die Schinken- und Eiwürfel mit dem Parmesan und den restlichen Kräutern in einem Schälchen vermischen.

4 Den Blumenkohl auf zwei Tellern anrichten, mit der Kräutersauce übergießen und die Schinken-Ei-Streusel obenauf streuen.

!! Beilage: Dazu schmecken Salzkartoffeln. Nehmen Sie pro Portion 150 g, das entspricht zusätzlich etwa 105 kcal.

Bild oben: Indisches Joghurt-Gemüse
Bild unten: Blumenkohl mit Kräutersauce

Soja-Zucchini-Auflauf

Fett +
Cholesterin 29 mg
Ballaststoffe ●●●

35 Min.
(+ 35–40 Min. Backzeit)

Pro Portion ca. 305 kcal
29 g Eiweiß · 15 g Fett · 12 g Kohlenhydrate

ZUTATEN FÜR 2 PORTIONEN:
200 ml Gemüsebrühe
60 g Sojasplitter (Hackfleischersatz aus dem Reformhaus)
2 Knoblauchzehen
1 TL Kräuter der Provence
250 g kleine Zucchini, 250 g Tomaten
5 große entsteinte grüne Oliven
1/2 Bund Petersilie
1/2 TL getrockneter Salbei
Salz, schwarzer Pfeffer
1 Zwiebel, 1 TL Olivenöl
125 g Mozzarella

1 Die Brühe erhitzen und über die Sojasplitter gießen. Den Knoblauch schälen, durch die Presse drücken und dazugeben. Die Kräuter der Provence dazugeben, alles verrühren und mindestens 10 Min. quellen lassen.

2 Die Zucchini waschen, putzen und in etwa 3 mm dicke Scheiben hobeln. Die Tomaten waschen, und ohne die Stielansätze grob würfeln. Die Oliven grob hacken. Die Petersilie waschen, trockenschütteln und fein hacken. Zucchini, Tomaten, Oliven und Petersilie vermischen. Mit Salbei, Salz und Pfeffer kräftig würzen.

3 Die Zwiebel schälen und fein würfeln. Das Olivenöl in einer beschichteten Pfanne erhitzen. Die Zwiebel darin bei schwacher Hitze glasig werden lassen. Die Sojasplitter dazugeben und unter Rühren 4 Min. mitbraten. Den Backofen auf 200° vorheizen.

4 Das Gemüse abwechselnd mit den Sojasplittern in eine mittelgroße Auflaufform füllen, die letzte Schicht sollte Gemüse sein. Zugedeckt im Backofen (Mitte, Umluft 180°) in 45 Min. garen. Den Mozzarella abtropfen lassen und in Scheiben schneiden. Die Scheiben etwa 10 Min. vor Ende der Garzeit auf dem Auflauf verteilen und offen überbacken, bis der Mozzarella geschmolzen ist. Dazu passt Kartoffelpüree oder Baguette.

!! Info: Texturierte (geformte) Soja-Trockenprodukte wie Splitter, Streifen und Würfel werden mit der doppelten Menge Wasser, Gemüse- oder Hefebrühe vor der Zubereitung eingeweicht. Sie haben dann eine fleischähnliche Konsistenz und können wie Fleisch zubereitet werden. Diese Produkte sind fett- und cholesterinfrei sowie geschmacksneutral. Kräftig würzen, damit sie den Geschmack der Gewürze annehmen.

Soja-Curry mit Bananen

Fett ●●
Cholesterin 10 mg
Ballaststoffe ●●●

20 Min.
(+ 25 Min. Einweichzeit)

Pro Portion ca. 240 kcal
15 g Eiweiß · 9 g Fett · 26 g Kohlenhydrate

ZUTATEN FÜR 2 PERSONEN:
200 ml Gemüsebrühe
60 g Sojawürfel (Fleischersatz aus dem Reformhaus)
1 kleine Zwiebel
1 kleiner Apfel
1 große Banane
1 EL Zitronensaft
1 EL Sonnenblumenöl
1 TL Rosinen
50 g saure Sahne
1 geh. TL Currypulver
weißer Pfeffer
Cayennepfeffer, Salz
Zitronensaft

1 Die Brühe erhitzen und die Sojawürfel darin zugedeckt über Nacht oder mindestens 25 Min. vor der Zubereitung quellen lassen.

2 Die Sojawürfel in einem Sieb abtropfen lassen, dabei das restliche Einweichwasser auffangen. Die Würfel halbieren. Die Zwiebel schälen und fein hacken. Den Apfel schälen, waschen, vierteln, vom Kerngehäuse befreien und in Würfel schneiden. Die Banane schälen und in Scheiben schneiden. Apfel und Banane mit Zitronensaft verrühren.

3 Das Öl in einer Pfanne erhitzen. Die Zwiebel darin bei schwacher Hitze glasig werden lassen. Die Sojastücke dazugeben und bei mittlerer Hitze unter Wenden in 5 Min. von allen Seiten anbraten. Die Apfelwürfel, Bananenscheiben und Rosinen unterrühren und zugedeckt 4 Min. dünsten.

4 Die saure Sahne mit Currypulver verrühren, mit dem restlichen Einweichwasser in die Pfanne gießen und unter Rühren erwärmen, aber nicht mehr kochen lassen. Das Curry mit weißem Pfeffer, Cayennepfeffer und nach Bedarf mit etwas Salz und 1 Spritzer Zitronensaft abschmecken. Dazu passt gekochter Reis.

Bild oben: Soja-Curry mit Bananen
Bild unten: Soja-Zucchini-Auflauf

Gebackene Auberginen mit Tsatsiki

Fett	+	25 Min.
Cholesterin	25 mg	(+ 45 Min. Backzeit)
Ballaststoffe	●●●	

Pro Portion ca. 236 kcal
6 g Eiweiß · 18 g Fett · 12 g Kohlenhydrate

ZUTATEN FÜR 2 PERSONEN:
400 g Auberginen
2 Knoblauchzehen
2 EL Olivenöl
Salz, schwarzer Pfeffer
1 Bund Petersilie
Für das Tsatsiki:
1 Salatgurke
Salz
150 g griechischer Joghurt oder saure Sahne
1 Knoblauchzehe
weißer Pfeffer, frisch gemahlen
1/4 Bund Dill

1 Den Backofen auf 220° vorheizen. Die Auberginen waschen, putzen und in grobe Würfel schneiden. Den Knoblauch schälen und fein hacken.

2 Auberginenwürfel, Knoblauch und Öl in eine große Auflaufform geben, mit Salz und Pfeffer bestreuen und alles gut vermischen. Zugedeckt im Backofen (unten, Umluft 200°) 45 Min. backen.

3 In der Zwischenzeit die Gurke schälen, fein raspeln, salzen und kurz ziehen lassen. Das Gurkenwasser abgießen und die Gurkenraspel mit der Hand ausdrücken. Mit Joghurt oder saurer Sahne verrühren. Den Knoblauch schälen, durch die Presse drücken und dazugeben, mit Pfeffer würzen. Den Dill waschen, trockenschütteln, fein hacken und unterheben.

4 Die Petersilie waschen, trockenschütteln und grob hacken. Die Auberginen mit Petersilie vermischen und mit dem Tsatsiki servieren. Dazu passt Fladen- oder Stangenweißbrot.

Bulgarisches Paprikagemüse mit Schafkäse

Fett	●●●	30 Min.
Cholesterin	19 mg	
Ballaststoffe	●●●	

Pro Portion ca. 185 kcal
11 g Eiweiß · 13 g Fett · 5 g Kohlenhydrate

ZUTATEN FÜR 2 PERSONEN:
2 große rote Paprikaschoten (etwa 400 g)
1 EL Olivenöl
Salz
schwarzer Pfeffer
100 g Schafkäse (45 % Fett i. Tr.)

1 Die Paprikaschoten längs vierteln, putzen und in Streifen schneiden. Das Öl in einer Pfanne erhitzen. Die Paprikastreifen darin kurz anbraten, dann zugedeckt bei mittlerer Hitze unter gelegentlichem Umrühren 10 Min. dünsten.

2 Das Paprikagemüse mit Salz und Pfeffer würzen. Den Schafkäse zerbröckeln und darüber streuen, den Deckel auf die Pfanne legen und den Käse schmelzen lassen. Dazu passt Baguette oder Kartoffelpüree.

!! Tipp: Wenn Sie die Haut von Paprikaschoten nicht vertragen, so rösten Sie vorher die Schoten mit der Haut nach oben unter dem Grill oder im Backofen, bis die Haut braun ist und Blasen wirft. Schlagen Sie die Schoten dann in ein feuchtes Geschirrtuch ein, bis sie sich anfassen und pellen lassen.

Bild oben: Gebackene Auberginen mit Tsatsiki
Bild unten: Bulgarisches Paprikagemüse mit Schafkäse

Weiße Bohnen in Tomaten-Salbei-Sauce

Fett ●● | 1 Std. 20 Min.
Cholesterin 1 mg
Ballaststoffe ●●●

Pro Portion ca. 264 kcal
15 g Eiweiß · 7 g Fett · 37 g Kohlenhydrate

ZUTATEN FÜR 2 PORTIONEN:
120 g große weiße Bohnen
1 Zweig Bohnenkraut (ersatzweise 1 TL getrocknetes Bohnenkraut)
1 TL Salz
Für die Sauce:
2 Knoblauchzehen
1 EL Olivenöl
4 Blätter Salbei oder 1 TL getrockneter Salbei
250 g pürierte Tomaten (1/2 Packung Fertigprodukt)
1 TL gekörnte Gemüsebrühe (Trockenextrakt)
1/4 TL getrockneter Thymian
weißer Pfeffer

1 Die Bohnen waschen und über Nacht in 1/2 l kaltem Wasser einweichen. Dann im Einweichwasser mit Bohnenkraut bei mittlerer Hitze in 1 Std. garen. Während des Garens das Salz dazugeben.

2 Für die Sauce den Knoblauch schälen. Kurz vor Ende der Garzeit, das Öl in einem Topf leicht erhitzen und den Salbei darin kurz anbraten. Den Knoblauch durch die Presse drücken und dazugeben. Die pürierten Tomaten, 150 ml Wasser angießen und die Brühe dazugeben. Die Sauce mit Thymian und Pfeffer würzen und ein Mal aufkochen lassen.

3 Die Bohnen in ein Sieb abgießen und das Bohnenkraut entfernen. Die Bohnen in die Sauce geben und darin zugedeckt bei schwacher Hitze 20 Min. ziehen lassen.

!! Beilage: Dazu passt gegrilltes Fleisch sowie Baguette oder Fladenbrot zum Stippen der Sauce.

Rote Linsen mit Lauch und Möhren

Fett ●●● | 40 Min.
Cholesterin 3 mg
Ballaststoffe ●●●

Pro Portion ca. 309 kcal
15 g Eiweiß · 13 g Fett · 33 g Kohlenhydrate

ZUTATEN FÜR 2 PERSONEN:
150 g Möhren
150 g Lauchstange
1 Knoblauchzehe
100 g rote Linsen
1 EL Sonnenblumenöl
1 TL Kurkuma (Gelbwurz)
1/4 TL gemahlener Koriander
1/4 TL Schwarzkümmel
1/4 l Gemüsebrühe
1 EL dunkles Sesamöl (Asienladen)
2 geh. EL fettarme Dickmilch (ersatzweise fettarmer Joghurt)
2 EL Schnittlauchröllchen

1 Die Möhren putzen, schälen und grob raspeln. Den Lauch putzen, waschen und in feine Ringe schneiden. Den Knoblauch schälen und fein hacken. Die roten Linsen in einem Sieb unter fließendem kaltem Wasser waschen.

2 Das Öl in einem Topf erhitzen. Die Möhren darin bei mittlerer Hitze kurz anbraten, den Knoblauch dazugeben und mitbraten. Lauch, Linsen, Kurkuma, Koriander, Schwarzkümmel und Gemüsebrühe hinzufügen. Alles zum Kochen bringen und zugedeckt bei schwacher Hitze 15 Min. kochen lassen, bis die Flüssigkeit von den Linsen aufgesogen ist.

3 Die Linsen mit dem Sesamöl verrühren und anrichten. Mit je 1 EL Dickmilch oder Joghurt und Schnittlauchröllchen garniert servieren.

!! Beilage: Dazu passt Basmatireis – 1 Portion entspricht 60 g roh, ergibt 180 g gekochten Reis und enthält zusätzlich 210 kcal.

Bild oben: Weiße Bohnen in Tomaten-Salbei-Sauce
Bild unten: Rote Linsen mit Lauch und Möhren

Rettich-Radieschen-Ragout mit Nudeln

Fett ●●●
Cholesterin –
Ballaststoffe ●●●
25 Min.

Pro Portion ca. 356 kcal
12 g Eiweiß · 12 g Fett · 54 g Kohlenhydrate

ZUTATEN FÜR 2 PERSONEN:
Salz
100 g Fadennudeln
1/2 mittelgroßer Rettich (etwa 300 g)
1 Bund Radieschen
4 getrocknete Tomaten
1 Bund Frühlingszwiebeln
2 EL Pflanzenöl zum Braten
Pfeffer
gemahlener Koriander
3 EL Aceto balsamico
Sojasauce nach Belieben

1 Salzwasser in einem Topf zum Kochen bringen. Die Fadennudeln dazugeben und in 3 Min. garen. Die Nudeln in ein Sieb abgießen, kalt abschrecken und abtropfen lassen.

2 Den Rettich putzen, schälen, längs halbieren und in Scheiben schneiden. Die Radieschen putzen, waschen und vierteln. Die Tomaten in feine Streifen schneiden. Die Frühlingszwiebeln putzen, waschen und in Ringe schneiden.

3 Das Öl in einer hohen beschichteten Pfanne erhitzen. Die Frühlingszwiebeln und Tomaten darin bei schwacher Hitze andünsten. Rettichscheiben und Radieschenviertel dazugeben und unter Rühren 2 Min. braten, bis der Rettich etwas glasig wird.

4 Die Fadennudeln unterrühren und mit Pfeffer, Koriander und Essig abschmecken. Die Sojasauce nach Belieben extra dazureichen.

Buchweizenpfannkuchen mit Sojasprossen

Fett +
Cholesterin 151 mg
Ballaststoffe ●●
35 Min.

Pro Portion ca. 288 kcal
11 g Eiweiß · 15 g Fett · 28 g Kohlenhydrate

ZUTATEN FÜR 2 PERSONEN:
60 g Buchweizenmehl (Reformhaus)
100 ml fettarme Milch
1 Ei
1 Prise Salz
100 g Sojasprossen
1 gelbe Paprikaschote
1 Knoblauchzehe
2 EL Olivenöl
2 EL Thai Chilisauce

1 Buchweizenmehl, Milch, Ei und Salz zu einem glatten Teig verrühren. Den Teig zugedeckt 10 Min. quellen lassen.

2 In der Zwischenzeit die Sojasprossen waschen, abtropfen lassen und grob hacken. Die Paprikaschote halbieren, putzen, waschen und würfeln. Den Knoblauch schälen und in feine Scheiben schneiden. 1 EL Olivenöl in einer beschichteten Pfanne erhitzen. Die Paprikawürfel und Knoblauchscheibchen darin bei schwacher Hitze anbraten. Die Sojasprossen dazugeben und kurz andünsten, dann beiseite stellen.

3 In einer kleinen beschichteten Pfanne von 26 cm Durchmesser jeweils 1/2 EL Öl erhitzen. Aus dem Teig nacheinander zwei Pfannkuchen von beiden Seiten goldbraun backen. Auf zwei Teller legen.

4 Das Gemüse im Halbkreis auf jedem Pfannkuchen verteilen und die andere Pfannkuchenhälfte darüber klappen. Mit Chilisauce beträufelt servieren.

!! Variante: Wenn Sie wollen, können Sie auch noch Tofu zur Füllung geben. Dafür etwa 50 g festen neutralen Tofu abtropfen lassen, in Stifte schneiden und zusammen mit den Paprikawürfeln in der Pfanne anbraten.

Bild oben: Rettich-Radieschen-Ragout mit Nudeln
Bild unten: Buchweizenpfannkuchen mit Sojasprossen

Brokkolitarte

Fett	–	45 Min.
Cholesterin	–	(+ 20 Min. Backzeit)
Ballaststoffe	●●●	

Pro Stück ca. 92 kcal
12 g Eiweiß · 2 g Fett · 11 g Kohlenhydrate

ZUTATEN FÜR 1 QUICHEFORM VON 24 CM Ø:
Für den Teig:
100 g Dinkelvollkornmehl
25 g Sojamehl (Reformhaus)
1 TL Backpulver
1 Prise Salz
75 g Magerquark
4 EL Mineralwasser
etwas Fett für die Form
Für den Belag:
500 g Brokkoli, Salz
100 g Magerquark
2–3 EL fettarme Milch
1/2 TL Fenchelsamen
Salz, Pfeffer
1 TL rote Pfefferkörner
Für die Joghurtsauce:
150 g fettarmer Joghurt
1 TL Paprikapulver
Salz, 1–2 TL Zitronensaft

1 Den Backofen auf 200° vorheizen. Die Zutaten für den Teig rasch miteinander verkneten und etwas größer als die Form ausrollen. Kein zusätzliches Mehl verwenden, der Teig ist sehr mürbe. Die Form leicht einfetten und den Teig hineinlegen. Mit einer Gabel ein paar Mal einstechen.

2 Reichlich Salzwasser zum Kochen bringen. Den Brokkoli putzen, waschen und in kleine Röschen teilen. Die Stiele schälen, in Scheiben schneiden und 5 Min. im Salzwasser kochen lassen. Nach 3 Min. die Röschen dazugeben und 2 Min. blanchieren. Beides herausnehmen und abtropfen lassen.

3 Brokkolistiele und die Hälfte der Röschen mit Quark, Milch und Fenchelsamen pürieren, salzen, pfeffern und das Püree auf den Teig geben. Die übrigen Röschen darauf verteilen und mit den Pfefferkörnern bestreuen. Im Backofen (2. Schiene von unten, Umluft 180°) 20 Min. backen, bis der Rand knusprig ist.

4 In der Zwischenzeit Joghurt, Paprikapulver, Salz und Zitronensaft verrühren. Zum Servieren die Tarte in 8 Stücke schneiden und die Joghurtsauce extra dazureichen.

Paprikaquiche

Fett	●	55 Min.
Cholesterin	2 mg	(+ 30 Min. Ruhezeit)
Ballaststoffe	●●	(+ 20 Min. Backzeit)

Pro Stück ca. 129 kcal
5 g Eiweiß · 4 g Fett · 19 g Kohlenhydrate

ZUTATEN FÜR 1 QUICHEFORM VON 24 CM Ø:
200 g Dinkelvollkornmehl
75 ml fettarme Milch
1/2 Würfel Hefe (21 g)
1 Prise Zucker
2 EL Olivenöl
2 Frühlingszwiebeln
2 Knoblauchzehen
1 kleine Aubergine
1 kleiner Zucchino
je 1 rote und 1 grüne Paprikaschote
1 EL Tomatenmark
1–2 TL getrockneter Oregano
Salz, Pfeffer

1 Das Mehl in eine Schüssel geben und in die Mitte eine Mulde drücken. Die Milch erwärmen und mit Hefe und Zucker vermischen. In die Mulde geben und zugedeckt 15 Min. gehen lassen.

2 1 EL Öl und 50 ml Wasser dazugeben und zu einem glatten Teig verkneten. Den Teig zu einer Kugel formen und zugedeckt 15 Min. gehen lassen. Den Backofen auf 200° vorheizen.

3 In der Zwischenzeit die Frühlingszwiebeln putzen, waschen und in Ringe schneiden. Den Knoblauch schälen und in dünne Scheiben schneiden. Aubergine und Zucchino waschen, putzen und in 1/2 cm dicke Scheiben schneiden. Die Paprikaschoten halbieren, putzen, waschen und in Streifen schneiden.

4 Das restliche Öl in einer großen beschichteten Pfanne erhitzen. Frühlingszwiebeln, Knoblauch, Aubergine und Zucchino darin bei mittlerer Hitze anbraten. Das Tomatenmark in 100 ml Wasser auflösen und zum Gemüse geben. Mit Oregano, Salz und Pfeffer würzen und etwas einkochen lassen.

5 Den Teig etwas größer als die Form ausrollen und in die Form legen. Das Gemüse darauf verteilen. Die Paprikastreifen obenauf legen. Im Backofen (2. Schiene von unten, Umluft 180°) 20 Min. backen, bis der Rand knusprig ist. In 8 Stücke schneiden und servieren.

Bild oben: Paprikaquiche
Bild unten: Brokkolitarte

Gefüllte Paprika mit Tofu

Fett	+	20 Min.
Cholesterin	1 mg	(+ 45 Min. Backzeit)
Ballaststoffe	●●●	

Pro Portion ca. 486 kcal
18 g Eiweiß · 19 g Fett · 66 g Kohlenhydrate

ZUTATEN FÜR 2 PERSONEN:
3 große gelbe Paprikaschoten
125 g geräucherter Tofu
2 Knoblauchzehen
2 Frühlingszwiebeln
4 große braune Champignons (Egerlinge)
4 getrocknete Tomaten
2 EL Rapsöl
Salz, Pfeffer
1/2 TL rosenscharfes Paprikapulver
100 g Naturreis
1/4 l Gemüsebrühe
2 EL Soja Cuisine (Bioladen oder Reformhaus)

1 Den Backofen auf 200° vorheizen. Von zwei Paprikaschoten je einen Deckel abschneiden. Die Paprika putzen, waschen und zum Füllen beiseite stellen. Die übrige Paprikaschote halbieren, putzen, waschen und mit den Deckeln in Würfel schneiden.

2 Den Tofu klein würfeln und pürieren. Den Knoblauch schälen, durch die Presse drücken und dazugeben. Die Frühlingszwiebeln putzen und klein würfeln. Die Champignons putzen und in dünne Scheiben schneiden. Die getrockneten Tomaten fein würfeln.

3 Das Öl in einer beschichteten Pfanne erhitzen. Knoblauch und Frühlingszwiebeln darin bei schwacher Hitze andünsten. Champignons und Tomaten kurz mitdünsten. Den Tofu untermischen. Mit Salz, Pfeffer und Paprikapulver abschmecken. Die Masse in die Paprikaschoten füllen.

4 Den Reis waschen und mit der Brühe in eine hohe feuerfeste Form mit Deckel geben. Die Paprikawürfel und die gefüllten Schoten dazugeben. Zugedeckt im Backofen (Mitte, Umluft 180°) 35–40 Min. garen, dann weitere 5 Min. offen garen, bis der Reis trocken ist.

5 Die Paprikaschoten auf zwei Tellern anrichten. Den Paprikareis mit Soja Cuisine verrühren und daneben anrichten.

Vollkornspiralen mit Brokkoli

Fett	+	25 Min.
Cholesterin	20 mg	
Ballaststoffe	●●●	

Pro Portion ca. 455 kcal
25 g Eiweiß · 16 g Fett · 53 g Kohlenhydrate

ZUTATEN FÜR 2 PERSONEN:
350 g Brokkoli
Salz
150 g Vollkornspiralen
1 Bund Frühlingszwiebeln
1 EL Olivenöl
100 g Schafkäse
1–2 EL fettarme Milch
frisch geriebene Muskatnuss
weißer Pfeffer aus der Mühle
2 EL frisch gehackte Petersilie

1 Den Brokkoli waschen, putzen und in kleine Röschen teilen. Den Stiel schälen und in kleine Würfel schneiden. Reichlich Salzwasser in einem großen Topf erhitzen und die Brokkoliröschen darin 2 Min. blanchieren. Herausnehmen und eiskalt abschrecken, damit sie ihre Farbe behalten.

2 Die Vollkornspiralen ins kochende Brokkoliwasser geben und nach Packungsangaben bissfest garen. In ein Sieb abgießen und abtropfen lassen.

3 Die Frühlingszwiebeln putzen, waschen und in feine Ringe schneiden. Das Öl in einer beschichteten Pfanne erhitzen. Frühlingszwiebeln und Brokkoliwürfel darin bei schwacher Hitze unter Rühren andünsten. Die Brokkoliröschen dazugeben und mitdünsten.

4 Den Schafkäse zerbröckeln, mit Milch vermischen und mit einer Gabel zerdrücken. Mit Muskat und Pfeffer kräftig würzen. Den Schafkäse unter den Brokkoli mischen. Die Nudeln unterheben und mit Petersilie bestreut servieren.

!! Variante: Nehmen Sie nur die Hälfte Schafkäse und ersetzen Sie die andere Hälfte durch weichen neutralen Tofu. Das Gericht hat dann nur 10 mg Cholesterin und 11 g Fett. Dafür den Tofu mit einer Gabel zerdrücken und mit dem Schafkäse vermischen.

Bild oben: Gefüllte Paprika mit Tofu
Bild unten: Vollkornspiralen mit Brokkoli

Currygemüse mit Hirse und Bohnen

Fett	●●	30 Min.
Cholesterin	1 mg	
Ballaststoffe	●●●	

Pro Portion ca. 322 kcal
11 g Eiweiß · 9 g Fett · 49 g Kohlenhydrate

ZUTATEN FÜR 2 PERSONEN:
100 g Hirse
1/4 l Gemüsebrühe
1 mittelgroße Zwiebel
250 g Keniabohnen (ersatzweise Brechbohnen oder Schneidebohnen)
1 EL Olivenöl
3 TL Currypulver
3 Tomaten
Salz, Pfeffer
1 Msp. Sambal Oelek
2 EL Schnittlauchröllchen

1 Die Hirse mit 200 ml Brühe in einen Topf geben, ein Mal aufkochen lassen und zugedeckt bei schwacher Hitze 20 Min. quellen lassen, bis die Flüssigkeit aufgesogen ist.

2 In der Zwischenzeit die Zwiebel schälen und in feine Ringe schneiden. Die Bohnen waschen, putzen und dritteln. (Brechbohnen in 2 cm lange Stücke und Schneidebohnen schräg in etwa 1,5 cm breite Streifen schneiden.)

3 Das Olivenöl in einer hohen beschichteten Pfanne erhitzen. Zwiebel und Bohnen darin bei mittlerer Hitze unter Rühren 4–5 Min. anbraten. Mit Currypulver bestäuben, gut durchrühren und mit der restlichen Brühe aufgießen.

4 Die Tomaten waschen, ohne Stielansätze in etwa 1 cm große Würfel schneiden und unterheben. Mit Salz, Pfeffer und Sambal Oelek abschmecken. Die Hirse untermischen und mit Schnittlauch bestreut servieren.

!! Variante: Sie können zusätzlich Tofu verwenden. Dafür 100 g festen geräucherten Tofu in etwa 3 cm lange Streifen schneiden und gleich mit den Bohnen anbraten.

Sommergemüse mit Glasnudeln und Tofu

Fett	+	35 Min.
Cholesterin	–	
Ballaststoffe	●●●	

Pro Portion ca. 383 kcal
23 g Eiweiß · 18 g Fett · 37 g Kohlenhydrate

ZUTATEN FÜR 2 PERSONEN:
150 g fester Tofu
1 TL getrockneter Oregano
Pfeffer aus der Mühle
2 EL chinesische Fischsauce (ersatzweise Sojasauce)
450 g grüne Bohnen
Salz
1 Bund Frühlingszwiebeln
1 gelbe Paprikaschote
1 Fleischtomate
50 g Glasnudeln
2 EL Olivenöl

1 Den Tofu in sehr kleine Würfel schneiden und mit Oregano, Pfeffer und Fischsauce oder Sojasauce vermischen. Zugedeckt ziehen lassen.

2 Die Bohnen waschen, putzen und in reichlich Salzwasser in 15–20 Min. bissfest garen. Durch ein Sieb abgießen und mit eiskaltem Wasser abschrecken, damit sie ihre Farbe behalten.

3 In der Zwischenzeit die Frühlingszwiebeln putzen, waschen und in etwa 1/2 cm breite Ringe schneiden. Die Paprikaschote halbieren, putzen, waschen und in feine Streifen schneiden. Die Tomate über Kreuz einritzen, überbrühen, häuten und ohne den Stielansatz in Würfel schneiden.

4 Die Glasnudeln in sprudelnd kochendes Wasser geben, 3 Min. ziehen lassen, in ein Sieb abgießen und auf einem Küchenbrett grob hacken.

5 Das Öl in einer hohen beschichteten Pfanne erhitzen. Frühlingszwiebeln und Tofuwürfel darin bei mittlerer Hitze anbraten. Paprikastreifen und Tomatenwürfel dazugeben und 2 Min. andünsten. Bohnen und Glasnudeln unterrühren und unter Rühren erwärmen.

!! Variante: Wenn es Ihre Cholesterinbilanz erlaubt, können Sie 100 g Mozarella- oder Schafkäse in Würfeln über das Gericht streuen. Sie kommen dann pro Portion auf 38–46 mg Cholesterin.

Bild oben: Currygemüse mit Hirse und Bohnen
Bild unten: Sommergemüse mit Glasnudeln und Tofu

Bohnencassoulet

Fett	●	15–20 Min.
Cholesterin	2 mg	(+ 8 Std. Einweichzeit)
Ballaststoffe	●●●	(+ 2 Std. 30 Min. Backzeit)

Pro Portion ca. 283 kcal
14 g Eiweiß · 5 g Fett · 44 g Kohlenhydrate

ZUTATEN FÜR 2–3 PERSONEN:
150 g Wachtelbohnen oder kleine weiße Bohnen
1 Zwiebel
2 Knoblauchzehen
1 Möhre
1 Lauchstange
1 EL Olivenöl
1 EL Tomatenmark
Pfeffer
2 Zweige Thymian
2 Gewürznelken
1/2 l Gemüsebrühe
2 Scheiben Vollkorntoast
Salz, Apfelessig

1 Die Bohnen mindestens 8 Std. in reichlich kaltem Wasser einweichen, dann abgießen.

2 Den Backofen auf 160° vorheizen. Zwiebel und Knoblauch schälen, beides fein hacken. Die Möhre putzen, schälen und etwa 1 cm groß würfeln. Den Lauch putzen, längs aufschlitzen, waschen und in Stücke schneiden.

3 Das Öl in einer beschichteten Pfanne erhitzen. Zwiebel und Knoblauch darin bei schwacher Hitze glasig werden lassen. Möhre und Lauch dazugeben und ebenfalls andünsten. Das Tomatenmark kurz mitanbraten und unterrühren.

4 In einen feuerfesten Topf die Hälfte der Bohnen einfüllen, pfeffern und 1 Zweig Thymian darauf legen. Das Gemüse mit den Gewürznelken darüber geben, pfeffern und mit dem übrigen Thymian belegen. Mit den restlichen Bohnen abdecken. Mit Brühe auffüllen, bis die Bohnen gerade bedeckt sind. 1 Scheibe Vollkorntoast grob zerbröseln und darüber streuen.

5 Offen im Backofen (Mitte, Umluft 140°) 2 Std. backen. Zwischendurch eventuell etwas Brühe nachgießen. Am Ende der Garzeit ein Mal gut umrühren und mit Salz und einigen Spritzern Apfelessig abschmecken. Das restliche Toastbrot zerbröseln und darüber streuen. Weitere 30 Min. offen backen, bis das Brot knusprig ist. Sofort heiß im Topf servieren.

Pilzpfanne mit Getreide

Fett	+++	35 Min.
Cholesterin	3 mg	
Ballaststoffe	●●●	

Pro Portion ca. 694 kcal
17 g Eiweiß · 37 g Fett · 72 g Kohlenhydrate

ZUTATEN FÜR 2 PERSONEN:
200 g 6-Korn-Getreidemischung
1/2 l Gemüsebrühe
1 reife Avocado
Saft von 1/2 Zitrone
1 mittelgroße Zwiebel
200 g Austernpilze
1 EL Pflanzenöl zum Braten
Salz, Pfeffer
2 EL frisch gehackte Petersilie oder Schnittlauchröllchen

1 Das Getreide kalt abbrausen und mit der Brühe in einen Topf geben und ein Mal aufkochen lassen. Zugedeckt bei schwacher Hitze 30 Min. quellen lassen.

2 In der Zwischenzeit die Avocado schälen, vom Kern befreien und in dünne Scheiben schneiden. Sofort mit Zitronensaft beträufeln und zugedeckt ziehen lassen. Die Zwiebel schälen und fein hacken. Die Austernpilze putzen und abreiben, größere Exemplare halbieren oder vierteln.

3 Das Öl in einer hohen beschichteten Pfanne erhitzen. Die Zwiebel darin bei schwacher Hitze glasig werden lassen. Die Austernpilze dazugeben und unter ständigem Rühren bei starker Hitze 3 Min. garen. Das Getreide unterrühren und die Avocadoscheiben vorsichtig unterheben und 2 Min. in der Pfanne ziehen lassen. Mit Salz und Pfeffer abschmecken und mit Petersilie oder Schnittlauch bestreut servieren.

!! Tipp: Avocados sollen auf Druck leicht nachgeben. Nur dann sind sie aromatisch und lassen sich gut verarbeiten. Unreife Avocados schmecken nicht, Sie können die Früchte aber auf der Fensterbank nachreifen lassen.

Bild oben: Bohnencassoulet
Bild unten: Pilzpfanne mit Getreide

Currykartoffeln mit Spinat

Fett ●●
Cholesterin 1 mg
Ballaststoffe ●●●
40 Min.

Pro Portion ca. 215 kcal
8 g Eiweiß · 7 g Fett · 30 g Kohlenhydrate

ZUTATEN FÜR 2 PERSONEN:
200 g frischer Spinat
Salz
1 Zwiebel
2 Knoblauchzehen
400 g fest kochende Kartoffeln
1 EL Rapsöl
2 TL Senfkörner
1 EL Madras Currypulver
150 ml Wasser oder Gemüsebrühe
Pfeffer
2 EL Schnittlauchröllchen

1 Den Spinat waschen, verlesen, von den groben Stielen befreien und abtropfen lassen. Salzwasser zum Kochen bringen und den Spinat darin 3 Min. blanchieren. Herausnehmen, abtropfen und abkühlen lassen. Die restliche Flüssigkeit mit den Händen ausdrücken. Den Spinat grob hacken.

2 Zwiebel und Knoblauch schälen. Die Zwiebel in feine Ringe und den Knoblauch in dünne Scheiben schneiden. Die Kartoffeln waschen, schälen und in etwa 1 mm breite Scheiben schneiden oder hobeln.

3 Das Öl in einer hohen beschichteten Pfanne erhitzen. Die Senfkörner dazugeben und bei schwacher Hitze kurz anbraten (Vorsicht, sie springen). Zwiebel und Knoblauch hinzufügen und glasig werden lassen. Curry und Kartoffeln unterrühren, mit Wasser oder Brühe aufgießen und zugedeckt in 12 Min. bissfest garen.

4 Den Spinat einrühren und alles zugedeckt weitere 5–8 Min. köcheln lassen, bis die Kartoffeln weich sind. Mit Salz und Pfeffer abschmecken und mit Schnittlauch bestreut servieren.

!! Variante: Sie können mit den Kartoffeln noch 1–2 EL Rosinen in die Pfanne geben. Die süßen Rosinen harmonieren gut mit dem Curry.

Adzukibohnen mit Sellerie

Fett ●●●
Cholesterin 19 mg
Ballaststoffe ●●●
2 Std.
(+ 8 Std. Quellzeit)

Pro Portion ca. 442 kcal
19 g Eiweiß · 14 g Fett · 60 g Kohlenhydrate

ZUTATEN FÜR 2 PERSONEN:
150 g Adzukibohnen (Reformhaus)
1/2 l Gemüsebrühe
1/2 kleiner Knollensellerie (etwa 250 g)
1 säuerlicher Apfel
1 Zwiebel
1 EL Rapsöl
Salz, schwarzer Pfeffer
1 EL Apfelessig
100 g saure Sahne
2 EL gehackte Walnusskerne

1 Die Adzukibohnen in reichlich kaltem Wasser einweichen und mindestens 8 Std. quellen lassen. Die Bohnen in ein Sieb abgießen und mit der Brühe zum Kochen bringen. Zugedeckt bei schwacher Hitze in 2 Std. garen, bis die Flüssigkeit aufgesogen ist und die Bohnen weich sind.

2 In der Zwischenzeit den Sellerie schälen und in kleine Würfel schneiden. Den Apfel schälen, vom Kerngehäuse befreien und in schmale Spalten teilen. Die Zwiebel schälen und in feine Ringe schneiden.

3 Das Öl in einer hohen beschichteten Pfanne erhitzen. Die Zwiebelringe darin bei schwacher Hitze glasig werden lassen. Den Sellerie dazugeben und unter Rühren bissfest dünsten. Bohnen und Äpfel unterrühren. Mit Salz, Pfeffer und Essig würzen. Die saure Sahne unterziehen und mit Walnüssen bestreut servieren.

!! Tipp: Die Adzukibohne ist der Kern der Sojabohne und – wie alle Sojaprodukte – besonders geeignet für die cholesterinfreundliche Ernährung. Sie können sie aber auch durch andere Bohnensorten ersetzen.

Bild oben: Currykartoffeln mit Spinat
Bild unten: Adzukibohnen mit Sellerie

Mungobohnen mit Kohlrabi und Erdnüssen

Fett +
Cholesterin –
Ballaststoffe ●●●

25 Min. (+ 1 Std. Quellzeit)

Pro Portion ca. 523 kcal
29 g Eiweiß · 16 g Fett · 68 g Kohlenhydrate

ZUTATEN FÜR 2 PERSONEN:
200 g Mungobohnen
1 TL Kümmel
1 kleiner Kohlrabi
2 Strauchtomaten
2 Knoblauchzehen
2 EL Rapsöl
2 EL Thymianblättchen
2 EL Soja Cuisine (Bioladen oder Reformhaus)
Salz, schwarzer Pfeffer aus der Mühle
2–3 EL Sojasauce
20 g Erdnüsse

1 Die Mungobohnen mit Kümmel in 1,5 l Wasser geben, zum Kochen bringen und 5 Min. sprudelnd kochen lassen, dann zugedeckt bei schwacher Hitze 1 Std. quellen lassen, bis die Bohnen bissfest sind. In ein Sieb abgießen und abtropfen lassen.

2 Den Kohlrabi schälen und in 3 cm lange dünne Stifte schneiden. Die Tomaten über Kreuz einritzen, überbrühen, häuten und ohne die Stielansätze würfeln. Den Knoblauch schälen und durch die Presse drücken.

3 Das Öl in einer beschichteten Pfanne erhitzen. Kohlrabi und Knoblauch darin bei mittlerer Hitze unter Rühren bissfest garen. Bohnen, Tomaten und Thymianblättchen dazugeben und unter Rühren 5 Min. dünsten.

4 Soja Cuisine einrühren, mit Salz, Pfeffer und Sojasauce abschmecken. Die Erdnüsse grob hacken und vor dem Servieren unterheben.

!! Tipp: Mungobohnen sind in der cholesterinfreundlichen Ernährung genau so hochwertig wie Sojabohnen. Sie sollten sie öfter in Ihren Speisenplan einbauen. Sie sind in gut sortierten Supermärkten und im Asienladen erhältlich.

Gelbe Linsen mit Zucchini und Spargel

Fett ●●●
Cholesterin 2 mg
Ballaststoffe ●●●

20 Min.

Pro Portion ca. 400 kcal
23 g Eiweiß · 12 g Fett · 48 g Kohlenhydrate

ZUTATEN FÜR 2 PERSONEN:
150 g gelbe Linsen
300 ml Gemüsebrühe
1 kleiner Zucchino (etwa 200 g)
500 g weißer Spargel
2 Knoblauchzehen
2 EL Olivenöl
1 TL Zucker
3 EL weißer Aceto balsamico
Salz, Pfeffer
2 EL frisch gehacktes Basilikum

1 Die Linsen mit der Brühe zum Kochen bringen und zugedeckt bei mittlerer Hitze 10–15 Min. kochen lassen, bis die Flüssigkeit aufgesogen ist und die Linsen weich sind.

2 In der Zwischenzeit den Zucchino waschen, putzen, längs halbieren und in etwa 2 mm dicke Scheiben schneiden. Den Spargel waschen, putzen, schälen und schräg in etwa 1 cm breite Stücke schneiden. Den Knoblauch schälen und würfeln.

3 Das Öl in einer großen beschichteten Pfanne erhitzen. Den Knoblauch darin bei schwacher Hitze goldbraun anbraten. Zucchino und Spargel dazugeben und unter Rühren 5 Min. braten, bis das Gemüse bissfest ist. Mit Zucker bestäuben und mit Essig ablöschen. Die Linsen unterrühren, mit Salz und Pfeffer abschmecken. Auf zwei Tellern anrichten und mit Basilikum bestreut servieren.

!! Tipp: Wenn es nicht ganz so fleischlos sein soll, können Sie pro Person 50 g Putenrauchfleisch in Streifen schneiden, mit den Linsen unter das Gemüse mischen und in 1 Min. warm werden lassen. Putenrauchfleisch hat nur 1 g Fett pro 100 g.

Bild oben: Mungobohnen mit Kohlrabi und Erdnüssen
Bild unten: Gelbe Linsen mit Zucchini und Spargel

Kichererbsenbratlinge

Fett	●●●	20 Min.
Cholesterin	127 mg	(+ 2 Std. Quellzeit)
Ballaststoffe	●●●	

Pro Portion ca. 284 kcal
14 g Eiweiß · 12 g Fett · 30 g Kohlenhydrate

ZUTATEN FÜR 2 PERSONEN:
100 g Kichererbsen
2 EL Soja Cuisine (Bioladen oder Reformhaus)
1 kleine Zwiebel
2 Knoblauchzehen
2 EL fein gehackte Petersilie
1 Ei
1 TL Senf
Salz, Pfeffer
Cayennepfeffer
2 EL Vollkornbrösel
2 EL Rapsöl

1 Die Kichererbsen in einen Topf mit kaltem Wasser geben, ein Mal aufkochen und zugedeckt bei schwacher Hitze 1 Std. quellen lassen. Nochmals aufkochen und 50–60 Min. kochen lassen, bis die Kichererbsen weich sind. In ein Sieb abgießen und etwas abkühlen lassen.

2 Mit Soja Cuisine nicht zu fein pürieren. Zwiebel und Knoblauchzehen schälen. Die Zwiebel fein würfeln, den Knoblauch durch die Presse drücken und beides unter die Kichererbsenmasse mischen. Petersilie, Ei und Senf unterrühren sowie mit Salz, Pfeffer und Cayennepfeffer kräftig würzen.

3 Aus der Masse mit nassen Händen 6 kleine Bratlinge formen und diese von beiden Seiten in den Bröseln wälzen. Das Öl in einer beschichteten Pfanne erhitzen. Die Bratlinge darin bei schwacher Hitze von beiden Seiten in jeweils 4–5 Min. goldbraun braten.

!! Tipp: Servieren Sie dazu eine Joghurtsauce aus 100 g fettarmem Joghurt, 1 EL Zitronensaft, Salz und 1–2 zerdrückten Knoblauchzehen.

Chili mit Kidneybohnen

Fett	+	25 Min.
Cholesterin	4 mg	
Ballaststoffe	●●●	

Pro Portion ca. 745 kcal
40 g Eiweiß · 17 g Fett · 106 g Kohlenhydrate

ZUTATEN FÜR 2 PERSONEN:
1 Zwiebel
2 Knoblauchzehen
je 1 rote und grüne Paprikaschote
2 Tomaten
1 kleine rote Peperoni
2 EL Olivenöl
1 TL getrockneter Oregano
je 1/2 TL gemahlener Kreuzkümmel und Koriander
1 Dose Kidneybohnen (250 g Abtropfgewicht)
1 Dose Zuckermais (140 g Abtropfgewicht)
Salz, Pfeffer
150 g fettarmer Kefir

1 Zwiebel und Knoblauch schälen, die Zwiebel in feine Würfel und den Knoblauch in dünne Scheiben schneiden. Die Paprikaschoten halbieren, putzen, waschen und in Rauten oder Würfel schneiden. Die Tomaten waschen und ohne die Stielansätze würfeln. Die Peperoni längs aufschlitzen, putzen, waschen und in kleine Würfel schneiden.

2 Das Öl in einer hohen beschichteten Pfanne erhitzen. Zwiebel und Knoblauch darin bei schwacher Hitze glasig werden lassen. Die Paprikarauten oder -würfel dazugeben und unter Rühren in 5 Min. bissfest dünsten. Tomaten- und Peperoniwürfel sowie Oregano, Kreuzkümmel und Koriander unterrühren und bei schwacher Hitze köcheln lassen, bis die Tomaten verkocht sind.

3 Kidneybohnen und Mais in ein Sieb geben, mit kaltem Wasser abspülen, abtropfen lassen und in die Pfanne geben. Alles umrühren und warm werden lassen. Mit Salz und Pfeffer abschmecken.

4 Den Kefir auf zwei tiefe Teller verteilen und das Chili darauf geben. Mit knusprigem Baguette oder Fladenbrot servieren.

Bild oben: Kichererbsenbratlinge
Bild unten: Chili mit Kidnebohnen

Fisch

Seezunge mit Möhren in Soja-Senf-Sauce

Fett ●● 20 Min.
Cholesterin 76 mg
Ballaststoffe ●●

Pro Portion ca. 229 kcal
25 g Eiweiß · 9 g Fett · 12 g Kohlenhydrate

ZUTATEN FÜR 2 PERSONEN:
300 g Möhren
1 EL Sonnenblumen- oder Maiskeimöl
50–100 ml Gemüsebrühe oder Salzwasser
1 Prise Zucker
250 g Seezungenfilets (2 Filets à 125 g)
1/2 TL Zitronensaft
Salz
weißer Pfeffer
100 g SojaCremig neutral (Reformhaus)
1 geh. TL Dijon-Senf
1 Bund Schnittlauch

1 Die Möhren putzen, schälen und in etwa 3 mm dicke Scheiben hobeln. Das Öl in einem Topf erhitzen und die Möhren darin bei schwacher Hitze andünsten. Die Hälfte der Brühe oder des Salzwassers angießen, den Zucker dazugeben und zugedeckt bei schwacher Hitze 3 Min. garen lassen.

2 Die Seezungefilets mit Zitronensaft beträufeln, mit Salz und Pfeffer würzen, auf das Möhrengemüse legen und zugedeckt bei schwacher Hitze 6 Min. garen. Bei Bedarf noch Brühe nachgießen. Den Fisch herausnehmen und warm halten.

3 SojaCremig neutral mit Senf verrühren, zu den Möhren geben und ein Mal aufkochen lassen. Den Schnittlauch waschen, trockenschütteln, in Röllchen schneiden und unterheben. Die Fischfilets zusammen mit den Möhren anrichten.

!! Beilage: Dazu passen Reis oder Salzkartoffeln sehr gut.

Seezungenröllchen in Sahne-Kräuter-Sauce

Fett – 25 Min.
Cholesterin 71 mg
Ballaststoffe –

Pro Portion ca. 144 kcal
24 g Eiweiß · 1 g Fett · 5 g Kohlenhydrate

ZUTATEN FÜR 2 PERSONEN:
250 g Seezungefilets (4 Filets à 60 g)
100 ml Kondensmilch (4 % Fett)
100 ml Weißwein oder Wasser
1 Packung Kräutersauce (Fertigprodukt für 1/4 l Sauce)
Außerdem:
kleine Holzspieße

1 Die Seezungenfilets waschen und mit Küchenpapier trockentupfen. Jedes Filet aufrollen und mit Holzspießen feststecken.

2 Die Kondensmilch mit Wein oder Wasser und Saucenpulver verquirlen und in einem Topf zum Kochen bringen. Die Fischröllchen hineinlegen und bei schwacher Hitze in 15 Min. garen.

!! Beilage: Gekochter Langkornreis mit Wildreis und gedämpftem Brokkoli schmecken sehr gut dazu.

!! Variante: Statt mit Seezunge schmeckt das Gericht auch mit frischen oder tiefgekühlten Lachsfilets.

!! Tipp: Wenn Sie bisher Saucen immer mit Butter (83 % Fett), Crème fraîche (40 % Fett) oder Schlagsahne (30 % Fett) zubereitet haben, so beweisen diese Fischgerichte, dass sie mit den fettarmen Alternativen Kondensmilch, saure Sahne (10 % Fett) oder SojaCremig neutral (2 % Fett) genauso gut gelingen und dabei hervorragend schmecken.

Bild oben: Seezunge mit Möhren in Soja-Senf-Sauce
Bild unten: Seezungenröllchen in Sahne-Kräuter-Sauce

Matjesfilets in leichter Quarksauce

Fett +
Cholesterin 13 mg
Ballaststoffe ●
15 Min. (+24 Std. Marinierzeit)

Pro Portion ca. 329 kcal
25 g Eiweiß · 18 g Fett · 15 g Kohlenhydrate

ZUTATEN FÜR 2 PERSONEN:

125 g Edle Matjesfilets ohne Haut in Pflanzenöl (1 Packung 150 g, Fischeinwaage 125 g, aus dem Kühlregal)
Für die Sauce:
1 kleine Zwiebel
1 mittelgroße Gewürzgurke
1 kleiner, säuerlicher Apfel
1 EL Weißweinessig
1/4 TL Dijon-Senf
1/4 TL Meerrettich (aus dem Glas)
200 g cremiger Magerquark
70 g saure Sahne
2 EL Gurkenwasser (aus dem Glas)
weißer Pfeffer
flüssiger Süßstoff oder Zucker

1 Die Matjesfilets abtropfen lassen. Die Zwiebel schälen und in dünne Ringe schneiden. Die Gewürzgurke fein würfeln. Den Apfel schälen, vom Kerngehäuse befreien, vierteln und die Viertel in dünne Scheiben schneiden.

2 Essig mit Senf und Meerrettich verrühren. Nach und nach den Quark und die saure Sahne unterrühren, bis eine cremige Sauce entsteht. Zwiebelringe, Gurkenwürfel und Apfelscheiben untermengen. Mit Gurkenwasser, Pfeffer und Süßstoff oder 1 Prise Zucker abschmecken.

3 Die Sauce in eine verschließbare Schüssel gießen. Die Matjesfilets in die Sauce drücken und verschlossen 24 Stunden ziehen lassen. Dabei die Sauce gelegentlich umrühren. Dazu passen Petersilienkartoffeln.

!! Info: Die »Edlen Matjesfilets« ohne Haut in Pflanzenöl sind mild gesalzen, so dass das Wässern vor der Zubereitung entfallen kann. Während der Marinierzeit geht das Salz zum Teil in die Sauce über, so dass sich der Salzgehalt der Fischfilets verringert und zusätzliches Salzen nicht mehr nötig ist.

Kabeljaufilet mit Tomaten-Dill-Sauce

Fett ●
Cholesterin 65 mg
Ballaststoffe ●
20 Min.

Pro Portion ca. 210 kcal
24 g Eiweiß · 6 g Fett · 16 g Kohlenhydrate

ZUTATEN FÜR 2 PERSONEN:

250 g Kabeljaufilet (2 Filets à 125 g)
1 TL Zitronensaft
Salz
schwarzer Pfeffer
1 EL Sonnenblumenöl
250 passierte Tomaten (1/2 Packung Fertigprodukt))
4 EL Kondensmilch (4 % Fett, etwa 60 g)
1/2 Bund Dill (ersatzweise tiefgekühlter Dill)
1 Prise Zucker

1 Die Kabeljaufilets waschen, mit Küchenpapier trockentupfen, mit Zitronensaft beträufeln und kurz ziehen lassen.

2 Die Fischfilets trockentupfen, mit Salz und Pfeffer würzen. Das Öl in einer Pfanne erhitzen. Den Fisch bei mittlerer Hitze von jeder Seite in 4 Min. goldbraun braten.

3 Die passierten Tomaten mit Kondensmilch in einen kleinen Topf geben und unter Rühren ein Mal aufkochen lassen. Den Dill waschen, trockenschütteln und ohne die groben Stiele fein hacken. Die Sauce mit Salz, Pfeffer und Zucker abschmecken und den Dill unterrühren. Die Fischfilets mit der Sauce anrichten. Dazu passt Reis oder Kartoffelpüree.

!! Info: Statt Kabeljau können Sie auch andere zartfleischige Seefischfilets nehmen, zum Beispiel Seelachs, Scholle, Rotbarsch oder Heilbutt.

!! Tipp: Zarte Fischfilets zerfallen beim Wenden nicht so leicht, wenn sie vor dem Braten von beiden Seiten mit Mehl bestäubt werden.

Bild oben: Kabeljaufilet mit Tomaten-Dill-Sauce
Bild unten: Matjesfilets in leichter Quarksauce

Lachsfilet mit Orangensauce

Fett ++
Cholesterin 66 mg
Ballaststoffe ●

20 Min.
(+ 30 Min. Marinierzeit)
(+ 10 Min. Backzeit)

Pro Portion ca. 349 kcal
31 g Eiweiß · 21 g Fett · 11 g Kohlenhydrate

ZUTATEN FÜR 2 PERSONEN:
2 kleine unbehandelte Orangen
1 kleine Zwiebel
Salz
2 Stücke Lachsfilet (à etwa 150 g)
weißer Pfeffer
frisch geriebene Muskatnuss

1 Die Orangen heiß abwaschen und abtrocknen. Eine Orange in Scheiben schneiden und zum Garnieren beiseite legen. Von der zweiten Frucht etwas Schale abreiben und den Saft auspressen.

2 Die Zwiebel schälen und in kleine Würfel schneiden. In einer breiten Schüssel mit Orangenschale, Orangensaft und 1/2 TL Salz verrühren.

3 Die Lachsfilets kalt abwaschen und mit Küchenpapier trockentupfen, in der Orangenmarinade wenden und zugedeckt 30 Min. im Kühlschrank marinieren.

4 Den Backofen auf 200° vorheizen. Die Lachsfilets nebeneinander in eine Gratinform legen, mit etwas Pfeffer und Muskat würzen und mit der Marinade beträufeln. Im Backofen (Mitte, Umluft 180°) in 10 Min. garen. Fischfilets und Marinade auf zwei Tellern anrichten und mit den Orangenscheiben garnieren.

!! Beilage: Körnig gekochten Naturreis oder Klebreis dazu servieren. Aber auch Vollkornbaguette passt gut.

!! Tipp: Lachs ist zwar fettreich, enthält aber reichlich Omega-3-Fettsäuren, das wirkt sich günstig auf den Cholesterinspiegel im Blut aus.

Überbackenes Lachsfilet

Fett +++
Cholesterin 61 mg
Ballaststoffe ●●●

40 Min.
(+ 12 Min. Backzeit)

Pro Portion ca. 771 kcal
38 g Eiweiß · 36 g Fett · 70 g Kohlenhydrate

ZUTATEN FÜR 2 PERSONEN:
400 ml Gemüsebrühe
150 g Naturreis
1 Lachsfilet (etwa 200 g)
1 EL Zitronensaft
Salz, weißer Pfeffer
500 g feste Tomaten
1/2 Bund Dill
2 EL Walnusskerne
3 EL geriebener fettarmer Käse (30 % Fett i. Tr.)
2 EL Diät-Margarine
2 EL Semmelbrösel

1 Die Brühe in einem Topf aufkochen lassen. Den Reis hineinstreuen und fest zugedeckt bei schwacher Hitze in 20–40 Min. (je nach Sorte) bissfest garen.

2 Inzwischen das Lachsfilet kalt abwaschen und mit Küchenpapier trockentupfen. Mit Zitronensaft beträufeln, mit Salz und Pfeffer würzen. Die Tomaten waschen und ohne die Stielansätze in Spalten schneiden.

3 Den Backofen auf 225° vorheizen. Den Dill waschen und trockenschütteln. Etwas Dill zum Garnieren beiseite legen, den restlichen hacken. Die Walnüsse ebenfalls hacken, mit Dill, Käse, Diät-Margarine und Semmelbröseln zu Streuseln verkneten.

4 Den Reis in eine Gratinform geben, das Lachsfilet und die Tomaten darauf verteilen und leicht pfeffern. Die Streusel darüber verteilen, alles im Backofen (Mitte, Umluft 200°) 15–20 Min. gratinieren. Vor dem Servieren testen, ob der Lachs wirklich gar ist. Mit Dill garniert servieren.

Bild oben: Lachsfilet mit Orangensauce
Bild unten: Überbackenes Lachsfilet

Gedämpfte Forellen mit Spinat

Fett	●●	30 Min.
Cholesterin	88 mg	(+ 35 Min. Backzeit)
Ballaststoffe	●	

Pro Portion ca. 246 kcal
35 g Eiweiß · 9 g Fett · 6 g Kohlenhydrate

ZUTATEN FÜR 2 PERSONEN:
125 g Blattspinat
2 kleine Schalotten
1 TL Olivenöl
1 kleine Knoblauchzehe
Salz, Pfeffer
2 küchenfertige Forellen (à etwa 300 g)
4 feste Tomaten
50 g schwarze Oliven
1 TL Thymianblättchen

1 Den Blattspinat gründlich waschen, von den groben Stielen befreien und die Blätter grob hacken. Die Schalotten schälen und klein würfeln. Das Olivenöl in einem Topf erhitzen, die Schalottenwürfel darin bei schwacher Hitze glasig werden lassen. Den Knoblauch schälen und durch die Presse dazudrücken. Den Spinat hinzufügen und unter Rühren zusammenfallen lassen. Mit Salz und Pfeffer würzen, in ein Sieb geben, über einer Schüssel abtropfen lassen und zusätzlich ausdrücken.

2 Den Backofen auf 200° vorheizen. Die Forellen waschen und mit Küchenpapier trockentupfen, mit dem Spinat füllen und mit Salz und Pfeffer würzen. Die Tomaten waschen und ohne die Stielansätze in dicke Scheiben schneiden. Die Oliven entsteinen.

3 2 Bratbeutel auf ein Backblech legen. Die Tomatenscheiben flach hineinlegen, die Forellen darauf geben. Oliven, Thymianblättchen und jeweils etwas Spinatsaft in die Bratbeutel geben, die Beutel verschließen und an der Oberseite mehrmals mit einer Nadel einstechen. Die Forellen im Backofen (Mitte, Umluft 180°) in 35 Min. garen.

!! Tipp: Schneller geht´s, wenn Sie Spinat aus der Tiefkühltruhe verwenden. Seit kurzem gibt es Spinat, bei dem Sie selbst kleine Portionen einzeln entnehmen können – sie sind für diese gefüllten Forellen ideal.

Gefüllte Forellen im Tontopf

Fett	●	25 Min.
Cholesterin	88 mg	(+ 35 Min. Backzeit)
Ballaststoffe	●	

Pro Portion ca. 256 kcal
35 g Eiweiß · 6 g Fett · 17 g Kohlenhydrate

ZUTATEN FÜR 2 PERSONEN:
1 Bund Frühlingszwiebeln
1/2 Bund Dill
1/2 Bund glatte Petersilie
1/2 Bund Basilikum
1 kleine Scheibe helles Bauernbrot
Salz, weißer Pfeffer
2 küchenfertige Forellen (à etwa 300 g)
2 kleine Möhren
100 ml Gemüsebrühe

1 Einen Tontopf einschließlich Deckel mindestens 20 Min. in kaltem Wasser wässern. Die Frühlingszwiebeln putzen, waschen und in feine Ringe schneiden. Die Kräuter waschen und trockenschütteln. Einige Blättchen zum Garnieren beiseite legen, die restlichen fein hacken. Das Brot in kleine Würfel schneiden.

2 In einer Schüssel die gehackten Kräuter, 1 EL Frühlingszwiebeln, Brotwürfel, Salz und Pfeffer mischen. Die Forellen kalt abwaschen und mit Küchenpapier trockentupfen, mit der Brotmischung füllen. Die Fische außen mit Salz und Pfeffer würzen.

3 Den Tontopf aus dem Wasser nehmen. Die Möhren putzen, schälen und in dünne Scheiben schneiden, mit den restlichen Frühlingszwiebeln in den Tontopf geben. Die Brühe angießen, die gefüllten Forellen darauf legen.

4 Den Tontopf zudecken und in den kalten Backofen(unten) stellen. Die Forellen bei 200° (Umluft 180°) in 35 Min. garen. Mit den übrigen Kräutern bestreut servieren.

Bild oben: Gedämpfte Forellen mit Spinat
Bild unten: Gefüllte Forellen im Tontopf

Saibling mit Thymian in Salzkruste

Fett	+	20 Min.
Cholesterin	105 mg	(+ 25 Min. Backzeit)
Ballaststoffe	–	

Pro Portion ca. 351 kcal
37 g Eiweiß · 15 g Fett · 17 g Kohlenhydrate

ZUTATEN FÜR 1 FISCH:
1 kg Salz
2 EL Speisestärke
2 kleine Saiblinge oder 1 Regenbogenforelle
2 Zweige Thymian
1 sehr große unbehandelte Zitrone
Außerdem:
etwas Öl zum Einfetten
Backpapier

1 Das Salz in eine große Schüssel geben. Die Speisestärke in 1/8 l Wasser verquirlen und unter das Salz rühren. Mit den Händen vermischen, bis eine feste Masse entsteht. Etwa 10 Min. ruhen lassen. Den Backofen auf 200° vorheizen.

2 Die Saiblinge waschen und mit Küchenpapier trockentupfen. Die Thymianzweige in die Bauchöffnung legen. Die Zitrone waschen, abtrocknen und in sehr dünne Scheiben schneiden.

3 Ein Backblech mit Backpapier auslegen, dieses dünn mit Öl einfetten und den Fisch darauf legen. Die Saiblinge oder die Forelle dicht mit den Zitronenscheiben belegen und mit dem Salzteig vollständig bedecken.

4 Den Fisch im Backofen (Mitte, Umluft 180°) in 25 Min. garen, bis das Salz vollkommen hart geworden ist. Zum Servieren die Salzkruste mit einem Hammer vorsichtig aufschlagen und eventuell noch haftendes Salz abkratzen.

!! Tipp: In einer Salzkruste können Sie alles Mögliche zubereiten, auch Hähnchenkeulen oder Putenbrust. Wichtig ist, dass zwischen Fisch oder Fleisch und der Salzkruste noch eine Schicht Gewürze ist oder wie hier die Zitronenscheiben. Sonst nimmt das Gericht zu viel Salz an.

!! Beilage: Dazu schmecken Salzkartoffeln und ein gemischter Salat.

Flusszander auf Puy-Linsengemüse

Fett	●●●	40 Min.
Cholesterin	35 mg	
Ballaststoffe	●●●	

Pro Portion ca. 438 kcal
41 g Eiweiß · 13 g Fett · 39 g Kohlenhydrate

ZUTATEN FÜR 2 PERSONEN:
1 kleine Zwiebel
2 EL Rapsöl
125 g Puy-Linsen
200 ml Gemüsebrühe
1 Zanderfilet (etwa 250 g)
1 EL Zitronensaft
1 kleine Möhre
1 kleine gelbe Paprikaschote
Salz, schwarzer Pfeffer
etwas Mehl zum Bestäuben
1–2 EL Aceto balsamico
2 EL Soja Cuisine (Bioladen oder Reformhaus)
2 EL Schnittlauchröllchen

1 Die Zwiebel schälen und klein würfeln. 1 EL Öl in einem beschichteten Topf erhitzen. Die Zwiebelwürfel darin bei schwacher Hitze glasig werden lassen. Linsen und Brühe dazugeben und zugedeckt bei mittlerer Hitze 20 Min. köcheln lassen.

2 In der Zwischenzeit das Zanderfilet halbieren, mit Zitrone beträufeln und zugedeckt 10 Min. ziehen lassen. Die Möhre putzen, schälen und klein würfeln. Die Paprikaschote halbieren, putzen, waschen und in kleine Würfel schneiden. Möhren- und Paprikawürfel zu den Linsen geben und 10 Min. köcheln lassen.

3 Die Fischfilets mit Küchenpapier trockentupfen, mit Salz und Pfeffer würzen und mit Mehl bestäuben. Das restliche Öl in einer beschichteten Pfanne erhitzen. Den Fisch darin bei mittlerer Hitze von beiden Seiten goldbraun braten.

4 Das Linsengemüse mit dem Essig abschmecken und mit Soja Cuisine verfeinern. Auf zwei Tellern anrichten, den Fisch darauf legen und mit Schnittlauch bestreut servieren.

!! Tipp: Die dunkel glänzenden Puy-Linsen aus Frankreich sind die feinsten und schmackhaftesten Linsen. Sie bekommen diese Linsen in gut sortierten Supermärkten oder auch im Reformhaus. Sie können auch kleine Tellerlinsen oder grüne Linsen verwenden.

Bild oben: Saibling mit Thymian in Salzkruste
Bild unten: Flusszander auf Puy-Linsengemüse

Lachsforellenfilet in Folie gegart

Fett ●
Cholesterin 85 mg
Ballaststoffe ●

15 Min. (+ 20 Min. Backzeit)

Pro Portion ca. 383 kcal
36 g Eiweiß · 6 g Fett · 18 g Kohlenhydrate

ZUTATEN FÜR 2 PERSONEN:
2 Tomaten
2 Frühlingszwiebeln
2 säuerliche Äpfel
Salz, weißer Pfeffer
2 Stücke Lachsforellenfilet (à etwa 150 g)
2 Zweige Estragon
4 EL trockener Cidre oder Apfelsaft
Außerdem:
extrastarke Alufolie
Olivenöl für die Folie

1 Den Backofen auf 200° vorheizen. Zwei ausreichend große Stücke Alufolie abschneiden und auf die Arbeitsfläche legen, mit Olivenöl einpinseln.

2 Die Tomaten waschen und ohne die Stielansätze in Scheiben schneiden. Die Frühlingszwiebeln waschen, putzen und in sehr feine Ringe schneiden. Die Äpfel waschen und gut abreiben. Die Kerngehäuse ausstechen und die Äpfel in Scheiben schneiden. Tomaten und Äpfel überlappend in der Mitte auf die Folienstücke legen. Die Frühlingszwiebeln darauf streuen, alles mit Salz und Pfeffer würzen.

3 Die Lachsforellenfilets kalt waschen und mit Küchenpapier trockentupfen, salzen und pfeffern und auf das Tomaten-Apfel-Bett legen. Den Estragon waschen, die Blättchen abzupfen und darüber streuen.

4 Die Folie an den Seiten hochnehmen, dann den Cidre oder Apfelsaft über die Zutaten träufeln. Die Folie über den Zutaten fest verschließen, die Päckchen auf ein Backblech setzen. Den Fisch im Backofen (Mitte, Umluft 180°) in 20 Min. garen.

!! Tipp: Auf die gleiche Art können Sie Fischfilets auch in Pergamentpapier garen. Die Handhabung ist jedoch etwas schwieriger als bei Alufolie, und das Ergebnis unterscheidet sich praktisch nicht. Wenn Sie es probieren möchten: Besonders dickes Pergamentpapier nehmen und dieses am besten zusätzlich doppelt legen.

Schollenröllchen im Zucchinibett

Fett ●
Cholesterin 89 mg
Ballaststoffe ●●

35 Min.

Pro Portion ca. 223 kcal
27 g Eiweiß · 6 g Fett · 11 g Kohlenhydrate

ZUTATEN FÜR 2 PERSONEN:
4 Schollenfilets (à etwa 70 g)
1 EL Zitronensaft
Salz, weißer Pfeffer
1 EL Tomatenmark
1 Bund Dill
1 kleine rote Zwiebel
1 großer Zucchino (etwa 300 g)
1 TL Olivenöl
100 ml Gemüsebrühe
1–2 EL Kartoffelpüree-Pulver
Außerdem:
kleine Holzspießchen

1 Die Schollenfilets kalt waschen und mit Küchenpapier trockentupfen. Mit etwas Zitronensaft beträufeln, mit Salz und Pfeffer würzen. Dünn mit Tomatenmark bestreichen. Den Dill waschen, trockenschütteln, grob hacken und gut die Hälfte davon auf die Fischfilets streuen. Die Filets aufrollen, mit Holzspießchen zusammenstecken und kalt stellen.

2 Die Zwiebel schälen und in feine Würfel schneiden. Den Zucchino waschen, abtrocknen, putzen und grob raspeln. Das Öl in einem Topf leicht erhitzen. Die Zwiebelwürfel darin bei schwacher Hitze glasig werden lassen. Die Zucchiniraspel dazugeben und anschwitzen, mit der Brühe ablöschen.

3 Das Gemüse mit Zitronensaft, Salz, Pfeffer und dem übrigen Dill würzen. Die Schollenröllchen auf das Gemüse legen und fest zugedeckt bei mittlerer Hitze in 6 Min. garen.

4 Die Schollenröllchen aus dem Topf nehmen und auf Teller legen. Das Püreepulver unter die Zucchinisauce rühren, alles ein Mal aufkochen lassen und zu den Schollenröllchen geben. Sofort servieren.

!! Tipp: Das Binden von Saucen und Suppen mit Kartoffelpüree-Pulver aus der Packung ist eine schnelle, unkomplizierte und kalorienarme Art, für leichte Cremigkeit zu sorgen.

Bild oben: Lachsforellenfilet in Folie gegart
Bild unten: Schollenröllchen im Zucchinibett

Seehechtfilets mit Kleiekruste

Fett ●● 15 Min.
Cholesterin 75 mg (+ 15–20 Min. Backzeit)
Ballaststoffe ●

Pro Portion ca. 208 kcal
28 g Eiweiß · 8 g Fett · 7 g Kohlenhydrate

ZUTATEN FÜR 2 PERSONEN:
2 Seehechtfilets oder Dorschfilets (à etwa 150 g)
2 EL Zitronensaft
2 Frühlingszwiebeln
2 EL Haferkleie
2 El frisch gehackte Petersilie
2 EL Soja Cuisine (Bioladen oder Reformhaus)
1 TL abgeriebene Schale von 1 unbehandelten Zitrone
Salz, weißer Pfeffer
etwas Fett für die Form

1 Die Fischfilets waschen, mit Küchenpapier trockentupfen und mit Zitronensaft beträufeln. Zugedeckt etwas ziehen lassen. Den Backofen auf 200° vorheizen.

2 Die Frühlingszwiebeln putzen, waschen und fein würfeln. Mit Haferkleie, Petersilie, Soja Cuisine und Zitronenschale zu einer Paste verrühren.

3 Den Fisch trockentupfen und mit Salz und Pfeffer würzen. Eine ovale feuerfeste Form leicht einfetten und die Fischfilets hineinlegen. Die Fischfilets mit der Kräuter-Kleie-Paste gleichmäßig bestreichen.

4 Im Backofen (Mitte, Umluft 180°) 15–20 Min. überbacken, bis die Kruste knusprig ist.

!! Tipp: Die restliche Zitrone können Sie in Scheiben schneiden und den Fisch damit garnieren.

Rotbarsch auf Ananas und Zucchini

Fett + 30 Min.
Cholesterin 58 mg
Ballaststoffe ●●

Pro Portion ca. 337 kcal
30 g Eiweiß · 17 g Fett · 16 g Kohlenhydrate

ZUTATEN FÜR 2 PERSONEN:
300 g Rotbarschfilet
1 EL Zitronensaft
1 Zucchino (etwa 200 g)
2 Schalotten
300 g frische Ananas
Salz, schwarzer Pfeffer
2 EL Olivenöl
100 ml Gemüsebrühe
3 EL Soja Cuisine (Bioladen oder Reformhaus)

1 Das Rotbarschfilet waschen, mit Küchenpapier trockentupfen, halbieren, mit Zitronensaft beträufeln und zugedeckt 10 Min. ziehen lassen.

2 In der Zwischenzeit den Zucchino waschen, putzen, längs vierteln und in schmale Scheiben schneiden. Die Schalotten schälen und klein würfeln. Die Ananas schälen, dabei von den braunen Augen befreien, und ohne den mittleren Strunk in Stücke schneiden.

3 Den Fisch mit Küchenpapier trockentupfen, salzen und pfeffern. Das Öl in einer beschichteten Pfanne erhitzen. Den Fisch darin von beiden Seiten goldbraun anbraten. Herausnehmen und warm stellen.

4 Schalotten und Zucchino in dieselbe Pfanne geben und unter Rühren in 5 Min. weich dünsten. Ananas und Gemüsebrühe dazugeben und alles bei mittlerer Hitze 3 Min. einkochen lassen. Mit Soja Cuisine binden. Die Fischfilets in der Sauce kurz ziehen lassen.

Bild oben: Seehechtfilets mit Kleiekruste
Bild unten: Rotbarsch auf Ananas und Zucchini

Fischspieße mit Zucchino und Paprika

Fett + 20 Min.
Cholesterin 100 mg
Ballaststoffe ●

Pro Portion ca. 348 kcal
29 g Eiweiß · 15 g Fett · 2 g Kohlenhydrate

ZUTATEN FÜR 2 PERSONEN:
1 Tunfischsteak (etwa 250 g) oder Heilbuttfilet
Salz, weißer Pfeffer
1 TL Kurkuma (Gelbwurz)
1/2 Zucchino
1 kleine gelbe Paprikaschote
2 große braune Champignons
1 Zitrone
Außerdem:
etwas Öl zum Bestreichen
4 Schaschlikspieße

1 Den Grill vorheizen. Das Tunfischsteak oder den Heilbutt mit Salz, Pfeffer und Kurkuma von beiden Seiten würzen, dann in etwa 1,5 cm große Würfel schneiden.

2 Den Zucchino waschen, putzen, längs halbieren und in 1 cm breite Scheiben schneiden. Die Paprikaschote halbieren, putzen, waschen und in Rauten oder Würfel schneiden. Die Champignons putzen, die Stiele entfernen und vierteln.

3 Die Schaschlikspieße in Öl tauchen und die Zutaten abwechselnd darauf stecken, dabei den Fisch gegen die Faser aufspießen. Die Spieße dünn mit Öl bepinseln und unter den Grill legen. Dabei öfters wenden. Grillen, bis die Fischwürfel braun sind.

4 Die Zitrone waschen, abtrocknen und in Achtel schneiden. Die Fischspieße damit garnieren und servieren.

!! Tipp: Sie können die Fischspieße auch in einer beschichteten Pfanne zubereiten. Dafür die Pfanne mit etwas Öl ausstreichen und heiß werden lassen. Die Spieße darin rundherum bei starker Hitze anbraten und bei mittlerer Hitze 8 Min. braten, bis der Fisch gar ist.

!! Tipp: Servieren Sie die Tunfischspieße auf einem Bett aus Feldsalat. Etwa 100 g Feldsalat waschen und putzen. 2 EL Zitronensaft mit Salz und Pfeffer verrühren und den Feldsalat darin wenden. Den Salat auf zwei Tellern anrichten und die Spieße obenauf legen.

Zanderfilet mit getrockneten Aprikosen

Fett ● 25 Min.
Cholesterin 45 mg
Ballaststoffe ●●

Pro Portion ca. 330 kcal
32 g Eiweiß · 6 g Fett · 33 g Kohlenhydrate

ZUTATEN FÜR 2 PERSONEN:
10 ungeschwefelte getrocknete Aprikosen
1 Zanderfilet oder Schellfisch (etwa 250–300 g)
1 EL Zitronensaft
2 Schalotten
Salz, Pfeffer
etwas Mehl zum Wenden
1 EL Pflanzenöl zum Braten
2 EL Apfelessig
1 TL Honig
1 EL Koriander oder Petersilie, frisch gehackt

1 Die Aprikosen in warmem Wasser einweichen. Das Fischfilet halbieren, mit Zitronensaft beträufeln und zugedeckt ziehen lassen. In der Zwischenzeit die Schalotten schälen und klein würfeln. Die Aprikosen abtropfen lassen und in Streifen schneiden.

2 Das Fischfilet mit Küchenpapier trockentupfen, salzen und pfeffern und in Mehl wenden. Das Öl in einer beschichteten Pfanne erhitzen und den Fisch zuerst von der einen Seite, dann zusammen mit den Schalottenwürfeln von der anderen Seite braun braten. Herausnehmen und warm stellen.

3 Die Aprikosen zu den Schalotten in die Pfanne geben und kurz darin hin und her schwenken. Mit 1/8 l Wasser und dem Apfelessig ablöschen und bei starker Hitze etwas einkochen lassen. Den Honig unterrühren. Den Fisch in der Sauce kurz ziehen lassen und mit Koriander oder Petersilie bestreut servieren.

Bild oben: Fischspieße mit Zucchino und Paprika
Bild unten: Zanderfilet mit getrockneten Aprikosen

Seelachsfilet mit Palmherzen

Fett ●●● 25 Min.
Cholesterin 41 mg
Ballaststoffe ●

Pro Portion ca. 389 kcal
43 g Eiweiß · 14 g Fett · 43 g Kohlenhydrate

ZUTATEN FÜR 2 PERSONEN:
1 Seelachsfilet (etwa 250 g)
1 EL Zitronensaft
150 g Zuckerschoten
1 Dose Palmherzen (220 g Abtropfgewicht)
Salz, weißer Pfeffer
gemahlener Koriander
1 EL Mehl zum Bestäuben
2 EL Rapsöl
1 TL Zucker
1 EL Fischsauce
2 EL Soja Cuisine (Bioladen oder Reformhaus)
Gartenkresse nach Belieben

1 Das Fischfilet mit Zitronensaft beträufeln und zugedeckt 10 Min. ziehen lassen. In der Zwischenzeit die Zuckerschoten waschen, putzen und schräg in etwa 1 cm breite Streifen schneiden. Die Palmherzen in einem Sieb abtropfen lassen und ebenfalls 1 cm breit schneiden.

2 Das Seelachsfilet mit Küchenpapier trockentupfen, mit Salz, Pfeffer und Koriander würzen und auf beiden Seiten mit Mehl bestäuben.

3 Das Öl in einer beschichteten Pfanne erhitzen. Den Fisch darin bei mittlerer Hitze von beiden Seiten in jeweils 5 Min. goldbraun braten. Herausnehmen und warm stellen. Die Zuckerschoten in dieselbe Pfanne geben und im verbliebenen Bratfett in 3 Min. unter Rühren bissfest garen. Die Palmherzen dazugeben und warm werden lassen.

4 Den Zucker einrühren und etwas karamellisieren lassen. Mit der Fischsauce ablöschen und mit Soja Cuisine binden. Das Gemüse auf zwei Tellern anrichten, das Seelachsfilet halbieren und auf das Gemüse geben. Nach Belieben mit Gartenkresse bestreut servieren.

!! Tipp: Dazu passt Reis oder Baguette. Statt Palmherzen können Sie auch Spargel oder Schwarzwurzeln verwenden.

Seelachsfilet mit Sojasprossen

Fett ●●● 25 Min.
Cholesterin 50 mg
Ballaststoffe ●

Pro Portion ca. 288 kcal
33 g Eiweiß · 11 g Fett · 14 g Kohlenhydrate

ZUTATEN FÜR 2 PERSONEN:
1 Seelachsfilet (etwa 250–300 g)
1 EL Zitronensaft
1 mittelgroße Zwiebel
2 Orangen (davon 1 unbehandelt)
200 g Sojasprossen
Salz
Pfeffer
2 EL Pflanzenöl zum Braten
2 EL Fischsauce
1 TL Speisestärke

1 Das Seelachsfilet halbieren, mit Zitronensaft beträufeln und 10 Min. zugedeckt ziehen lassen.

2 In der Zwischenzeit die Zwiebel schälen und in feine Ringe schneiden. Von der unbehandelten Orange 1 TL Schale abreiben, dann den Saft beider Orangen auspressen. Die Sojasprossen waschen, abtropfen lassen und grob hacken.

3 Die Fischfilets mit Küchenpapier trockentupfen, salzen und pfeffern. Das Öl in einer beschichteten Pfanne erhitzen. Den Fisch zusammen mit den Zwiebelringen in die Pfanne geben und den Fisch von beiden Seiten in jeweils 5 Min. goldbraun braten. Den Fisch herausnehmen und warm stellen. Die Zwiebelringe braten, bis sie leicht gebräunt sind. Mit Orangensaft ablöschen.

4 Die Sojasprossen in der Sauce warm werden lassen. Mit Fischsauce, Salz und Pfeffer abschmecken. Die Speisestärke mit etwas Wasser anrühren und unter die Sauce rühren. Auf zwei Tellern anrichten, die Fischfilets darauf legen und mit Orangenschale bestreut servieren. Dazu passt Reis.

Bild oben: Seelachsfilet mit Palmherzen
Bild unten: Seelachsfilet mit Sojasprossen

Kabeljaufilet mit Tomaten und Rosmarin

Fett ●●
Cholesterin 63 mg
Ballaststoffe ●●

15 Min. (+ 30 Min. Backzeit)

Pro Portion ca. 203 kcal
24 g Eiweiß · 9 g Fett · 7 g Kohlenhydrate

ZUTATEN FÜR 2 PERSONEN:
250 g Kabeljaufilet (frisch oder tiefgekühlt)
1 TL Zitronensaft
1 mittelgroße Zwiebel
2 Knoblauchzehen
3 TL Olivenöl
250 g Tomaten in Stücken (1/2 Packung Fertigprodukt)
1 EL frisch gehackte Petersilie
1/2 TL getrockneter Oregano
1/2 TL getrockneter Rosmarin
Salz, Zucker

1 Das Kabeljaufilet waschen, mit Küchenpapier trockentupfen, mit dem Zitronensaft beträufeln und ziehen lassen. Tiefgekühltes Fischfilet vorher 10 Minuten antauen lassen.

2 Zwiebel und Knoblauch schälen und fein würfeln. 2 TL Olivenöl in einem Topf erhitzen und die Zwiebelwürfel darin bei schwacher Hitze glasig werden lassen, dann den Knoblauch dazugeben und kurz mitdünsten. Die Tomatenstücke hinzufügen und erhitzen. Petersilie, Oregano und Rosmarin unter die Sauce rühren, alles mit Salz und Zucker abschmecken. Den Backofen auf 200° vorheizen.

3 Eine Auflaufform mit dem übrigen Öl bepinseln, die Fischfilets hineinlegen und mit der Sauce übergießen. Den Fisch im Backofen (Mitte, Umluft 180°) in 25-30 Minuten garen.

!! Beilage: Dazu schmecken Salzkartoffeln oder Stangenweißbrot und gemischter Salat.

Kabeljaukotelett auf Estragon-Möhren

Fett ●●
Cholesterin 86 mg
Ballaststoffe –

30 Min.

Pro Portion ca. 234 kcal
31 g Eiweiß · 7 g Fett · 11 g Kohlenhydrate

ZUTATEN FÜR 2 PERSONEN:
2 Kabeljaukoteletts
3 EL Zitronensaft
Salz, weißer Pfeffer
300 g Möhren
1 EL Öl
100 ml Gemüsebrühe
3 Wacholderbeeren
4 EL grob gehacktes Estragon
2 TL Speisestärke
2 EL Soja Cuisine (Bioladen oder Reformhaus)

1 Die Kabeljaukoteletts mit Zitronensaft beträufeln sowie mit Salz und Pfeffer würzen. Die Möhren putzen, schälen und schräg in 2 mm breite Scheiben schneiden. Das Öl in einem beschichteten Topf erhitzen und die Möhren darin bei mittlerer Hitze 5 Min. andünsten. Mit Gemüsebrühe aufgießen, so dass die Möhren gerade bedeckt sind. Die Wacholderbeeren zerdrücken und mit dem Estragon zu den Möhren geben.

2 Kabeljaukoteletts obenauf legen. Alles zugedeckt bei schwacher Hitze 8–10 Min. ziehen lassen, bis die Möhren gar sind.

3 Den Fisch herausnehmen und auf zwei vorgewärmten Tellern anrichten. Die Speisestärke mit etwas Wasser anrühren, unter die Möhren rühren und aufkochen lassen. Mit Zitronensaft, Salz und Pfeffer abschmecken. Mit Soja Cuisine verfeinern. Rund um die Kabeljaukoteletts anrichten. Dazu passt Reis oder Kartoffelpüree.

Bild oben: Kabeljaukotelett auf Estragon-Möhren
Bild unten: Kabeljaufilet mit Tomaten und Rosmarin

Zanderauflauf mit Äpfeln

Fett ●●
Cholesterin 88 mg
Ballaststoffe ●●

25 Min.
(+ 40 Min. Backzeit)

Pro Portion ca. 234 kcal
27 g Eiweiß · 8 g Fett · 13 g Kohlenhydrate

ZUTATEN FÜR 3–4 PERSONEN:

1 Zander- oder Seelachsfilet (etwa 400 g)
Saft von 1/2 Zitrone
1 mittelgroße Zwiebel
2 rote Paprikaschoten
1 EL Olivenöl
2 säuerliche Äpfel
Salz
Pfeffer
3 EL frisch gehackter Dill
150 g saure Sahne

1 Das Zanderfilet halbieren oder dritteln, mit Zitronensaft beträufeln und zugedeckt etwas ziehen lassen.

2 In der Zwischenzeit die Zwiebel schälen und in feine Ringe schneiden. Die Paprikaschoten halbieren, putzen, waschen und in Streifen schneiden. Den Backofen auf 200° vorheizen.

3 Das Öl in einer beschichteten Pfanne erhitzen. Die Zwiebelringe darin bei mittlerer Hitze in 5 Min. goldbraun rösten. Die Paprikastreifen dazugeben und unter Rühren 2–3 Min. dünsten. Die Hälfte davon in eine ovale feuerfeste Form schichten.

4 Die Äpfel schälen, vom Kerngehäuse befreien und in schmale Spalten schneiden. Mit dem restlichen Paprikagemüse vermischen. Den Fisch mit Küchenpapier trockentupfen, salzen, pfeffern und in die Form legen. Mit der Paprika-Apfel-Mischung bedecken.

5 2 EL Dill mit der sauren Sahne verrühren und darüber gießen. Den Auflauf mit Alufolie (glänzende Seite nach innen) abdecken und im Backofen (Mitte, Umluft 180°) in 20 Min. garen, dann offen in weiteren 20 Min. fertig garen. Mit dem übrigen Dill bestreut servieren.

!! Tipp: Dazu schmecken neue Salzkartoffeln oder gedünstete Zuckerschoten.

Fischrisotto im Tontopf

Fett ●●●
Cholesterin 60 mg
Ballaststoffe ●●●

15 Min.
(+ 45 Min. Backzeit)

Pro Portion ca. 524 kcal
40 g Eiweiß · 13 g Fett · 59 g Kohlenhydrate

ZUTATEN FÜR 2 PERSONEN:

300 g Seelachsfilet
1 EL Zitronensaft
150 g Naturreis
1 mittelgroße Zwiebel
1 EL Olivenöl
1/2 l Gemüsebrühe
3 Strauchtomaten
30 g frisch geriebener Grana Padano oder Parmesan
Salz
Pfeffer

1 Einen Tontopf einschließlich Deckel mindestens 20 Min. in kaltem Wasser wässern. Das Seelachsfilet mit Zitronensaft beträufeln und zugedeckt ziehen lassen. Den Reis waschen und abtropfen lassen. Die Zwiebel schälen und klein würfeln.

2 Das Öl in einer beschichteten Pfanne erhitzen. Die Zwiebelwürfel darin bei schwacher Hitze glasig dünsten. Den Reis dazugeben und unter Rühren glasig werden lassen. In den Tontopf geben und mit Gemüsebrühe aufgießen. Den Deckel auflegen und den Tontopf in den kalten Backofen (unten) stellen. Den Reis bei 150° (Umluft 140°) in 30 Min. quellen lassen, bis die Flüssigkeit fast aufgesogen ist.

3 Die Tomaten waschen und ohne die Stielansätze in Scheiben schneiden. Den Käse unter den Reis rühren und die Hälfte Reis beiseite stellen. Das Fischfilet salzen und pfeffern und auf den Reis im Tontopf legen. Mit dem abgenommenen Reis bedecken und die Tomatenscheiben darauf legen. Offen weitere 15 Min. garen, bis die Tomaten leicht gebräunt sind. Den Risotto im Tontopf servieren.

Bild oben: Zanderauflauf mit Äpfeln
Bild unten: Fischrisotto im Tontopf

Seehecht mit Tomatensauce

Fett	+	25 Min.
Cholesterin	90 mg	
Ballaststoffe	–	

Pro Portion ca. 256 kcal
28 g Eiweiß · 15 g Fett · 4 g Kohlenhydrate

ZUTATEN FÜR 2 PERSONEN:
2 Seehechtfilets (à etwa 150 g; ersatzweise Rotbarschfilets)
1 EL Zitronensaft
2 Strauchtomaten
4 Frühlingszwiebeln
2 braune Champignons (Egerlinge)
4 schwarze Oliven
2 EL Olivenöl
1 EL Tomatenmark
2 TL Kapern (aus dem Glas)
1 Schuss Aceto balsamico
Salz
Pfeffer

1 Die Seehecht- oder Rotbarschfilets mit Zitronensaft beträufeln und zugedeckt 10 Min. ziehen lassen.

2 In der Zwischenzeit die Tomaten über Kreuz einritzen, überbrühen, häuten und ohne Stielansätze würfeln. Die Frühlingszwiebeln putzen, waschen, längs halbieren und kleinschneiden. Die Champignons putzen, dabei die Stiele entfernen, und klein würfeln. Die Oliven entsteinen und in schmale Streifen schneiden.

3 1 EL Öl in einem kleinen beschichteten Topf erhitzen. Die Frühlingszwiebeln und Champignonwürfel darin bei mittlerer Hitze andünsten. Das Tomatenmark einrühren und kurz anbraten. Die Tomatenwürfel dazugeben und mit 100 ml Wasser aufgießen. Die Sauce aufkochen und bei mittlerer Hitze sämig einkochen lassen. Die Kapern einrühren. Die Sauce mit Essig, Salz und Pfeffer abschmecken und warm halten.

4 Den Fisch mit Küchenpapier trockentupfen, salzen und pfeffern. Das restliche Öl in einer beschichteten Pfanne erhitzen. Die Fischfilets darin bei mittlerer Hitze von beiden Seiten in jeweils 4–5 Min. goldbraun braten. Auf der Tomatensauce anrichten.

Seehecht mit Paprikagemüse

Fett	●●	35 Min.
Cholesterin	75 mg	(+ 25 Min. Backzeit)
Ballaststoffe	●●●	

Pro Portion ca. 264 kcal
25 g Eiweiß · 9 g Fett · 10 g Kohlenhydrate

ZUTATEN FÜR 2 PERSONEN:
250 g Seehecht- oder Rotbarschfilet
1/4 TL Chilipulver
1 TL getrockneter Thymian
1 mittelgroße Zwiebel
1 Knoblauchzehe
2 grüne Paprikaschoten
1 rote Paprikaschote
1 EL Olivenöl
Salz
1 getrocknete rote Chilischote
150 ml trockener Weißwein

1 Die Fischfilets waschen, mit Küchenpapier trockentupfen und mit Chilipulver und 1/2 TL Thymian bestreuen. Zwiebel und Knoblauch schälen und fein hacken. Die Paprikaschoten halbieren, putzen und waschen. Eine grüne Paprikaschote grob zerkleinern und pürieren. Die übrigen Paprikaschoten in mundgerechte Stücke schneiden. Den Backofen auf 180° vorheizen.

2 Das Öl in einer Pfanne erhitzen. Die Fischfilets darin bei mittlerer Hitze von jeder Seite 3 Min. anbraten. Den Fisch salzen, in eine Auflaufform geben und im Backofen (Mitte, Umluft 160°) in 25 Min. garen.

3 Zwiebel, Knoblauch und Paprikastücke in dieselbe Pfanne geben und im verbliebenen Bratfett unter ständigem Rühren 5 Min. dünsten. Die Chilischote zerbröseln und hinzufügen. Den Wein und 50 ml Wasser angießen. Mit 1/2 TL Thymian und Salz würzen und 5 Min. kochen lassen, bis die Flüssigkeit fast verdampft ist. Das Paprikapüree unterheben und 1 weitere Min. kochen lassen.

4 Die Fischfilets aus dem Backofen nehmen und auf vorgewärmten Tellern mit dem Paprikagemüse anrichten. Dazu passt Kartoffelpüree.

Bild oben: Seehecht mit Tomatensauce
Bild unten: Seehecht mit Paprikagemüse

Gedämpfter Goldbarsch auf Sommergemüse

Fett	●●●	35 Min.
Cholesterin	48 mg	
Ballaststoffe	●●●	

Pro Portion ca. 267 kcal
28 g Eiweiß · 11 g Fett · 14 g Kohlenhydrate

ZUTATEN FÜR 2 PERSONEN:
1 Goldbarschfilet (etwa 250 g; ersatzweise Rotbarschfilet)
1 EL Zitronensaft
100 g grüne Bohnen
Salz
je 1 rote und gelbe Paprikaschote
2 Knoblauchzehen
1 kleine weiße Zwiebel
2 Strauchtomaten
1 EL Olivenöl
100 ml Gemüsebrühe
weißer Pfeffer
1 EL weißer Aceto balsamico
2 EL frisch gehacktes Basilikum

1 Das Goldbarsch- oder Rotbarschfilet halbieren, mit Zitronensaft beträufeln und zugedeckt 10 Min. ziehen lassen.

2 In der Zwischenzeit die Bohnen waschen, putzen, eventuell halbieren und in kochendem Salzwasser 5 Min. blanchieren. In ein Sieb abgießen und sofort in eiskaltes Wasser tauchen, damit sie ihre Farbe behalten.

3 Die Paprikaschoten halbieren, putzen, waschen und in Streifen schneiden. Knoblauch und Zwiebel schälen und grob würfeln. Die Tomaten überbrühen, häuten, von den Stielansätzen befreien, entkernen und in Streifen schneiden.

4 Das Öl in einer beschichteten Pfanne erhitzen. Zwiebel und Knoblauch darin bei schwacher Hitze glasig werden lassen. Paprikastreifen, Bohnen und Tomaten dazugeben und kurz andünsten. Mit Gemüsebrühe aufgießen.

5 Das Fischfilet mit Küchenpapier trockentupfen, salzen, pfeffern und auf das Gemüse legen. Zugedeckt bei schwacher Hitze 7 Min. dünsten, bis der Fisch gar ist. Den Fisch auf zwei vorgewärmten Tellern anrichten. Das Gemüse mit Essig, Salz und Pfeffer abschmecken, neben dem Fisch anrichten und mit Basilikum bestreuen.

Goldbrasse in Soja-Curry-Marinade

Fett	●●●	25 Min.
Cholesterin	130 mg	(+ 1–2 Std. Marinierzeit)
Ballaststoffe	●	

Pro Portion ca. 364 kcal
36 g Eiweiß · 12 g Fett · 26 g Kohlenhydrate

ZUTATEN FÜR 2 PERSONEN:
1 Schalotte
2 EL Sojasauce
2 EL Sherry
1 EL Zucker
1/2 TL Sambal Oelek
1/2 TL Madras Currypulver
2 Gold- oder Streifenbrassen (Doraden) oder Makrelen
4 Scheiben frische Ananas (ersatzweise aus der Dose)
1/2 TL Speisestärke

1 Die Schalotte schälen und sehr fein würfeln. Mit Sojasauce, Sherry, Zucker, Sambal Oelek und Currypulver zu einer Marinade verrühren.

2 Die Brassen auf beiden Seiten im Abstand von etwa 2 cm schräg einschneiden, in eine Schüssel legen, mit der Marinade begießen und zugedeckt im Kühlschrank 1–2 Std. ziehen lassen.

3 Den Backofen auf 180° vorheizen. Die Brassen etwas abtropfen lassen, in eine feuerfeste Form legen und im Backofen (Mitte, Umluft 160°) 12 Min. garen, bis sich die Rückenflosse leicht herausziehen lässt.

4 In der Zwischenzeit die Marinade und 1/8 l Wasser in einem kleinen Topf aufkochen lassen. Die Ananasscheiben darin erwärmen und auf zwei Tellern anrichten. Die Speisestärke in etwas kaltem Wasser verquirlen, unter die Sauce rühren und aufkochen lassen. Die Sauce über die Ananasscheiben gießen. Den Fisch vorsichtig aus der Form heben und neben die Ananasscheiben legen. Dazu passt Reis.

Bild oben: Gedämpfter Goldbarsch auf Sommergemüse
Bild unten: Goldbrasse in Soja-Curry-Marinade

Fleisch & Geflügel

Pfannengerührtes Rindfleisch mit Sojasprossen

Fett	+	25 Min.
Cholesterin	70 mg	
Ballaststoffe	●	

Pro Portion ca. 289 kcal
28 g Eiweiß · 15 g Fett · 10 g Kohlenhydrate

ZUTATEN FÜR 2 PERSONEN:
200 g Rinderlende
125 g dünne grüne Bohnen
2 mittelgroße Möhren
100 g Sojasprossen
1 haselnussgroßes Stück Ingwer
2 EL Rapsöl
2 EL chinesische Fischsauce (ersatzweise Sojasauce)

1 Das Fleisch, wenn nötig, von den Sehnen befreien und in feine Streifen schneiden. Die Bohnen in etwa 2 cm lange Stücke schneiden. Die Möhren putzen, schälen und in Stifte schneiden, etwa so groß wie die Bohnenstücke. Die Sojasprossen waschen, abtropfen lassen und grob hacken. Den Ingwer schälen und sehr klein würfeln.

2 1 EL Öl im Wok oder in einer großen beschichteten Pfanne erhitzen. Ingwer, Bohnen und Möhren dazugeben. Bei mittlerer Hitze unter ständigem Rühren in 5 Min. bissfest garen. Das Gemüse herausnehmen und beiseite stellen.

3 Das restliche Öl im Wok oder in einer großen Pfanne erhitzen. Das Fleisch darin bei starker Hitze von allen Seiten scharf anbraten. Die Sojasprossen und das Gemüse unterrühren und weitere 1–2 Min. braten. Mit Fischsauce oder Sojasauce ablöschen, ein Mal kurz aufkochen und sofort auf zwei vorgewärmten Tellern anrichten.

!! Variante: Das Gericht schmeckt auch mit Tofu gut. Dann statt 2 Möhren nur 1 nehmen und 100 g festen geräucherten Tofu in Streifen schneiden. Nach der Hälfte der Garzeit des Fleisches den Tofu mitbraten, dann die Sojasprossen und das Gemüse dazugeben.

!! Tipp: Der Tontopf ermöglicht fettarmes Garen. Wenn Sie keinen Tontopf haben, können Sie das Lammfilet mit Mangold auch in einem gut verschließbaren Bräter zubereiten. Doch bevor Sie den Bräter in den vorgeheizten Ofen geben, sollten Sie etwa 1/8 l Gemüsebrühe angießen, damit das Gemüse nicht austrocknet.

Lammfilet mit Mangold aus dem Tontopf

Fett	●●	1 Std.
Cholesterin	70 mg	
Ballaststoffe	●●	

Pro Portion ca. 202 kcal
26 g Eiweiß · 9 g Fett · 3 g Kohlenhydrate

ZUTATEN FÜR 2 PERSONEN:
600 g Mangold
Salz
1 kleine Zwiebel
2 Knoblauchzehen
1 EL Olivenöl
Pfeffer aus der Mühle
200 g Lammlachs oder Lammrückenfilet
1 EL Dijon-Senf

1 Einen Tontopf einschließlich Deckel mindestens 20 Min. in kaltem Wasser wässern. In der Zwischenzeit die Blätter vom Mangold abtrennen, putzen, waschen und abtropfen lassen. Von 8 großen Blättern die harten Rippen herausschneiden. Die Blätter in reichlich kochendes Salzwasser geben, sofort in ein Sieb abgießen und abtropfen lassen. Stiele und restliche Mangoldblätter in Streifen schneiden.

2 Die Zwiebel schälen und in feine Ringe schneiden. Den Knoblauch schälen und durch die Presse drücken. Das Öl in einer beschichteten Pfanne erhitzen. Zwiebel und Knoblauch bei mittlerer Hitze 2–3 Min. andünsten. Die Mangoldstreifen zugeben und 3 Min. mitdünsten. Das Gemüse leicht salzen und pfeffern und in den Tontopf geben.

3 Die Mangoldblätter zu einem Quadrat von 20 x 20 cm auslegen, dabei sollten sich die Blätter leicht überlappen. Das Lammfilet von den Sehnen befreien, salzen, pfeffern, mit Senf bestreichen und in die Mitte legen. Die Blätter darüber schlagen und auf das Mangoldgemüse in den Tontopf legen.

4 Den Tontopf in den kalten Backofen (unten) stellen. Das Fleisch bei 220° (Umluft 200°) in 35 Min. garen.

5 Das Fleisch herausnehmen und schräg in 4 Scheiben schneiden. Auf zwei vorgewärmten Tellern neben dem Gemüse anrichten. Dazu passen Salzkartoffeln oder Zwiebelbaguette.

Bild oben: Pfannengerührtes Rindfleisch mit Sojasprossen
Bild unten: Lammfilet mit Mangold aus dem Tontopf

Gebackene Lammfilets mit grünen Bohnen

Fett ●● **55 Min.**
Cholesterin 70 mg
Ballaststoffe ●

Pro Portion ca. 222 kcal
24 g Eiweiß · 9 g Fett · 8 g Kohlenhydrate

ZUTATEN FÜR 2 PERSONEN:
2 Lammfilets (oder Lammschulter ohne Fett und Knochen, à etwa 100 g)
2 Knoblauchzehen
je 1/4 TL Rosmarin und Oregano
schwarzer Pfeffer aus der Mühle
1 EL Olivenöl
2 EL Chilisauce
1 EL Sojasauce
1 TL Weinessig
2 mittelgroße Tomaten
50 ml Rotwein oder Wasser
250 g grüne Bohnen
Salz
1/4 TL getrocknetes Bohnenkraut

1 Das Fleisch waschen und mit Küchenpapier trockentupfen. Den Knoblauch schälen, eine Zehe für die Marinade fein hacken, die andere durch die Knoblauchpresse drücken. Das Fleisch mit dem durchgepressten Knoblauch, Rosmarin, Oregano und Pfeffer würzen. Den Backofen auf 200° vorheizen.

2 Für die Marinade Olivenöl, Chili- und Sojasauce, Essig und Knoblauch in einem Schälchen verrühren. Das Fleisch mit einem Pinsel rundherum mit der Marinade bestreichen und in eine feuerfeste Bratpfanne legen. Die Tomaten waschen, von den Stielansätzen befreien und achteln. Die Tomatenachtel zum Fleisch geben. Im Backofen bei 200° (Mitte, Umluft 180°) 45 Min. braten. Zwischendurch das Fleisch immer wieder mit der Marinade bestreichen und 1–2 EL Rotwein oder Wasser angießen.

3 In der Zwischenzeit die Bohnen waschen und putzen. Salzwasser zum Kochen bringen. Bohnen und Bohnenkraut dazugeben und bei mittlerer Hitze in 8 Min. bissfest garen. Die Bohnen in einem Sieb abtropfen lassen.

4 Das Fleisch auf vorgewärmten Tellern mit den Bohnen und der Sauce anrichten. Mit Salzkartoffeln oder Stangenweißbrot servieren.

Kastilischer Lammtopf mit Möhren

Fett + **1 Std. 30 Min.**
Cholesterin 70 mg **(+ Marinierzeit über Nacht)**
Ballaststoffe ●●

Pro Portion ca. 388 kcal
22 g Eiweiß · 18 g Fett · 24 g Kohlenhydrate

ZUTATEN FÜR 2 PERSONEN:
200 g Lammkeule (ohne Knochen)
1 mittelgroße Zwiebel
2–3 Knoblauchzehen
250 g Möhren
1/8 l trockener Weißwein
1 EL Weißweinessig
Salz
1 Lorbeerblatt
1 TL getrocknete Kräuter (z. B. Thymian, Rosmarin, Oregano, Salbei)
3 Wacholderbeeren
5 schwarze Pfefferkörner
250 g Kartoffeln
2 EL fettarmer Joghurt

1 Das Fleisch in etwa 2 cm große Würfel schneiden und in einen Topf geben. Zwiebel und Knoblauch schälen und fein hacken. Die Möhren schälen und in kleine Stücke schneiden.

2 Für die Marinade Zwiebel, Knoblauch und Möhren mit Wein, Essig, Salz, Lorbeerblatt, Kräutern, Wacholderbeeren und Pfefferkörnern verrühren. Das Fleisch mit der Marinade bedecken und zugedeckt einige Stunden (am besten über Nacht) unter gelegentlichem Wenden marinieren.

3 Am nächsten Tag das Fleisch mit der Marinade zum Kochen bringen. Zugedeckt bei schwacher Hitze 1 Std. schmoren lassen. Zwischendurch nach Bedarf etwas Wasser hinzufügen.

4 In der Zwischenzeit die Kartoffeln schälen, waschen und in Würfel schneiden. In kochendem Salzwasser 8 Min. vorgaren, dann in einem Sieb abtropfen lassen. Die Kartoffelwürfel etwa 20 Min. vor Ende der Garzeit zum Fleisch geben und mitgaren.

5 Den Lammtopf auf zwei vorgewärmten Tellern anrichten und mit je 1 EL Joghurt garniert servieren.

Bild oben: Gebackene Lammfilets mit grünen Bohnen
Bild unten: Kastilischer Lammtopf mit Möhren

Schweinefilet mit Sojasprossen und Zuckerschoten

Fett ●●● **40 Min.**
Cholesterin 70 mg
Ballaststoffe ●

Pro Portion ca. 262 kcal
34 g Eiweiß · 12 g Fett · 11 g Kohlenhydrate

ZUTATEN FÜR 2 PERSONEN:
50 g Zuckerschoten
200 g Sojasprossen (frisch oder aus dem Glas)
Salz
1/2 Bund Frühlingszwiebeln
100 g rote Paprikaschote
1 kleines Stück Ingwer
200 g Schweinefilet
3 EL Sojasauce
50 ml Gemüsebrühe
1 TL dunkles Sesamöl
1 TL Chilisauce
1/4 TL Sambal Oelek
1 EL Erdnuss- oder Rapsöl

1 Die Zuckerschoten waschen und putzen. Die Sojasprossen in einem Sieb abspülen. Sprossen aus dem Glas abtropfen lassen. Salzwasser zum Kochen bringen. Zuckerschoten und Sojasprossen darin 3 Min. blanchieren, in ein Sieb abgießen, mit kaltem Wasser abschrecken und abtropfen lassen. Die Frühlingszwiebeln putzen, waschen und in feine Ringe schneiden. Die Paprikaschote halbieren, putzen, waschen und in grobe Würfel schneiden. Den Ingwer schälen und sehr fein hacken. Das Fleisch in Streifen schneiden.

2 Für die Sauce Sojasauce, Gemüsebrühe, Sesamöl, Chilisauce und Sambal Oelek in einer kleinen Schüssel verrühren und beiseite stellen.

3 Das Öl im Wok oder in einer beschichteten Pfanne erhitzen und den Ingwer darin kurz anbraten. Das Fleisch dazugeben und bei starker Hitze unter Wenden in 2–3 Min. stark anbraten. Das Fleisch an den Seiten des Woks hochschieben. Nach und nach Paprikawürfel, Zuckerschoten und Sojasprossen in die Mitte des Woks geben und unter Rühren jeweils 1 Min. anbraten und ebenfalls an den Seiten des Woks hochschieben. Das Fleisch mit dem Gemüse vermischen, die Sauce angießen und zugedeckt noch 3 Min. garen.

!! Tipp: Wenn Sie zuletzt noch gekochte, abgetropfte asiatische Weizennudeln unterheben, erhalten Sie eine komplette Mahlzeit. Pro Portion 50 g rohe Weizennudeln (meist zu Blöcken gepresst im Handel) ergeben 150 g gekochte Nudeln und enthalten 175 kcal.

Schweinefleisch mit Glasnudeln und Erdnüssen

Fett ●●● **45 Min.**
Cholesterin 70 mg
Ballaststoffe ●

Pro Portion ca. 343 kcal
31 g Eiweiß · 12 g Fett · 27 g Kohlenhydrate

ZUTATEN FÜR 2 PERSONEN:
3 EL Sojasauce
1 EL Reiswein oder halbtrockener Sherry
200 g mageres Schweinefleisch (z. B. Schnitzel)
100 g Möhren
100 g Lauchstange
100 g Staudensellerie
2 Knoblauchzehen
50 ml Gemüsebrühe
1 EL Fischsauce (Asienladen)
1 TL Weinessig
1/2 TL Speisestärke
1 Prise Zucker
50 g Glasnudeln
1 getrocknete rote Chilischote
1 EL Erdnuss- oder Rapsöl
2 EL geröstete Erdnusskerne

1 Für die Marinade 2 EL Sojasauce und Reiswein oder Sherry verrühren. Das Fleisch in Würfel schneiden und die Fleischwürfel darin ziehen lassen.

2 Das Gemüse waschen und putzen. Die Möhren schälen. Möhren, Sellerie und Lauch in feine Streifen schneiden. Den Knoblauch schälen und fein hacken. Für die Sauce Gemüsebrühe, je 1 EL Soja- und Fischsauce, Essig, Speisestärke und Zucker verrühren.

3 Wasser zum Kochen bringen. Die Glasnudeln darin in 3 Min. garen und in einem Sieb abtropfen lassen. Oder die Glasnudeln nach Packungsangabe zubereiten. Die Chilischote entkernen und zerbröseln.

4 Das Öl im Wok oder in einer beschichteten Pfanne erhitzen. Die Chilischote einrühren, das Fleisch aus der Marinade nehmen, dazugeben und bei starker Hitze unter Wenden in 2–3 Min. rundum scharf anbraten. Das Fleisch an den Seiten des Woks hochschieben. Möhren und Sellerie dazugeben und 3 Min. unter Rühren braten. Den Knoblauch ebenfalls kurz mitbraten. Lauch, restliche Marinade und Sauce unterrühren und alles zugedeckt in 4–5 Min. fertig garen. Die Glasnudeln mit einer Schere zerkleinern, unterheben und erwärmen. Mit Erdnüssen bestreut servieren. Dazu passt gekochter Reis.

Bild oben: Schweinefilet mit Sojasprossen und Zuckerschoten
Bild unten: Schweinefilet mit Glasnudeln und Erdnüssen

Schweinelendchen mit Rosenkohlpüree

Fett ●●● **30 Min.**
Cholesterin 70 mg
Ballaststoffe ●●●

Pro Portion ca. 277 kcal
32 g Eiweiß · 10 g Fett · 13 g Kohlenhydrate

ZUTATEN FÜR 2 PERSONEN:
200 g Schweinelende (2 Scheiben à etwa 100 g)
1 TL dunkles Sesamöl
weißer Pfeffer
1 TL Rapsöl
Salz
Für das Rosenkohlpüree:
500 g Rosenkohl (frisch oder 300 g tiefgekühlt)
1/2 TL Salz
2 dicke Scheiben Sesamknäckebrot (etwa 30 g)
1 Knoblauchzehe
1 TL dunkles Sesamöl
1 EL Zitronensaft
frisch geriebene Muskatnuss
weißer Pfeffer
2–3 Tropfen Tabasco

1 Die Schweinelende waschen, mit Küchenpapier trockentupfen, mit dem Sesamöl und etwas Pfeffer einreiben und zugedeckt beiseite stellen.

2 Den Rosenkohl putzen und waschen. 1/2 l Wasser mit Salz zum Kochen bringen. Den Rosenkohl dazugeben und zugedeckt bei schwacher Hitze in 15 Min. garen.

3 In der Zwischenzeit das Knäckebrot mit einem Nudelholz fein zerbröseln. Den Knoblauch schälen. Den Rosenkohl in ein Sieb abgießen, dabei das Kochwasser auffangen. Den Rosenkohl mit dem Pürierstab oder im Mixer pürieren. Den Knoblauch durch die Presse drücken und dazugeben. Knäckebrotbrösel, Sesamöl und nach und nach so viel Rosenkohl-Kochwasser zugeben, bis ein dicker Brei entsteht. Das Rosenkohlpüree mit Zitronensaft, 1 Prise Muskat, Pfeffer und Tabasco pikant abschmecken.

4 Das Öl in einer beschichteten Pfanne erhitzen und das Fleisch darin 3 Min. von jeder Seite anbraten. Das Fleisch salzen und mit dem Rosenkohlpüree anrichten und sofort servieren.

Schweinefilet-Medaillons mit Kräutern

Fett ++ **30 Min.**
Cholesterin 93 mg
Ballaststoffe –

Pro Portion ca. 335 kcal
32 g Eiweiß · 20 g Fett · 6 g Kohlenhydrate

ZUTATEN FÜR 2 PERSONEN:
1/4 Bund glatte Petersilie
6 Zweige Basilikum
1/2 Bund Schnittlauch
3 EL Olivenöl
2 EL Semmelbrösel
2 EL fein geriebener Parmesan
Pfeffer aus der Mühle
2 EL Sojasauce
2 Schweinefilet-Medaillons (à etwa 125 g)

1 Die Kräuter waschen, trockenschütteln und die Blätter von den Stielen zupfen. Zum Garnieren einige Petersilien- und Basilikumblättchen beiseite legen, die restlichen fein hacken. Den Schnittlauch in Röllchen schneiden. Die Kräuter in eine Schüssel geben und mit 2 EL Olivenöl, Semmelbröseln, Parmesan, Pfeffer und Sojasauce vermengen.

2 Die Schweinefilet-Medaillons kalt abwaschen und mit Küchenpapier trockentupfen. Rundherum mit Pfeffer einreiben.

3 Das restliche Olivenöl in einer Pfanne erhitzen. Die Schweinemedaillons darin von beiden Seiten bei starker Hitze kurz scharf anbraten. Die Hitze reduzieren, jeweils knapp 1 EL Kräutermischung auf die Medaillons geben. Einen Deckel auf die Pfanne legen und die Medaillons bei schwacher Hitze in 5 Min. garen. Mit den übrigen Petersilien- und Basilikumblättchen anrichten.

!! Beilage: Dazu passen ein gemischter Blattsalat und Vollkorntoast ebenso gut wie neue Kartoffeln und zartes gedünstetes Gemüse.

Bild oben: Schweinelendchen mit Rosenkohlpüree
Bild unten: Schweinefilet-Medaillons mit Kräutern

Hähnchenkeulen aus der Bratfolie

Fett ++ 20 Min.
Cholesterin 128 mg (+ 35 Min. Backzeit)
Ballaststoffe ●●

Pro Portion ca. 350 kcal
31 g Eiweiß · 22 g Fett · 5 g Kohlenhydrate

ZUTATEN FÜR 2 PERSONEN:
2 Hähnchenkeulen (à etwa 200 g mit Knochen)
Salz
1/2 TL edelsüßes Paprikapulver
1 EL Rapsöl
1 EL halbtrockener Sherry (Medium)
1 kleine Zwiebel
100 g Lauchstange
100 g rote Paprikaschote
150 g Brokkoli
2 EL frisch gehackte Petersilie
Außerdem:
Bratfolie

1 Von den Hähnchenkeulen die Haut und das Unterhautfett entfernen. Die Keulen waschen, trockentupfen, mit Salz und Paprikapulver einreiben. Das Öl in einer Pfanne erhitzen und die Keulen darin von beiden Seiten bei starker Hitze scharf anbraten. Die Keulen herausnehmen und den Bratfond mit Sherry und 1 EL Wasser ablöschen. Den Backofen auf 200° vorheizen. Den Bratrost herausnehmen.

2 Die Zwiebel schälen und vierteln. Den Lauch putzen, längs aufschlitzen, gründlich waschen und in etwa 4 cm dicke Stücke schneiden. Die Paprikaschote vierteln, putzen, waschen und in etwa 3 cm große Stücke schneiden. Den Brokkoli in nicht zu kleine Röschen teilen. Den Stiel schälen und in Stifte schneiden.

3 Die Hähnchenkeulen mit Bratfond und Gemüse in den Bratbeutel füllen. Den Bratbeutel fest mit dem beiliegenden Klipp im Abstand von etwa 5 cm vom Inhalt verschließen. Auf der Oberseite in der Mitte ein Mal mit einer Gabel einstechen. Den Bratbeutel auf den kalten Bratrost legen und in den Backofen (2. Schiene von unten) schieben. Bei 200° (Umluft 180°) in 35 Min. garen.

4 Den Beutel mit dem Rost herausnehmen und öffnen. Den heißen Inhalt auf zwei Tellern anrichten und mit Petersilie bestreut servieren. Dazu passen gekochter Reis oder Salzkartoffeln.

Hähnchenkeulen »südamerikanisch«

Fett + 1 Std. 40 Min.
Cholesterin 128 mg
Ballaststoffe ●

Pro Portion ca. 388 kcal
31 g Eiweiß · 23 g Fett · 13 g Kohlenhydrate

ZUTATEN FÜR 2 PERSONEN:
2 Hähnchenkeulen (à etwa 200 g mit Knochen)
1 Knoblauchzehe
1/4 TL Salz, schwarzer Pfeffer
2 EL frisch gehackte Petersilie
1 TL Honig
Für die Sauce:
1 Zwiebel
1 Knoblauchzehe
1 grüne Paprikaschote
4 grüne Oliven
1/8 l Tomatensaft, 3 EL Ketchup
20 g Mandelstifte
1/2 TL gestoßene Nelken
1 TL gemahlener Koriander, Salz
je 1 Prise Pfeffer und Cayennepfeffer
1 EL halbtrockener Sherry (Medium)

1 Die Hähnchenkeulen von der Haut und dem Unterhautfett befreien, waschen und trockentupfen. Den Knoblauch schälen, durch die Presse drücken und mit Salz, Pfeffer und Petersilie verrühren. Die Hähnchenkeulen damit einreiben.

2 Zwiebel und Knoblauch schälen und sehr fein hacken. Die Paprikaschote halbieren, putzen, waschen und klein würfeln. Die Oliven in Scheiben schneiden. Den Backofen auf 200° vorheizen.

3 Tomatensaft und Ketchup erhitzen. Zwiebel, Knoblauch, Mandelstifte, Paprikawürfel und Oliven dazugeben. Alles aufkochen lassen und mit Nelken, Koriander, Salz, Pfeffer und Cayennepfeffer kräftig würzen.

4 Die Hähnchenkeulen in eine feuerfeste Form oder Bratpfanne legen, mit der Sauce übergießen und im Backofen (Mitte, Umluft 180°) in 45 Min. garen. Die Hähnchenkeulen öfters mit der Sauce begießen, die Sauce nach Bedarf mit etwas Tomatensaft verdünnen. Etwa 5 Min. vor Ende der Garzeit die Hähnchenkeulen mit dem Honig bestreichen. Die Sauce mit Sherry abschmecken und mit den Keulen anrichten. Dazu passen gekochter Reis oder Stangenweißbrot und Blattsalat.

Bild oben: Hähnchenkeulen aus der Bratfolie
Bild unten: Hähnchenkeulen »südamerikanisch«

Hähnchenbrust mit Erdnüssen aus dem Wok

Fett +++ 30 Min.
Cholesterin 90 mg
Ballaststoffe ●

Pro Portion ca. 504 kcal
59 g Eiweiß · 22 g Fett · 30 g Kohlenhydrate

ZUTATEN FÜR 2 PERSONEN:
100 g Jasminreis oder Basmatireis
2 Hähnchenbrustfilets (etwa 300 g)
1 EL gelbe Currypaste (Asienladen)
2 Zitronenblätter oder 1 Stängel Zitronengras (Asienladen)
125 g Zuckerschoten
100 g Mungobohnensprossen
50 g Erdnüsse
Salz
1 EL Erdnussöl
1 TL Zucker
2 EL chinesische Fischsauce (ersatzweise Sojasauce)

1 Den Reis waschen und in kaltem Wasser quellen lassen. In der Zwischenzeit die Hähnchenbrustfilets von Fett und Sehnen befreien und in schmale Streifen schneiden. Mit der Currypaste vermischen und zugedeckt 10 Min. ziehen lassen.

2 Zitronenblätter oder Zitronengras heiß waschen, trockenschütteln und in hauchfeine Streifen schneiden. Die Zuckerschoten und Mungobohnensprossen waschen. Die Zuckerschoten putzen. Beides grob hacken. Die Erdnüsse fein hacken.

3 Den Reis in 200 ml Salzwasser zum Kochen bringen und zugedeckt bei schwacher Hitze 10 Min. quellen lassen.

4 Das Öl im Wok sehr heiß werden lassen und das Fleisch darin bei starker Hitze unter ständigem Rühren scharf anbraten, herausnehmen und beiseite stellen. Zitronenblätter, Zuckererbsen und Sprossen in den Wok geben und darin bei mittlerer Hitze unter Rühren anbraten. Zucker und Fisch- oder Sojasauce unterrühren.

5 Das Fleisch wieder dazugeben, Erdnüsse untermischen, beides erwärmen und bei schwacher Hitze kurz ziehen lassen. Das Fleisch auf dem Reis anrichten.

Putenbrust mit Lauch und Cashewkernen

Fett ●●● 25 Min.
Cholesterin 60 mg
Ballaststoffe ●

Pro Portion ca. 254 kcal
29 g Eiweiß · 10 g Fett · 8 g Kohlenhydrate

ZUTATEN FÜR 2 PERSONEN:
3 EL Sojasauce
2–3 EL Reiswein (Asienladen)
200 g Putenbrust
200 g Lauchstange
10 Cashewkerne
1 EL Raps- oder Sonnenblumenöl
Salz nach Belieben

1 Sojasauce mit Reiswein in einer Schüssel verrühren. Die Putenbrust waschen, trockentupfen und in Streifen schneiden. Das Fleisch darin 15 Min. marinieren.

2 Den Lauch putzen, längs aufschlitzen, gründlich waschen, abtropfen lassen und in Streifen schneiden. Die Cashewkerne grob hacken. Das Öl in einer Pfanne oder im Wok erhitzen. Die Cashewkerne darin bei schwacher Hitze ohne Fett goldbraun rösten, herausnehmen und beiseite stellen.

3 Das Putenfleisch aus der Marinade nehmen, abtropfen lassen und in derselben Pfanne oder dem Wok bei starker Hitze unter Wenden rundum in 5 Min. kräftig anbraten. Den Lauch und die restliche Marinade dazugeben und zugedeckt bei schwacher Hitze 5 Min. schmoren lassen. Nach Belieben mit Sojasauce oder Salz abschmecken Die Cashewkerne dazugeben. Dazu passen gekochter Reis und Blattsalat.

Bild oben: Hähnchenbrust mit Erdnüssen aus dem Wok
Bild unten: Putenbrust mit Lauch und Cashewkernen

Hähnchenschnitzel mit Mangochutney

Fett	●●●	30 Min.
Cholesterin	90 mg	
Ballaststoffe	●	

Pro Portion ca. 406 kcal
35 g Eiweiß · 12 g Fett · 33 g Kohlenhydrate

ZUTATEN FÜR 2 PERSONEN:
1 reife Mango
1 Schalotte
2 EL Rapsöl
200 ml klarer Apfelsaft
2 EL Apfelessig
1 TL Honig
1 Döschen Safran
2 Hähnchenschnitzel (à etwa 150 g)
Salz
Pfeffer
1 EL Mehl zum Wenden

1 Die Mango schälen und das Fruchtfleisch in Spalten vom harten Kern abschneiden. Die Mangospalten in kleine Stücke schneiden. Die Schalotte schälen und sehr fein würfeln.

2 Für das Chutney 1 EL Öl in einer beschichteten Pfanne erhitzen. Die Schalottenwürfel darin bei schwacher Hitze glasig werden lassen. Die Mangostücke dazugeben und unter Rühren 1 Min. andünsten. Mit Apfelsaft und Apfelessig ablöschen, Honig und Safran dazugeben und bei mittlerer Hitze offen 10 Min. kochen lassen, bis die Flüssigkeit nahezu verkocht ist.

3 In der Zwischenzeit die Hähnchenschnitzel von Fett und Sehnen befreien, mit Salz und Pfeffer würzen und in Mehl wenden.

4 Das restliche Öl in einer beschichteten Pfanne erhitzen und die Schnitzel darin bei mittlerer Hitze von beiden Seiten in jeweils 3 Min. goldbraun anbraten. Das Mangochutney dazugeben und alles bei schwacher Hitze 1–2 Min. ziehen lassen.

!! Beilage: Servieren Sie dazu nach Belieben Reis, zum Beispiel aromatischen Jasminreis, einen thailändischen Duftreis, oder knuspriges Baguette.

!! Tipp: Statt Mango können Sie für das Chutney auch Aprikosen verwenden. Etwa 300 g frische reife Aprikosen waschen, halbieren, entkernen und in schmale Spalten schneiden. Dann zubereiten, wie ab Schritt 2 beschrieben. Schärfer wird das Gericht, wenn Sie mit dem Honig 1 EL grünen Pfeffer unterrühren.

Hähnchenschnitzel auf Chicorée und Maronen

Fett	+	30 Min.
Cholesterin	90 mg	
Ballaststoffe	●●●	

Pro Portion ca. 711 kcal
43 g Eiweiß · 16 g Fett · 95 g Kohlenhydrate

ZUTATEN FÜR 2 PERSONEN:
2 Hähnchenschnitzel (à etwa 150 g)
Salz
weißer Pfeffer aus der Mühle
300 g Chicorée
1 säuerlicher Apfel
1 EL Zitronensaft
2 EL Oliven- oder Rapsöl
1 Dose Maronen (425 g Abtropfgewicht)
2 EL frisch gehackte Petersilie oder Koriandergrün

1 Die Hähnchenschnitzel von Fett und Sehnen befreien und vorsichtig flach klopfen. Mit Salz und Pfeffer würzen.

2 Den Chicorée putzen, halbieren, die Strünke keilförmig herausschneiden und die Hälften in Streifen schneiden. Den Apfel schälen, auf der Reibe in sehr dünne Streifen (Juliennes) reiben und sofort mit Zitronensaft beträufeln.

3 Das Öl in einer großen beschichteten Pfanne erhitzen. Die Schnitzel darin bei mittlerer Hitze von beiden Seiten in jeweils 6 Min. goldbraun braten. Herausnehmen und in Alufolie gewickelt warm halten.

4 Chicorée und Apfelstreifen in das Bratfett von den Schnitzeln geben und unter ständigem Rühren in 2 Min. bissfest garen. Die Maronen samt Saft dazugeben und heiß werden lassen.

5 Das Gemüse auf zwei vorgewärmten Tellern anrichten, die Schnitzel darauf legen und mit Petersilie oder Koriander bestreut servieren.

Bild oben: Hähnchenschnitzel mit Mangochutney
Bild unten: Hähnchenschnitzel auf Chicorée und Maronen

Würziger Putenhackbraten

Fett	●	30 Min.
Cholesterin	60 mg	(+ 1 Std. Backzeit)
Ballaststoffe	–	

Pro Portion ca. 198 kcal
26 g Eiweiß · 5 g Fett · 13 g Kohlenhydrate

ZUTATEN FÜR 3–4 PORTIONEN:
2 Scheiben Vollkorntoast
1 mittelgroße Zwiebel
2 Knoblauchzehen
1 EL Pflanzenöl zum Braten
400 g Putenbrust
1 mittelgroße Möhre
1 TL Salz, Pfeffer
1 TL getrockneter Majoran
3 EL Semmelbrösel
1/8 l Gemüsebrühe
1 TL Dijon-Senf
1 EL Soja Cuisine (Bioladen oder Reformhaus)

1 Den Toast in Wasser einweichen. Die Zwiebel schälen und sehr fein hacken. Den Knoblauch schälen und durch die Presse drücken. Das Öl in einer beschichteten Pfanne erhitzen. Zwiebel und Knoblauch darin bei schwacher Hitze goldbraun anbraten.

2 Das Fleisch von Fett und Sehnen befreien, würfeln und durch die feine Scheibe des Fleischwolfs drehen. Das Toastbrot gut ausdrücken und ebenfalls durch den Fleischwolf drehen. Oder alles gut mit dem Pürierstab zerkleinern.

3 Die Möhre putzen, schälen und grob raspeln. Fleisch, Zwiebel, Knoblauch, Möhre, Salz, Pfeffer und Majoran gut vermischen. Aus der Masse eine längliche Rolle formen. Die Semmelbrösel auf einem flachen Teller geben und die Fleischrolle darin wälzen.

4 Den Hackbraten ohne Flüssigkeit in einen Bratschlauch geben. Den Bratschlauch an den Enden gut verschließen und mit einer Nadel mehrmals in die Oberfläche der Folie stechen. Den Braten im kalten Backofen (unten, Umluft 150°) bei 175° in 1 Std. garen.

5 Den Hackbraten herausnehmen. Die Gemüsebrühe in einen kleinen Topf geben. Senf und Soja Cuisine einrühren und die Sauce ein Mal aufkochen lassen. Den Braten schräg in Scheiben schneiden, auf Tellern anrichten und mit der Sauce umgeben.

!! Tipps: Dazu können Sie Salzkartoffeln reichen. Der Braten schmeckt auch kalt auf einer Scheibe Brot oder zu einem Blattsalat sehr gut.

Putengeschnetzeltes

Fett	+	30 Min.
Cholesterin	94 mg	
Ballaststoffe	●●●	

Pro Portion ca. 604 kcal
51 g Eiweiß · 16 g Fett · 67 g Kohlenhydrate

ZUTATEN FÜR 2 PERSONEN:
200 ml fettarme Milch
Salz
1 EL Haferkleie (Reformhaus)
2 EL tiefgekühlte 8-Kräuter-Mischung
200 g Vollkornweizenmehl
300 g Putenbrust
1 Bund Frühlingszwiebeln
2 EL Pflanzenöl zum Braten
Pfeffer
Tabasco nach Belieben

1 Für die Spätzle Milch mit Salz, Haferkleie und Kräutern verrühren. Nach und nach das Mehl einrühren, bis ein sehr dickflüssiger Teig entsteht. Den Teig 10 Min. ruhen lassen. Der Teig soll dann fest sein, damit kleine Spätzle entstehen.

2 Reichlich Salzwasser zum Kochen bringen. Den Teig in eine Spätzlereibe geben und portionsweise ins kochende Wasser hobeln. Ein Mal aufkochen lassen. Wenn die Spätzle an der Wasseroberfläche schwimmen, mit einem Schaumlöffel herausnehmen, heiß überbrausen und in eine Schüssel geben.

3 Die Putenbrust in Streifen schneiden. Die Frühlingszwiebeln putzen, waschen und grob in Ringe schneiden. Das Öl in einer hohen beschichteten Pfanne erhitzen. Fleisch und Zwiebeln darin bei starker Hitze scharf anbraten, die Spätzle dazugeben und mitbraten, bis sie trocken sind. Mit Salz und Pfeffer und 1 Spritzer Tabasco abschmecken.

!! Beilage: Dazu schmeckt Tomatensalat mit Buttermilchdressing. Für das Dressing 1/8 l Buttermilch mit Salz, Pfeffer, gemahlenem Koriander, 1 Spritzer Tabasco und 2 EL tiefgekühlten italienischen Kräutern verrühren. Das Dressing reicht für 300–400 g Tomaten.

Bild oben: Würziger Putenhackbraten
Bild unten: Putengeschnetzeltes

Putenbrust auf Ananaslinsen

Fett ●●● 25 Min.
Cholesterin 91 mg
Ballaststoffe ●●●

Pro Portion ca. 478 kcal
50 g Eiweiß · 13 g Fett · 39 g Kohlenhydrate

ZUTATEN FÜR 2 PERSONEN:
2 Schalotten
2 EL Olivenöl
200 ml Gemüsefond (aus dem Glas)
100 g rote Linsen
2 Putenschnitzel (à etwa 150 g)
Salz
Pfeffer
Currypulver
1/4 Ananas
1 rote Paprikaschote

1 Die Schalotten schälen und klein würfeln. 1 EL Olivenöl in einem beschichteten Topf erhitzen. Die Schalottenwürfel darin bei schwacher Hitze glasig werden lassen. Mit dem Gemüsefond ablöschen, die Linsen dazugeben und etwa 15–20 Min. köcheln lassen, bis die Linsen weich sind und die Flüssigkeit aufgesogen ist.

2 In der Zwischenzeit die Putenschnitzel vorsichtig flach klopfen, eventuell halbieren und mit Salz, Pfeffer und wenig Currypulver würzen. Die Ananas schälen, dabei von den braunen »Augen« und dem mittleren harten Strunk befreien. Das Fruchtfleisch in feine Scheiben schneiden. Die Paprikaschote halbieren, putzen, waschen und in dünne Streifen schneiden. Die Ananasscheiben zu den Linsen geben und warm werden lassen.

3 Das restliche Öl in einer beschichteten Pfanne erhitzen. Die Putenschnitzel darin bei mittlerer Hitze von beiden Seiten jeweils 4 Min. goldbraun braten. Herausnehmen und warm stellen. Die Paprikastreifen in dieselbe Pfanne geben, kurz andünsten und mit etwas Wasser ablöschen. Auf zwei Tellern anrichten, die Schnitzel darauf legen und mit den Paprikastreifen garniert servieren.

!! Tipp: Wer gerne scharf isst, kann pro Portion 1–2 Msp. oder nach Belieben 1 TL Sambal Oelek unter die Linsen mischen. Doch Vorsicht bei der Dosierung, Sambal Oelek ist höllisch scharf.

Putenschnitzel »Stroganoff«

Fett ●● 20 Min.
Cholesterin 63 mg
Ballaststoffe –

Pro Portion ca. 182 kcal
25 g Eiweiß · 8 g Fett · 1 g Kohlenhydrate

ZUTATEN FÜR 2–3 PERSONEN:
300 g Putenschnitzel
100 g Champignons
100 g Gewürzgurken
2 EL Pflanzenöl zum Braten
2 EL saure Sahne
Salz
Pfeffer
1 EL Zitronensaft
2 EL frisch gehackte Petersilie

1 Die Putenschnitzel von Fett und Sehnen befreien und in schmale Streifen schneiden. Die Champignons waschen, putzen und in feine Scheiben schneiden. Die Gewürzgurken längs in feine Scheiben schneiden.

2 In einer beschichteten Pfanne 1 EL Öl erhitzen. Das Fleisch darin bei starker Hitze von allen Seiten 3–5 Min. scharf anbraten. Herausnehmen und in Alufolie gewickelt warm stellen.

3 Das restliche Öl sehr stark erhitzen. Die Champignons darin bei mittlerer Hitze unter Rühren anbraten, dabei sollten sie nicht zusammenfallen und Wasser ziehen. Die Gurkenscheiben dazugeben und warm werden lassen.

4 Vom Herd nehmen, die saure Sahne einrühren und mit Salz, Pfeffer und Zitronensaft abschmecken. Das Fleisch samt Fleischsaft wieder dazugeben und 1–2 Min. ziehen lassen. Auf Tellern anrichten und mit Petersilie bestreut servieren.

!! Beilage: Dazu passen sehr gut Bandnudeln, Reis oder Salzkartoffeln.

Bild oben: Putenbrust auf Ananaslinsen
Bild unten: Putenschnitzel »Stroganoff«

Kaninchen mit Fenchel und Pilzen

Fett	++	20 Min.
Cholesterin	106 mg	(+ 40 Min. Backzeit)
Ballaststoffe	●●●	

Pro Portion ca. 369 kcal
36 g Eiweiß · 22 g Fett · 5 g Kohlenhydrate

ZUTATEN FÜR 2 PERSONEN:
1 Fenchelknolle (etwa 300 g)
2 Kaninchenkeulen
Salz, Pfeffer
1/8 l Gemüsebrühe
1 EL Olivenöl
100 g Champignons oder Egerlinge
1 EL Pflanzenöl zum Braten
2 EL Soja Cuisine (Bioladen oder Reformhaus)
2 EL frisch gehackte Petersilie

1 Den Backofen auf 200° vorheizen. Die Fenchelknolle waschen, putzen, den Strunk keilförmig herausschneiden. Den Fenchel in Scheiben schneiden und in eine ovale feuerfeste Form geben.

2 Das Kaninchenfleisch von Fett befreien, salzen, pfeffern und auf die Fenchelscheiben legen. Die Gemüsebrühe dazugeben. Mit Olivenöl beträufeln und mit Alufolie abdecken (glänzende Seite nach innen). Das Fleisch im Backofen (Mitte, Umluft 180°) 30 Min. braten lassen. Die Folie entfernen und weitere 10 Min. offen braten, damit das Fleisch braun wird.

3 Die Pilze putzen und eventuell abreiben. Das Öl in einer beschichteten Pfanne sehr stark erhitzen. Die Pilze darin bei mittlerer Hitze anbraten und weich dünsten, mit Soja Cuisine verrühren. Kaninchen und Fenchel mit Petersilie bestreuen und mit den Pilzen servieren.

Kaninchen mit Lauch und Äpfeln

Fett	●●●	1 Std. 30 Min.
Cholesterin	106 mg	
Ballaststoffe	●	

Pro Portion ca. 269 kcal
32 g Eiweiß · 12 g Fett · 7 g Kohlenhydrate

ZUTATEN FÜR 2 PERSONEN:
600 g Kaninchenteile (Rücken, Schulter oder Keulen)
Salz
Pfeffer aus der Mühle
gemahlener Koriander
2 Lauchstangen
1 Knoblauchzehe
6–8 Zweige Thymian
1 säuerlicher, rotschaliger Apfel
1/8 l Gemüsebrühe

1 Einen Tontopf einschließlich Deckel mindestens 20 Min. wässern. Die Kaninchenteile kalt abwaschen und mit Küchenpapier trockentupfen, in kleinere Stücke teilen oder zerhacken, Keulen im Ganzen belassen. Die Teile rundherum mit Salz, Pfeffer und Koriander würzen.

2 Den Lauch putzen, längs aufschlitzen und gründlich waschen, trockenschütteln und in nicht zu dünne Ringe schneiden. Den Knoblauch schälen und in feine Würfel schneiden. Den Thymian waschen, trockenschütteln und die Blättchen von den Stielen streifen. Den Apfel waschen, gut abreiben, vierteln und vom Kerngehäuse befreien. Die Viertel quer in Scheiben schneiden.

3 Lauch, Knoblauch, Thymian und die Apfelscheiben im Tontopf mischen, die Brühe angießen. Die Kaninchenteile darauf legen, den Deckel schließen.

4 Den Tontopf auf einem Rost in den kalten Backofen (unten) stellen. Den Ofen auf 200° (Umluft 180°) aufheizen und das Kaninchen in 1 Std. 15 Min. garen. Das Kaninchen direkt im Tontopf servieren. Dazu passen Salzkartoffeln.

!! Tipp: Der Tontopf verträgt keine Temperaturschwankungen. Er darf deshalb nur in den kalten Ofen gestellt werden, sonst kann er platzen.

Bild rechts: Kaninchen mit Lauch und Äpfeln

Nudeln, Reis & Co.

Nudelsalat mit Tofu und Fenchel

Fett + **Cholesterin** – **Ballaststoffe** ●●● **25 Min.**

Pro Portion ca. 528 kcal
23 g Eiweiß · 18 g Fett · 70 g Kohlenhydrate

ZUTATEN FÜR 2 PERSONEN:
Salz
1 TL Currypulver
150 g Vollkornnudeln (z. B. Hörnchen, Spiralen oder Bandnudeln)
100 g fester geräucherter Tofu
1 kleine Fenchelknolle (etwa 250 g)
1/2 kleine Ananas (etwa 250 g geputzt)
10 g Walnusskerne
4 EL weißer Aceto balsamico
Kräutersalz
Pfeffer
2 EL Walnussöl

1 Reichlich Wasser mit Salz und Currypulver zum Kochen bringen. Die Nudeln dazugeben und bei schwacher Hitze nach den Packungsangaben bissfest garen.

2 In der Zwischenzeit den Tofu in feine Stifte schneiden. Den Fenchel putzen, wenn nötig, von den äußeren Blättern befreien, halbieren und den Strunk keilförmig herausschneiden. Den Fenchel in Streifen schneiden. Das Fenchelgrün hacken und beiseite stellen. Die Ananas schälen, dabei von den braunen »Augen« befreien, vierteln und den harten Strunk entfernen. Die Ananas quer in dünne Scheiben schneiden. Die Walnusskerne grob hacken. Tofu, Fenchel, Ananas und Walnüsse in einer Schüssel vermischen.

3 Für das Dressing Essig, Kräutersalz, Pfeffer und Walnussöl mit dem Schneebesen kräftig verrühren. Das Dressing über den Salat gießen und vermengen.

4 Die Nudeln in ein Sieb abgießen, kalt abschrecken, abtropfen lassen und unter den Salat heben. Den Salat mindestens 30 Min. ziehen lassen und mit Fenchelgrün bestreut servieren.

!! Tipp: Dazu passt Zwiebelbrot oder frisch aufgebackenes Ciabatta.

Grünkernsuppe mit Champignons

Fett ●● **Cholesterin** 2 mg **Ballaststoffe** ●●● **25 Min.**

Pro Portion ca. 209 kcal
5 g Eiweiß · 8 g Fett · 27 g Kohlenhydrate

ZUTATEN FÜR 2 PERSONEN:
2 Schalotten
1 mittelgroße Möhre
1 EL Rapsöl
70 g Grünkernschrot (Reformhaus)
1/2 l Gemüsebrühe
100 g Champignons
10 g grob gehackte Nusskerne (z. B: Walnuss-, Haselnuss- oder Piniernkerne)
Salz
Pfeffer
Zitronensaft

1 Die Schalotten schälen und fein würfeln. Die Möhre putzen, schälen und grob würfeln. Das Öl in einem beschichteten Topf erhitzen und die Schalottenwürfel darin bei schwacher Hitze glasig werden lassen. Die Möhren dazugeben und kurz anbraten. Den Grünkernschrot einrühren, mit der Gemüsebrühe aufgießen, zum Kochen bringen und bei schwacher Hitze 10–15 Min. köcheln lassen, bis die Möhrenwürfel weich sind.

2 In der Zwischenzeit die Champignons putzen und in Scheiben schneiden. Die Nusskerne in einer kleinen beschichteten Pfanne ohne Fett bei schwacher Hitze goldbraun rösten.

3 Die Suppe im Mixer oder mit dem Pürierstab pürieren, die Champignonscheiben dazugeben und warm werden lassen. Mit Salz, Pfeffer und Zitronensaft abschmecken und mit Walnüssen bestreut servieren.

!! Tipp: Wenn Sie die Suppe mit 2 EL Soja Cuisine oder mit saurer Sahne binden, wird sie etwas cremiger; dann nicht mehr aufkochen lassen.

!! Tipp: Statt Grünkernschrot können Sie auch geschroteten Buchweizen, Hafer oder Dinkel verwenden.

Bild oben: Nudelsalat mit Tofu und Fenchel
Bild unten: Grünkernsuppe mit Champignons

Tomatennudeln mit Basilikum und Parmesan

Fett ●●● 25 Min.
Cholesterin 8 mg
Ballaststoffe –

Pro Portion ca. 502 kcal
20 g Eiweiß · 10 g Fett · 81 g Kohlenhydrate

ZUTATEN FÜR 2 PERSONEN:
Salz
400 g Flaschentomaten
200 g schmale Bandnudeln
(z. B. Bavette; Hartweizennudeln ohne Ei)
1 Zwiebel, 1 EL Olivenöl
1 kleine Knoblauchzehe
Pfeffer aus der Mühle
6–8 Zweige Basilikum
30 g Parmesan

1 Etwa 2 l Salzwasser zum Kochen bringen. Die Flaschentomaten über Kreuz einritzen, überbrühen, häuten, halbieren, von den Stielansätzen befreien, entkernen und klein würfeln. Die Nudeln in das kochende Wasser geben und nach den Packungsangaben bissfest garen.

2 Die Zwiebel schälen und klein würfeln. Das Öl in einer beschichteten Pfanne nicht zu stark erhitzen, die Zwiebel darin bei schwacher Hitze glasig werden lassen. Den Knoblauch schälen und durch die Presse dazugeben. Die Tomaten einrühren und bei schwacher Hitze erwärmen.

3 Die Nudeln in ein Sieb abgießen und abtropfen lassen, zu den Tomaten in die Pfanne geben und alles mischen. Mit Salz und Pfeffer abschmecken. Das Basilikum waschen, trockenschütteln und bis auf einige Blättchen in breite Streifen schneiden. Die Basilikumstreifen unter die Nudeln mischen. Die Nudeln anrichten, den Parmesan darüber reiben und mit den übrigen Basilikumblättchen garnieren.

!! Tipp: Frisch geriebener Parmesan gehört zu einem schlichten Nudelgericht. Zwar stecken in 100 g Parmesan, einem italienischen Hartkäse, etwa 60 mg Cholesterin, doch bei einer Portion Tomatennudeln mit Basilikum liefert er nur 9 mg Cholesterin. Kein Grund also, gänzlich auf Parmesan zu verzichten.

!! Tipp: Flaschentomaten heißen auch Eiertomaten. Es handelt sich um längliche, feste Früchte, in denen meist besonders viel Geschmack steckt. Greifen Sie zu, wenn Sie welche entdecken. So verleihen Sie jedem schlichten Nudelgericht eine Extraportion Aroma. Wenn Sie keine bekommen, verwenden Sie sonnengereifte Tomaten von einer anderen Sorte, etwa Strauchtomaten aus einem südlichen Land.

Lauch-Bandnudel-Pfanne mit Tomaten

Fett + 25 Min.
Cholesterin 8 mg
Ballaststoffe ●

Pro Portion ca. 537 kcal
20 g Eiweiß · 15 g Fett · 80 g Kohlenhydrate

ZUTATEN FÜR 2 PERSONEN:
Salz
200 g Bandnudeln
(z. B. Tagliatelle, Hartweizennudeln ohne Ei)
1 dicke Lauchstange
100 g Kirschtomaten
2 EL Olivenöl
Pfeffer aus der Mühle
1 TL getrockneter Thymian
1 kleine Knoblauchzehe
30 g Parmesan

1 Etwa 2 l Salzwasser in einem Topf zum Kochen bringen. Die Bandnudeln dazugeben und nach den Packungsangaben bissfest garen.

2 In der Zwischenzeit den Lauch putzen, längs aufschlitzen und gründlich waschen, trockenschütteln und längs in bandnudelbreite Streifen schneiden. Die Kirschtomaten waschen und vierteln.

3 Das Olivenöl in einer breiten beschichteten Pfanne nicht zu stark erhitzen. Den Lauch hineingeben, mit Salz, Pfeffer und Thymian kräftig würzen. Den Knoblauch schälen und durch die Presse drücken und dazugeben. Den Lauch bei schwacher bis mittlerer Hitze unter Rühren 5 Min. anbraten, bis er weich ist und etwas Farbe hat, aber nicht zu braun ist.

4 Die Bandnudeln in ein Sieb abgießen und sehr gut abtropfen lassen, zum Lauch geben und vorsichtig mit diesem vermengen. Die Tomaten ebenfalls untermengen, alles kurz erwärmen. Den Parmesan reiben. Die Nudeln auf zwei Tellern anrichten und mit Parmesan bestreut servieren.

Bild oben: Tomatennudeln mit Basilikum und Parmesan
Bild unten: Lauch-Bandnudel-Pfanne mit Tomaten

Spaghetti mit Kräutern und Pinienkernen

Fett ++ **25 Min.**
Cholesterin 26 mg
Ballaststoffe –

Pro Portion ca. 628 kcal
20 g Eiweiß · 22 g Fett · 82 g Kohlenhydrate

ZUTATEN FÜR 2 PERSONEN:
1/2–1 Bund gemischte Wildkräuter (etwa 125 g; z. B. Brunnenkresse, Sauerampfer, Löwenzahn, Borretsch oder Rucola)
1 kleine rote Zwiebel
1 Knoblauchzehe
100 g Ricotta
80 ml Gemüsebrühe
70 ml trockener Weißwein
Salz
200 g Spaghetti (Hartweizennudeln ohne Ei)
3 EL Pinienkerne
1 EL Olivenöl
schwarzer Pfeffer aus der Mühle
1 EL Zitronensaft

1 Die Wildkräuter waschen und trockenschütteln, von den groben Stielen zupfen und grob hacken. Die Zwiebel schälen und in schmale Spalten schneiden. Den Knoblauch schälen. Die Ricotta mit der Brühe und dem Wein verquirlen.

2 In einem Topf 2–3 l Salzwasser zum Kochen bringen. Die Spaghetti dazugeben und nach den Packungsangaben bissfest garen.

3 In der Zwischenzeit die Pinienkerne grob hacken und in einer Pfanne ohne Fett bei schwacher Hitze goldbraun rösten, herausnehmen und beiseite stellen.

4 Das Olivenöl in der Pfanne leicht erhitzen. Die Zwiebelspalten darin bei schwacher Hitze glasig werden lassen. Den Knoblauch durch die Presse drücken und dazugeben. Die Kräuter dazugeben und 3–4 Min. mitdünsten, mit der Ricotta-Brühe ablöschen. Mit Salz, Pfeffer und Zitronensaft abschmecken.

5 Die Spaghetti in ein Sieb abgießen und sehr gut abtropfen lassen. Mit der Kräutersauce auf zwei Tellern anrichten und mit den Pinienkernen bestreut servieren.

!! Tipp: Wildkräuter gibt es auf Wochenmärkten zu kaufen. Zum Nulltarif bekommen Sie die Kräuter, wenn Sie sich selbst auf die Suche machen. Ersatzweise können Sie auch nur Brunnenkresse oder Löwenzahn verwenden.

Spaghetti mit Zucchini-Käse-Sauce

Fett + **30 Min.**
Cholesterin 14 mg
Ballaststoffe –

Pro Portion ca. 597 kcal
22 g Eiweiß · 19 g Fett · 83 g Kohlenhydrate

ZUTATEN FÜR 2 PERSONEN:
1 rote Zwiebel
1 großer Zucchino
2–3 Zweige Salbei
Salz
200 g Spaghetti (Hartweizennudeln ohne Ei)
3 EL Pinienkerne
1 EL Olivenöl
1 kleine Knoblauchzehe
100 g fettreduzierter Frischkäse
50 ml Gemüsebrühe
Pfeffer aus der Mühle

1 Die Zwiebel schälen und fein würfeln. Den Zucchino waschen, putzen und grob raspeln. Den Salbei waschen, trockenschütteln und die Blättchen abzupfen. Einige Blättchen beiseite legen, die restlichen in feine Streifen schneiden.

2 Etwa 3–4 l Salzwasser in einem Topf zum Kochen bringen. Die Spaghetti dazugeben und nach den Packungsangaben bissfest garen.

3 Die Pinienkerne in einer breiten Pfanne ohne Fett bei mittlerer Hitze goldbraun rösten, herausnehmen und beiseite stellen. Das Öl in derselben Pfanne erhitzen. Die Zwiebelwürfel darin bei schwacher Hitze glasig werden lassen. Den Knoblauch schälen und durch die Presse dazugeben. Erst die Salbeistreifen, dann die Zucchiniraspel einrühren.

4 Den Frischkäse und die Gemüsebrühe in die Pfanne geben und mit dem Gemüse verrühren. Die Sauce mit Salz und Pfeffer abschmecken. Die Spaghetti in ein Sieb abgießen und sehr gut abtropfen lassen und mit der Käsesauce auf zwei Tellern anrichten. Mit den Pinienkernen und den übrigen Salbeiblättchen bestreut sofort servieren.

Bild oben: Spaghetti mit Kräutern und Pinienkernen
Bild unten: Spaghetti mit Zucchini-Käse-Sauce

Gebratene Reisnudeln mit Möhren und Lauch

Fett + | 30 Min.
Cholesterin –
Ballaststoffe ●

Pro Portion ca. 386 kcal
13 g Eiweiß · 17 g Fett · 49 g Kohlenhydrate

ZUTATEN FÜR 2 PERSONEN:
100 g Reisbandnudeln (Asienladen)
1 grüne oder rote Peperoni
3 EL Cashewkerne
1 walnussgroßes Stück Ingwer
1 kleine Knoblauchzehe
2 Möhren
1 dicke Lauchstange
2 EL Öl
2 TL Garam Masala (Reformhaus)
3 EL Sojasauce

1 Die Reisnudeln in einer Schüssel mit heißem Wasser übergießen und 10 Min. quellen lassen.

2 Die Peperoni längs aufschlitzen, putzen, waschen und in Streifen schneiden. Die Cashewkerne grob hacken. Den Ingwer und den Knoblauch schälen und beides fein hacken.

3 Die Möhren putzen, schälen und in 5 cm lange Stücke schneiden. Die Stücke längs in dünne Scheiben schneiden. Den Lauch putzen, längs aufschlitzen und gründlich waschen. Die Stange in 5 cm lange Stücke schneiden, die Stücke längs in Streifen schneiden.

4 Das Öl in einer breiten Pfanne erhitzen, die Cashewkerne darin bei mittlerer Hitze goldbraun rösten. Ingwer und Knoblauch dazugeben und ebenfalls anrösten. Die Reisnudeln abtropfen lassen, zusammen mit Peperoni, Möhren und Lauch in die Pfanne geben. Alles vermischen, mit Garam Masala und Sojasauce würzen und bei mittlerer Hitze 2–3 Min. unter Rühren braten.

!! Variante: Statt mit Garam Masala, einer indischen Gewürzmischung, können Sie die Nudelpfanne auch mit Curry, Chinagewürz oder 5-Gewürz-Pulver abschmecken. Und statt der frischen Peperoni sorgen auch Sambal Oelek oder getrocknete zerbröselte Chilischoten für Würze und Schärfe. Vorsichtig dosieren – nachwürzen können Sie immer noch.

Farfalle mit Putenfilet und Fenchel

Fett ●● | 30 Min.
Cholesterin 76 mg
Ballaststoffe ●●

Pro Portion ca. 584 kcal
45 g Eiweiß · 8 g Fett · 82 g Kohlenhydrate

ZUTATEN FÜR 2 PERSONEN:
1 kleine Fenchelknolle
1 Zwiebel
250 g Putenbrustfilet
Salz
200 g Farfalle (Hartweizennudeln ohne Ei)
1 EL Olivenöl
Pfeffer aus der Mühle
gemahlener Koriander
2 TL Weizenmehl (Type 1050)
150 ml Gemüsebrühe
1 EL Zitronensaft
1 EL frisch gehackte Petersilie

1 Die Fenchelknolle waschen, putzen und in feine Streifen schneiden. Das zarte Fenchelgrün hacken und beiseite stellen. Die Zwiebel schälen und in feine Würfel schneiden. Das Putenbrustfilet kalt abwaschen, mit Küchenpapier trockentupfen und in feine Streifen schneiden.

2 Etwa 2 l Salzwasser in einem Topf zum Kochen bringen. Die Farfalle dazugeben und nach den Packungsangaben bissfest garen.

3 In der Zwischenzeit das Olivenöl in einer beschichteten Pfanne erhitzen. Das Putenbrustfilet darin bei mittlerer Hitze rundherum in 2–3 Min. goldbraun anbraten. Das Fleisch mit Salz, Pfeffer und Koriander würzen, aus der Pfanne nehmen und beiseite stellen.

4 Die Zwiebelwürfel in die Pfanne geben und bei schwacher Hitze glasig werden lassen. Den Fenchel dazugeben. Alles mit Mehl bestäuben und leicht anschwitzen. Unter Rühren mit der Gemüsebrühe ablöschen und bei schwacher Hitze 5–10 Min. köcheln lassen.

5 Das Fleisch zum Gemüse in die Pfanne geben und wieder erhitzen. Mit Salz, Pfeffer, Koriander und Zitronensaft abschmecken. Die Nudeln gut abtropfen lassen und zusammen mit der Puten-Fenchel-Mischung auf zwei Tellern anrichten, mit dem Fenchelgrün und Petersilie bestreut servieren.

Bild oben: Gebratene Reisnudeln mit Möhren und Lauch
Bild unten: Farfalle mit Putenfilet und Fenchel

Curryreis mit Kokosgemüse

Fett ●● 20 Min.
Cholesterin 1 mg
Ballaststoffe ●●●

Pro Portion ca. 338 kcal
16 g Eiweiß · 9 g Fett · 53 g Kohlenhydrate

ZUTATEN FÜR 2 PERSONEN:
1 mittelgroße Zwiebel
2 TL Sojaöl
1 EL Currypulver
100 g Basmatireis
1/4 l Gemüsebrühe
1 kleiner Chinakohl (etwa 300 g)
2 Möhren
50 g Zuckerschoten
100 g Mungobohnensprossen
300 ml Kokosmilch
schwarzer Pfeffer
3–4 EL Sojasauce

1 Die Zwiebel schälen und klein würfeln. Das Öl in einem kleinen Topf erhitzen. Die Zwiebelwürfel darin bei schwacher Hitze glasig werden lassen. Das Currypulver darüber streuen und unter Rühren leicht anrösten.

2 Den Reis unterrühren und ebenfalls glasig werden lassen, mit der Brühe ablöschen. Den Reis bei schwacher Hitze fest zugedeckt in 20 Min. garen. Eventuell etwas Wasser nachgießen.

3 Das Gemüse waschen und putzen. Den Chinakohl in etwa 2 cm breite Streifen, die Möhren in sehr dünne Scheiben schneiden. Die Zuckerschoten schräg dritteln oder halbieren. Die Sprossen waschen und abtropfen lassen.

4 Die Kokosmilch aufkochen lassen. Möhren und Zuckerschoten darin bei schwacher Hitze 5 Min. köcheln lassen. Chinakohl und Sprossen dazugeben und alles bei schwacher Hitze 5–10 Min. kochen lassen. Eventuell die Flüssigkeit bei starker Hitze etwas verdampfen lassen. Mit Pfeffer und Sojasauce abschmecken. Das Gemüse mit dem Curryreis auf zwei Tellern anrichten und servieren.

!! Tipp: Noch schneller geht's, wenn Sie das frische Gemüse durch 300–400 g gemischtes tiefgefrorenes Asia- oder Chinagemüse ersetzen.

Steinpilzrisotto

Fett ++ 40 Min.
Cholesterin 9 mg
Ballaststoffe ●●●

Pro Portion ca. 536 kcal
16 g Eiweiß · 28 g Fett · 55 g Kohlenhydrate

ZUTATEN FÜR 2 PERSONEN:
25 g getrocknete Steinpilze
1 Bund Frühlingszwiebeln
40 g Pinienkerne
2 EL Olivenöl
125 g Risottoreis
1/8 l Gemüsebrühe
50 ml trockener Weißwein
Salz
Pfeffer aus der Mühle
30 g Parmesan

1 Die Steinpilze in ein hohes Gefäß geben, mit 1/4 l heißem Wasser übergießen und 5–10 Min. quellen lassen. Die Frühlingszwiebeln putzen, waschen und in Ringe schneiden, dabei die weißen und grünen Teile extra beiseite legen.

2 Die Pinienkerne in einer kleinen Pfanne ohne Fett bei schwacher Hitze goldbraun rösten, herausnehmen und beiseite stellen.

3 Das Olivenöl in die Pfanne geben und leicht erhitzen, die weißen Frühlingszwiebelringe darin glasig werden lassen. Den Reis hineinstreuen und mit der Zwiebelmischung verrühren, bis der Reis glasig ist. Die Brühe und den Wein angießen und aufkochen lassen. Bei schwacher Hitze köcheln lassen, bis der Reis die Flüssigkeit aufgesogen hat.

4 Die Steinpilze mit dem Einweichsud zum Reis geben und diesen bei schwacher Hitze garen, bis er wiederum alle Flüssigkeit aufgenommen hat. Die grünen Frühlingszwiebelteile dazugeben und weitere 3–4 Min. garen, dabei eventuell noch etwas Wasser angießen. Der Reis sollte cremig sein, aber noch leichten Biss haben. Den Risotto mit Salz und Pfeffer abschmecken.

5 Den Parmesan reiben. Den Risotto auf zwei Tellern anrichten, mit den Pinienkernen und Parmesan bestreut servieren.

Bild oben: Curryreis mit Kokosgemüse
Bild unten: Steinpilzrisotto

Nasi Goreng

Fett ●●● 30 Min.
Cholesterin 80 mg
Ballaststoffe –

Pro Portion ca. 267 kcal
25 g Eiweiß · 11 g Fett · 15 g Kohlenhydrate

ZUTATEN FÜR 2 PERSONEN:
100 g Basmatireis
1 Lauchstange
1 Knoblauchzehe
1 große rote Chilischote
150 g Hähnchenbrustfilet
50 g geschälte Tiefseegarnelen
2 EL Sojaöl
3 EL helle Sojasauce
Pfeffer aus der Mühle

1 Gut 200 ml Wasser aufkochen lassen. Den Reis hineinstreuen und ein Mal aufkochen lassen. Fest zugedeckt in knapp 15 Min. quellen lassen.

2 In der Zwischenzeit den Lauch putzen, längs aufschlitzen, gründlich waschen und die Hälften quer in feine Scheiben schneiden. Den Knoblauch schälen und fein würfeln. Die Chilischote längs aufschlitzen, putzen, waschen und in feine Streifen schneiden.

3 Das Hähnchenbrustfilet kalt abbrausen, mit Küchenpapier trockentupfen und in sehr feine Streifen schneiden. Die Garnelen in einem Sieb kalt abbrausen und abtropfen lassen.

4 Das Öl in einem Wok erhitzen. Lauch, Knoblauch und die Chilistreifen dazugeben und unter Rühren etwa 1 Min. anbraten. Das Gemüse an den Rand schieben. Das Fleisch in die Mitte des Woks geben und bei mittlerer Hitze unter Rühren kräftig anbraten. Die Garnelen dazugeben und ebenfalls anbraten.

5 Den Reis einrühren und unter häufigem Wenden 3 Min. braten. Mit Sojasauce und Pfeffer kräftig abschmecken.

!! Tipp: Das leckere Reisgericht stammt aus Java und ist ein Klassiker der indonesischen Küche. Traditionell werden zum Schluss feine Omelettstreifen obenauf gestreut, wegen des hohen Cholesteringehaltes wird hier darauf verzichtet. Dem guten Geschmack schadet dies allerdings nicht.

Graupen mit Steinpilzen

Fett ●●● 40 Min.
Cholesterin – (+ 4 Std. Einweichzeit)
Ballaststoffe ●●

Pro Portion ca. 443 kcal
13 g Eiweiß · 12 g Fett · 72 g Kohlenhydrate

ZUTATEN FÜR 2 PERSONEN:
200 g Graupen
25 g getrocknete Steinpilze (ersatzweise 200g andere Waldpilze)
4 Frühlingszwiebeln
2 Knoblauchzehen
2 EL Olivenöl
Salz
schwarzer Pfeffer aus der Mühle
1/2 TL getrockneter Majoran

1 Die Graupen in einem Sieb unter fließendem Wasser waschen. 1/2 l Wasser in einen Topf geben und die Graupen darin über Nacht oder mindestens 4 Stunden einweichen. Gleichzeitig die Steinpilze in einem separaten Topf mit kaltem Wasser einweichen.

2 Graupen und Steinpilze jeweils mit dem Einweichwasser zum Kochen bringen. Die Graupen bei schwacher Hitze in 8–15 Min. garen, bis das Kochwasser vollkommen aufgesogen ist. Die Steinpilze bei schwacher Hitze in 10 Min. garen. Die Frühlingszwiebeln putzen, waschen und in feine Ringe schneiden.

3 In der Zwischenzeit den Knoblauch schälen. Die Steinpilze in einem Sieb abtropfen lassen und grob hacken. Das Öl in einer beschichteten Pfanne erhitzen. Die Steinpilze darin bei schwacher Hitze 1–2 Min. anbraten, den Knoblauch durch die Presse drücken und dazugeben und ebenfalls kurz anbraten. Die Graupen unter die Steinpilze rühren. Mit Salz, Pfeffer und Majoran kräftig abschmecken.

!! Beilage: Zu diesem deftigen Gericht passen gut ein knackiger Blattsalat oder Gewürzgurken. Alternativ können Sie auch eine Tomatensauce dazu servieren.

!! Tipp: Wer mag, kann noch 200 g frische Champignons zufügen: putzen, blättrig schneiden, mit den Frühlingszwiebeln und den Steinpilzen anbraten.

Bild oben: Nasi Goreng
Bild unten: Graupen mit Steinpilzen

Polenta mit Salbei-Tomaten-Sauce

Fett ●● 40 Min.
Cholesterin 3 mg (+ 30 Min. Kühlzeit)
Ballaststoffe ●

Pro Portion ca. 325 kcal
8 g Eiweiß · 8 g Fett · 54 g Kohlenhydrate

ZUTATEN FÜR 2 PERSONEN:
1/2 l Gemüsebrühe
125 g feiner Maisgrieß (Polenta)
Olivenöl für die Form
Salz
Pfeffer aus der Mühle
1 Zwiebel
3-4 Zweige Salbei
1 TL Olivenöl
1 Knoblauchzehe
1 kleine Dose geschälte gehackte Tomaten (400 g Einwaage)

1 Die Brühe in einem Topf zum Kochen bringen. Den Maisgrieß unter Rühren einrieseln lassen und offen bei schwacher Hitze 15 Min. ziehen lassen. Dabei gelegentlich umrühren. Eine eckige Form mit wenig Öl einfetten. Polenta mit Salz und Pfeffer abschmecken. In die Form geben, glatt streichen und auskühlen lassen.

2 Die Zwiebel schälen und in feine Würfel schneiden. Den Salbei waschen und trockenschütteln. Die Blätter abzupfen und einige zum Garnieren beiseite legen, die restlichen hacken. Das Öl in einem Topf erhitzen, die Zwiebelwürfel darin bei schwacher Hitze glasig werden lassen. Den Knoblauch schälen und durch die Presse drücken und dazugeben. Den gehackten Salbei und die Tomaten dazugeben, mit Salz und Pfeffer würzen und offen bei mittlerer Hitze in 10 Min. einköcheln lassen.

3 Die Polenta aus der Form stürzen und in Stücke schneiden. Die Tomatensauce mit Salz und Pfeffer abschmecken. Mit den Polentastücken auf zwei Tellern anrichten und mit Salbei garniert servieren.

!! Tipp: Polenta ist gemahlener Maisgrieß und besonders in Italien, Österreich und in der Schweiz beliebt. Bei der Herstellung werden getrocknete Maiskörner gemahlen – die gesunden Inhaltsstoffe der gelben Körner sind also auch im Grieß enthalten. Sie bekommen Polenta in Reformhäusern und Bioläden, italienischen Spezialitätengeschäften und immer öfter auch im Supermarkt um die Ecke.

Öhrchennudeln mit Tunfischsauce

Fett ●● 35 Min.
Cholesterin 34 mg
Ballaststoffe ●

Pro Portion ca. 373 kcal
24 g Eiweiß · 7 g Fett · 52 g Kohlenhydrate

ZUTATEN FÜR 2 PERSONEN:
1 kleine Zwiebel
1 kleine Fenchelknolle (etwa 150 g)
Salz
120 g Öhrchennudeln (Orecchiette; Hartweizennudeln ohne Ei)
1 EL Olivenöl
1/2 Packung gewürfelte Tomaten (500 g Einwaage)
1 EL Kapern (aus dem Glas)
1 Dose Tunfisch in Wasser (185 g Einwaage)
Oregano
schwarzer Pfeffer aus der Mühle

1 Die Zwiebel schälen und fein hacken. Den Fenchel waschen, putzen, halbieren, von dem harten Strunk befreien und in Streifen schneiden. Das zarte Fenchelgrün hacken und beiseite stellen.

2 1/2 l Salzwasser in einem Topf zum Kochen bringen. Die Öhrchennudeln dazugeben und nach Packungsangaben bissfest garen.

3 Das Öl in einer beschichteten Pfanne erhitzen. Die Zwiebel darin bei schwacher Hitze glasig werden lassen. Die Fenchelstreifen dazugeben und 1–2 Min. braten. Die Tomatenwürfel und die Kapern dazugeben und zugedeckt bei schwacher Hitze 10 Min. dünsten. Den Tunfisch samt Wasser hinzufügen, mit einer Gabel etwas zerpflücken und in der Sauce erwärmen. Mit Oregano, Pfeffer und Salz kräftig abschmecken.

4 Die Öhrchennudeln in ein Sieb abgießen, abtropfen lassen und mit der Tunfischsauce auf zwei Tellern anrichten.

Bild oben: Polenta mit Salbei-Tomaten-Sauce
Bild unten: Öhrchennudeln mit Tunfischsauce

Reispfanne mit Paprika und Champignons

Fett ●● | 25 Min.
Cholesterin 45 mg
Ballaststoffe ●●

Pro Portion ca. 418 kcal
28 g Eiweiß · 8 g Fett · 59 g Kohlenhydrate

ZUTATEN FÜR 2 PERSONEN:
150 g Langkornreis
Salz
1 mittelgroße Zwiebel
150 g Putenschnitzel
1 rote Paprikaschote
1/2 gelbe Paprikaschote
250 g Champignons
1 EL Rapsöl
2 TL rosenscharfes Paprikapulver
Pfeffer

1 Den Reis in einem Sieb abbrausen. 300 ml Salzwasser zum Kochen bringen. Den Reis dazugeben und zugedeckt bei schwacher Hitze 20 Min. quellen lassen.

2 Die Zwiebel schälen und in kleine Würfel schneiden. Das Putenschnitzel in feine Streifen schneiden. Rote und gelbe Paprikaschoten putzen, waschen und in kleine Rauten oder Würfel schneiden. Die Champignons putzen und in feine Scheiben schneiden.

3 Das Öl in einer hohen beschichteten Pfanne erhitzen. Die Zwiebelwürfel und Fleischstreifen darin bei mittlerer Hitze kräftig anbraten. Die Paprikastücke dazugeben und unter Rühren 2 Min. anbraten. Die Champignons unterrühren und kurz anbraten, sie dürfen nicht zusammenfallen oder Wasser ziehen.

4 Mit Paprikapulver bestäuben und umrühren, damit sich das Pulver gut verteilt. Den noch feuchten Reis einrühren und bei schwacher Hitze 1 Min. ziehen lassen. Mit Salz und Pfeffer abschmecken.

!! Tipp: Das Fleisch können Sie auch weglassen. Oder durch in Streifen geschnittenen geräucherten Tofu ersetzen. Dann enthält das Gericht überhaupt kein Cholesterin.

Thai-Curry mit gerösteten Pistazien

Fett ++ | 30 Min.
Cholesterin –
Ballaststoffe ●●●

Pro Portion ca. 279 kcal
8 g Eiweiß · 21 g Fett · 16 g Kohlenhydrate

ZUTATEN FÜR 2 PERSONEN:
80 g Californische Pistazien
1 Knoblauchzehe
1 walnussgoßes Stück Ingwer
1 Aubergine
je 1 rote und gelbe Paprikaschote
2 EL Sojaöl
1 Dose Kokosmilch (450 ml)
1–2 EL rote Thai-Currypaste (Asienladen)
Salz
1/2 Bund Frühlingszwiebeln

1 Die Pistazien aus der Schale lösen. In einem großen Topf ohne Fett rösten, bis sie zu duften beginnen, herausnehmen und beiseite stellen.

2 Knoblauch und Ingwer schälen und fein hacken. Die Aubergine waschen, putzen und in Stücke schneiden. Die Paprikaschoten halbieren, putzen, waschen und ebenfalls kleinschneiden.

3 Das Öl erhitzen. Knoblauch und Ingwer darin bei schwacher Hitze glasig werden lassen. Auberginen- und Paprikastücke dazugeben und kurz anbraten. Die Kokosmilch angießen. Mit Currypaste und Salz würzen, dann alles aufkochen lassen. Das Gemüse bei schwacher Hitze in 8 Min. garen.

4 In der Zwischenzeit die Frühlingszwiebeln putzen, waschen und in feine Ringe schneiden und mit den gerösteten Pistazien zum Thai-Curry geben. Alles nochmals aufkochen lassen, dann mit Currypaste und Salz abschmecken.

!! Tipp: Dazu passt Basmatireis. Wenn Sie Reste haben oder nur die halbe Menge zubereiten, servieren Sie diese als Beilage. Das Curry passt hervorragend zu gegrillter Makrele oder anderem Fisch.

!! Tipp: Bevorzugen Sie Pistazien aus Kalifornien. Dank moderner Erntemethoden werden die Pistazien innerhalb von 24 Stunden verarbeitet, so dass die Bildung von Schimmelpilzen (Aflatoxin) so gut wie ausgeschlossen ist.

Bild oben: Reispfanne mit Paprika und Champignons
Bild unten: Thai-Curry mit gerösteten Pistazien

Desserts & süße Hauptmahlzeiten

Vollkornpfannkuchen mit Quark

Fett ● 30 Min.
Cholesterin 156 mg (+ 15–20 Min. Backzeit)
Ballaststoffe –

Pro Portion ca. 368 kcal
24 g Eiweiß · 10 g Fett · 46 g Kohlenhydrate

ZUTATEN FÜR 2 PERSONEN:
200 ml fettarme Milch
1 EL Zucker
1 Ei
1 Prise Salz
80 g Weizenmehl (Type 1050)
2–4 TL Rapsöl
Für die Füllung:
1/2 unbehandelte Zitrone
200 g Magerquark
2 EL Rosinen
1 EL Mandelblätter
1–2 EL Zucker

1 2 EL Milch mit dem Zucker vermischen und beiseite stellen. Die restliche Milch mit Ei und Salz verquirlen und nach und nach mit dem Schneebesen das Mehl einrühren. Den Teig etwa 10 Min. quellen lassen. Den Backofen auf 200° vorheizen.

2 In der Zwischenzeit 1 TL Schale von der Zitronenhälfte abreiben und den Saft auspressen. Den Quark mit Zitronensaft und -schale glatt rühren. Rosinen, Mandelblätter und Zucker unterrühren.

3 Je 1 TL Öl in einer kleinen beschichteten Pfanne erhitzen. Aus dem Teig nacheinander 2–4 Pfannkuchen von jeder Seite in 3–4 Min. goldbraun backen. Jeden Pfannkuchen mit 2 EL Quark bestreichen, aufrollen und in eine feuerfeste ovale Form von etwa 27 cm Länge legen. Mit der Zuckermilch bestreichen. Im Backofen (Mitte, Umluft 180°) 15–20 Min. backen, bis die Pfannkuchen knusprig sind.

!! Variante: Der Pfannkuchenteig reicht als Hauptgericht für zwei oder als Dessert für vier Personen. Nach Belieben können Sie noch 2 EL Aprikosenkonfitüre oder frisches Obst der Saison unter den Quark mischen.

Tofuschnitten mit Sesam und Orangensauce

Fett + 20 Min.
Cholesterin –
Ballaststoffe ●

Pro Portion ca. 289 kcal
13 g Eiweiß · 18 g Fett · 21 g Kohlenhydrate

ZUTATEN FÜR 2 PERSONEN:
125 g fester Tofu
2 EL Waldhonig
3 EL Sesamsamen
1 EL Oliven- oder Rapsöl
1 Orange
1/2 TL gemahlener Kardamom
1/2 TL Agar-Agar
Puderzucker zum Bestäuben

1 Den Tofu in 1/2 cm dicke Scheiben schneiden. Den Honig langsam erwärmen. Die Sesamsamen auf einen flachen Teller geben. Die Tofuscheiben zuerst im Honig, dann in den Sesamsamen wenden.

2 Das Öl in einer beschichteten Pfanne erhitzen. Die Tofuscheiben darin bei schwacher Hitze von beiden Seiten jeweils in 2–3 Min. goldbraun braten.

3 Den Saft der Orange auspressen, in den noch warmen restlichen Honig rühren, mit Kardamom würzen und das Agar-Agar mit einem Schneebesen einrühren. Die Sauce auf zwei Tellern verstreichen und die Tofuschnitten darauf legen. Mit Puderzucker bestäubt servieren.

!! Tipp: Sie können die Tofuschnitten lauwarm mit flüssiger Sauce reichen, oder die Orangensauce im Kühlschrank gelieren lassen und extra dazuservieren.

!! Info: Agar-Agar ist ein pflanzliches Geliermittel, das Sie im Refornhaus oder Naturkostladen kaufen können. Doch Vorsicht bei Kindern: Es enthält sehr viel Jod. Erwachsene sollten nicht mehr als 3 TL (Kinder die Hälfte) pro Tag verwenden.

Bild oben: Tofuschnitten mit Sesam und Orangensauce
Bild unten: Vollkornpfannkuchen mit Quark

Hirseauflauf mit Ingwer und Pflaumen

Fett ●●● — 30 Min. (+ 30 Min. Backzeit)
Cholesterin 4 mg
Ballaststoffe ●●

Pro Portion ca. 488 kcal
20 g Eiweiß · 12 g Fett · 71 g Kohlenhydrate

ZUTATEN FÜR 2 PERSONEN:
1 Prise Salz
100 g Hirse
1 haselnussgroßes Stück Ingwer
1/2 unbehandelte Zitrone
150 g cremiger Magerquark
1 EL Honig
2 EL gemahlene Haselnusskerne
etwas Margarine für die Form
400 g Pflaumen
2 EL Zucker
150 g fettarmer Kefir

1 1/4 l Salzwasser mit der Hirse zum Kochen bringen. Die Hirse zugedeckt 15–20 Min. quellen lassen, bis die Flüssigkeit aufgesogen ist. Den Backofen auf 200° vorheizen.

2 Den Ingwer schälen und fein reiben oder winzig kleinschneiden. Von der Zitronenhälfte 1 TL Schale abreiben und den Saft auspressen. Die Hirse mit Ingwer, Zitronenschale und –saft, Quark, Honig und Haselnüssen vermischen.

3 Eine runde Auflaufform von etwa 25 cm Durchmesser mit Margarine dünn einfetten. Die Hirsemasse einfüllen und glatt streichen. Die Pflaumen waschen, halbieren, entkernen und in dünne Spalten schneiden. Auf der Hirse verteilen und mit Zucker bestreuen. Den Auflauf im Backofen (Mitte, Umluft 180°) 30 Min. backen, bis die Pflaumen weich sind. Den Kefir extra dazu reichen.

!! Variante: Sie können den Auflauf auch mit derselben Menge Kirschen oder Waldbeeren zubereiten.

Süße Nudelpfanne mit Brombeeren

Fett ●●● — 30 Min.
Cholesterin –
Ballaststoffe –

Pro Portion ca. 436 kcal
12 g Eiweiß · 11 g Fett · 72 g Kohlenhydrate

ZUTATEN FÜR 2 PERSONEN:
150 g kurze Makkaroni (Hartweizennudeln ohne Ei)
Salz
1 EL Diät-Margarine
2 EL Mandelstifte
1 EL Zucker
1/4 TL gemahlene Vanille
100 g Brombeeren
einige Blättchen Zitronenmelisse
Puderzucker zum Bestäuben

1 Die Nudeln in einem Topf in reichlich nur leicht gesalzenem Wasser nach den Packungsangaben bissfest kochen. In ein Sieb abgießen und abtropfen lassen.

2 Die Margarine in einer beschichteten Pfanne leicht erhitzen, die Mandelstifte darin goldbraun rösten. Den Zucker darüber streuen und leicht karamellisieren lassen, dann die Nudeln und die Vanille dazugeben.

3 Die Brombeeren waschen, verlesen und abtropfen lassen. Zu den Nudeln geben und bei schwacher Hitze kurz erwärmen. Nicht zu oft umrühren, sonst wird die Nudelpfanne lila.

4 Die Zitronenmelisse waschen und trockentupfen. Die Nudelpfanne mit Puderzucker bestäuben und mit Zitronenmelisse garnieren.

!! Tipp: Wenn Sie die Nudeln im Voraus kochen möchten, sollten Sie sie im Sieb unter fließendem kaltem Wasser nicht nur abschrecken, sondern ganz abkühlen lassen, damit sie nicht durch ihre Eigenhitze weitergaren und zu weich werden.

!! Variante: Diese süße Nudelpfanne können Sie natürlich auch mit anderen Früchten zubereiten, etwa mit Heidelbeeren, Himbeeren oder einer bunten Beerenmischung.

Bild oben: Hirseauflauf mit Ingwer und Pflaumen
Bild unten: Süße Nudelpfanne mit Brombeeren

Buttermilchmousse im Strudelteig

Fett + 20 Min.
Cholesterin 4 mg (+ 1 Std. Kühlzeit)
Ballaststoffe –

Pro Portion ca. 418 kcal
10 g Eiweiß · 16 g Fett · 60 g Kohlenhydrate

ZUTATEN FÜR 2 PERSONEN:
1 Blatt Strudel- oder Filoteig (türkisches Lebensmittelgeschäft)
2 Blatt weiße Gelatine
200 g Buttermilch
1 EL Zitronensaft
2 EL Zucker
1 Päckchen Bourbon-Vanillezucker
1 TL Honig
30 ml Soja Cuisine
(Bioladen oder Reformhaus)
4 Erdbeeren
Puderzucker zum Bestäuben

1 Den Backofen auf 150° vorheizen. Den Teig in 8 etwa 10 x 10 cm große Quadrate schneiden und jeweils 2 zu einem Achteck übereinander legen. In Torteletteförmchen oder in die Vertiefung einer Muffinform drücken und im Backofen (Mitte, Umluft 140°) in 5 Min. goldbraun backen. Aus der Form nehmen und abkühlen lassen

2 Die Gelatine in kaltem Wasser einweichen. Die Buttermilch mit Zitronensaft, Zucker, Vanillezucker und Honig verrühren. Die Gelatine tropfnass bei schwacher Hitze auflösen, mit 2 EL von der Buttermilchmasse verrühren und sofort unter die Buttermilch rühren. Soja Cuisine unterheben und 1 Std. kalt stellen.

3 Die Erdbeeren waschen, putzen und abtropfen lassen. Zum Anrichten aus der Buttermilchmousse mit dem Eisportionierer Kugeln abstechen und in die Strudelkörbchen füllen. Mit Erdbeeren garniert und mit Puderzucker bestäubt servieren.

!! Tipp: Statt Erdbeeren können Sie anderes Obst der Saison verwenden.

Mohnmousse mit Fruchtsauce

Fett ● 20 Min.
Cholesterin 2 mg (+ 1 Std. Kühlzeit)
Ballaststoffe ●

Pro Portion ca. 146 kcal
9 g Eiweiß · 5 g Fett · 14 g Kohlenhydrate

ZUTATEN FÜR 2 PERSONEN:
2 Blatt weiße Gelatine
1/4 Vanilleschote
1/8 l fettarme Milch
2 EL Mohn
50 g cremiger Magerquark
1 EL Honig
150 g gemischte Beeren
(frisch oder tiefgekühlt)
1–2 EL Birnendicksaft
Puderzucker zum Bestäuben

1 Die Gelatine in kaltem Wasser einweichen. Die Vanilleschote aufschlitzen, das Mark herauskratzen und in die Milch geben. Den Mohn einrühren, ein Mal aufkochen lassen und zugedeckt bei schwacher Hitze 10 Min. quellen lassen. Etwas abkühlen lassen.

2 Die Gelatine tropfnass bei schwacher Hitze auflösen und die Mohnmilch unterrühren. Den Quark mit Honig verrühren und untermischen. In den Kühlschrank stellen und in mindestens 1 Std. fest werden lassen.

3 Frische Beeren waschen, putzen und abtropfen bzw. tiefgekühlte auftauen lassen. Einige Früchte beiseite legen, die restlichen mit Birnendicksaft pürieren. Die Fruchtsauce auf zwei Teller verteilen. Von der Mohnmasse Nocken abstechen und darauf setzen. Mit den übrigen Früchten garnieren und mit Puderzucker bestäubt servieren.

!! Tipp: Die Mousse wird fester, wenn Sie den Mohn vor der Zubereitung mahlen.

Buttermilch-Eis mit Beerensauce

Fett – 15 Min.
Cholesterin 4 mg (+ 2–3 Std.
Ballaststoffe ●● Gefrierzeit)

Pro Portion ca. 101 kcal
7 g Eiweiß · 1 g Fett · 15 g Kohlenhydrate

ZUTATEN FÜR 2 PERSONEN:
200 g Buttermilch
1/2 TL gemahlene Vanille
2 EL Apfeldicksaft
1 Eiweiß
200 g gemischte tiefgekühlte Beeren
1 EL Puderzucker
Minze zum Garnieren

1 Die Buttermilch mit der Vanille und dem Apfeldicksaft glatt rühren. Das Eiweiß steif schlagen und den Eischnee unterheben.

2 Die Eismasse in eine gefrierbeständige Schüssel umfüllen, zudecken und in 2–3 Std. gefrieren lassen. Zwischendurch mehrmals mit einem Schneebesen kräftig durchrühren, damit sich keine Eiskristalle bilden.

3 Inzwischen die Beeren zugedeckt in der Mikrowelle auftauen lassen. Einige Früchte beiseite legen, die restlichen pürieren und nach Belieben zusätzlich durch ein feines Sieb streichen, um die kleinen Kerne zu entfernen. Das Püree mit Puderzucker süßen und kalt stellen.

4 Die Minze waschen und trockentupfen. Zum Servieren das Buttermilcheis kurz bei Zimmertemperatur stehen lassen, dann mit einem Pürierstab durchmixen und geschmeidig machen. Das Eis mit der Beerensauce anrichten. Mit den ganzen Beeren und der Minze garnieren.

Bild oben: Buttermilchmousse im Strudelteig
Bild unten links: Mohnmousse mit Fruchtsauce
Bild unten rechts: Buttermilch-Eis mit Beerensauce

Pistazien-Kakao-Muffins

Fett	–	40 Min.
Cholesterin	12 mg	(+ 12 Min. Backzeit)
Ballaststoffe	–	

Pro Portion ca. 17 kcal
1 g Eiweiß · 0 g Fett · 2 g Kohlenhydrate

ZUTATEN FÜR 55 STÜCK:
1 gestr. EL Kakao
1 Prise gemahlener Kardamom
75 g Californische Pistazien
2 EL Mehl
1 Msp. Backpulver
1 EL Diät-Margarine
1 geh. EL Zitronat
2 Eier
1 Prise Salz
50 g Zucker
Außerdem
55 kleine Pralinenförmchen

1 Den Backofen auf 200° vorheizen. Die Pralinenförmchen dicht an dicht in eine flache Auflaufform setzen.

2 Kakao und Kardamom mischen. Die Pistazien aus der Schale lösen, zwischen einem Küchenhandtuch hin und her reiben und so die Häute sowie das Salz entfernen. Die Pistazien fein mahlen. Mehl und Backpulver mischen. Die Diät-Margarine in einem kleinen Topf schmelzen lassen. Das Zitronat sehr fein hacken.

3 Die Eier in Eiweiße und Eigelbe trennen. Die Eiweiße mit 1 EL kaltem Wasser und Salz sehr steif schlagen, dabei den Zucker, bis auf 2 TL, einrieseln lassen. Die Eigelbe, 1 EL warmes Wasser und die übrigen 2 TL Zucker sehr schaumig schlagen.

4 Den Eischnee auf die Eigelbmasse geben. Die Kakao-Kardamom-Mischung, Pistazien, Zitronat und Mehl darüber geben. Zusammen mit der Margarine mit einem Schneebesen vorsichtig vermengen.

5 Die Pralinenförmchen mit zwei Teelöffeln jeweils zu etwa zwei Dritteln mit Teig füllen. Im Backofen (Mitte, Umluft 180°) 10–12 Min. backen. Dann auskühlen lassen.

!! Tipp: »Gesundheit aus der Schale« – Pistazien weisen von allen Nüssen den niedrigsten Fettgehalt auf, sind reich an Folsäure und enthalten mehr Kalzium als Vollmilch.

Pistazien-Joghurt-Sorbet

Fett	●●	20 Min.
Cholesterin	–	(+ 1 Std. Gefrierzeit)
Ballaststoffe	●●●	

Pro Portion ca. 211 kcal
8 g Eiweiß · 7 g Fett · 30 g Kohlenhydrate

ZUTATEN FÜR 2 PERSONEN:
50 g Californische Pistazien
1 TL Orangenschale von 1 unbehandelten Orange
300 g frische oder tiefgekühlte Himbeeren
25 g Puderzucker
1 TL Himbeersirup
1 TL Zitronensaft
175 g Magermilch-Joghurt

1 2 Dessertschälchen kalt stellen. Die Pistazien aus der Schale lösen. In kochendem Wasser kurz blanchieren, herausnehmen und abtropfen lassen. Die Pistazien grob hacken und in einer Pfanne ohne Fett rösten, bis sie zu duften beginnen, herausnehmen und beiseite stellen. Die Orangenschale mit den Pistazien mischen.

2 Frische Himbeeren verlesen und auf einem Tablett verteilt etwa 3 Std. gefrieren lassen. Die tiefgekühlten Beeren mit Zucker, Himbeersirup, Zitronensaft und Joghurt in einen Mixer oder mit dem Pürierstab fein pürieren.

3 Die Masse sofort in den eisgekühlten Dessertschälchen anrichten und mit der Pistazien-Orangenschalen-Mischung bestreuen.

!! Tipp: Ein vermehrter Anteil einfach ungesättigter Fettsäuren bei insgesamt angepasster Fettaufnahme kann sich positiv auf die Gesundheit auswirken. Solche einfach ungesättigten Fettsäuren finden sich unter anderem in Pistazien, Avocados und Olivenöl. Pistazien beispielsweise eignen sich hervorragend für den kleinen Hunger zwischendurch. Eine Portion von rund 25 g Pistazien, etwa 47 Stück, ist reich an Vitaminen und Spurenelementen, insbesondere Vitamin B_6, Thiamin, Magnesium, Kalium, Phospor und Kupfer, sowie Ballaststoffen. Pistazien enthalten darüber hinaus wenig gesättigte Fettsäuren und kein Cholesterin.

Bild oben: Pistazien-Kakao-Muffins
Bild unten: Pistazien-Joghurt-Sorbet

Mangosalat mit Kokossauce

Fett	●●	20 Min.
Cholesterin	–	(+ 20 Min. Kühlzeit)
Ballaststoffe	●●	

Pro Portion ca. 244 kcal
2 g Eiweiß · 9 g Fett · 37 g Kohlenhydrate

ZUTATEN FÜR 2 PERSONEN:
4 EL Kokosraspel
1 EL Zucker
1/8 l Apfelsaft
1 TL pflanzliches Bindemittel (Packungsangabe beachten; Reformhaus)
1 EL Magermilch-Joghurt
1 große reife Mango
1 Kiwi
1 EL Limetten- oder Zitronensaft

1 Die Kokosraspel in einer kleinen beschichteten Pfanne ohne Fett bei schwacher Hitze goldbraun rösten. Etwa 1 EL Kokosraspel herausnehmen und beiseite stellen.

2 Den Zucker in die Pfanne zu den übrigen Kokosraspeln streuen und goldgelb karamellisieren lassen. Unter Rühren vorsichtig mit dem Apfelsaft ablöschen. Bei starker Hitze kurz aufkochen lassen, dann vom Herd nehmen. Die Sauce durch ein feines Sieb gießen, dabei die Kokosraspel gut ausdrücken. Den abgetropften Saft mit einem Schneebesen gründlich mit Bindemittel und Joghurt glatt rühren und abkühlen lassen.

3 Die Mango schälen, das Fruchtfleisch in Scheiben vom harten Stein schneiden, eventuell würfeln. Die Kiwi schälen und ebenfalls in Scheiben schneiden oder würfeln. Die Früchte mit dem Limetten- oder Zitronensaft mischen.

4 Den Fruchtsalat mit der Kokossauce anrichten und mit den beiseite gestellten Kokosraspeln bestreuen.

Beerengrütze mit Vanillesahne

Fett	–	10 Min.
Cholesterin	7 mg	
Ballaststoffe	●●	

Pro Portion ca. 233 kcal
3 g Eiweiß · 3 g Fett · 41 g Kohlenhydrate

ZUTATEN FÜR 2 PERSONEN:
300 g gemischte Beeren (frisch oder tiefgekühlt)
1 TL Maisstärke
1 TL flüssiger Süßstoff oder 60 g Zucker
2 EL Rum oder 1/2 TL Rumaroma
Für die Vanillesahne:
4 EL Kondensmilch (4 % Fett)
1/2 TL gemahlene Vanille oder Vanillearoma

1 Die frischen Beeren in einem Sieb waschen, tropfnass in einen Topf geben und bei mittlerer Hitze unter Rühren zum Kochen bringen. Tiefgefrorene Beeren bei schwacher Hitze langsam auftauen lassen, dann zum Kochen bringen.

2 Die Maisstärke in wenig kaltem Wasser auflösen, unter die Beeren rühren und 1 Min. unter Rühren kochen lassen, bis die Grütze sämig ist. Die Grütze mit Süßstoff oder Zucker und Rum oder Rumaroma abschmecken, abkühlen lassen und bis zum Servieren in den Kühlschrank stellen.

3 Die Kaffeesahne mit der gemahlenen Vanille oder dem Vanillearoma verrühren. Die Grütze in zwei Schälchen geben, je zwei Esslöffel Vanillesahne darüber gießen und servieren.

!! Tipp: Die Beerengrütze können Sie gleich für mehrere Portionen zubereiten. Sie hält sich im Kühlschrank einige Tage.

Weingelee mit Joghurtschaum

Fett	–	20 Min.
Cholesterin	–	(+ 2 Std. Gelierzeit)
Ballaststoffe	–	

Pro Portion ca. 192 kcal
7 g Eiweiß · 1 g Fett · 24 g Kohlenhydrate

ZUTATEN FÜR 2 PERSONEN:
3 Blatt weiße Gelatine
100 g blaue Weintrauben
1/4 l trockener Weißwein
1 EL Puderzucker
1 Eiweiß
1 Päckchen Vanillezucker
100 g Magermilch-Joghurt

1 Die Gelatine 5–10 Min. in reichlich kaltem Wasser einweichen. Die Trauben waschen, halbieren und entkernen.

2 Etwas Wein in einem kleinen Topf erhitzen, den Puderzucker damit verrühren. Den Topf vom Herd nehmen. Die Gelatine ausdrücken und im heißen Wein auflösen, dann den restlichen Wein dazugießen.

3 Von den Trauben einige zum Garnieren beiseite legen, die restlichen in Dessertschälchen geben. Den Wein darüber gießen und alles im Kühlschrank erstarren lassen.

4 Zum Servieren das Eiweiß steif schlagen, am Schluss den Vanillezucker einrieseln lassen. Den Eischnee unter den Joghurt heben. Auf das Traubengelee geben und alles mit den beiseite gelegten Trauben garnieren.

!! Tipp: Bei Verwendung roher Eier mit sehr frischen Eiern arbeiten.

Bild oben: Mangosalat mit Kokossauce
Bild unten links: Beerengrütze mit Vanillesahne
Bild unten rechts: Weingelee mit Joghurtschaum

Seidentofu-Bananen-Creme

Fett	–	5 Min.
Cholesterin	–	
Ballaststoffe	–	

Pro Portion ca. 129 kcal
3 g Eiweiß · 1 g Fett · 27 g Kohlenhydrate

ZUTATEN FÜR 2 PERSONEN:
1 kleine Banane
150 g Seidentofu (Asienladen oder Reformhaus)
1 Prise Salz
1 EL Zitronensaft
1 Prise gemahlener Zimt
1 Päckchen Vanillezucker
1/2 TL flüssiger Süßstoff oder 30 g Zucker

1 Die Banane schälen und grob zerkleinern. Den Seidentofu mit der Banane, Salz, Zitronensaft, Zimt und Vanillezucker im Mixer oder mit dem Pürierstab glatt pürieren.

2 Die Creme nach Belieben mit flüssigem Süßstoff oder Zucker abschmecken, in den Kühlschrank stellen und gekühlt servieren.

!! Tipp: Je nach Geschmack oder saisonalem Angebot können Sie statt Banane auch 100 g andere Früchte mit dem Tofu pürieren. Und an Stelle von Tofu können Sie fettarmen Joghurt, cremigen Magerquark oder fettarme Dickmilch verwenden.

!! Info: Tofu gibt es in verschiedenen Sorten und in allen Reformhäusern, Naturkostläden und asiatischen Feinkostgeschäften. Tofu enthält hochwertiges Eiweiß, hat wenig Kalorien und ist cholesterinfrei. Seidentofu ist eine spezielle Sorte, die nicht gepresst wird. Nach dem Gerinnungsvorgang wird er nur kräftig durchgeschlagen. Die Konsistenz ist in etwa mit cremig gerührtem Quark vergleichbar, daher ist er ideal für die Zubereitung von fruchtigen Quarkcremes.

Mocca-Quark-Creme

Fett	–	15 Min.
Cholesterin	1 mg	(+ 1–2 Std. Kühlzeit)
Ballaststoffe	–	

Pro Portion ca. 108 kcal
14 g Eiweiß · 1 g Fett · 12 g Kohlenhydrate

ZUTATEN FÜR 2 PERSONEN:
1 geh. TL Espresso-Kaffeepulver
2 Blatt weiße Gelatine
150 g Magerquark
100 g fettarme Dickmilch
1 TL flüssiger Süßstoff
1 Päckchen Vanillezucker
einige Tropfen Rumaroma

1 Das Kaffeepulver mit 2 EL Wasser aufkochen und abkühlen lassen. Die Gelatine in reichlich kaltem Wasser 5 Min. einweichen.

2 Den Magerquark mit Dickmilch und dem Kaffeebrei verquirlen. Die Gelatine tropfnass in einem kleinen Topf erhitzen, unter Rühren auflösen und rasch unter die Quarkmasse ziehen. Die Quarkcreme mit Süßstoff, Vanillezucker und Rumaroma abschmecken

3 Zwei Schälchen mit kaltem Wasser ausspülen, die Quarkcreme in die Schälchen füllen und im Kühlschrank in 1–2 Stunden fest werden lassen.

!! Tipp: Die Mocca-Quark-Creme auf Dessertteller stürzen und mit frischen Erdbeeren, Kiwischeiben oder anderen Früchten Ihrer Wahl anrichten.

Bild oben: Seidentofu-Bananen-Creme
Bild unten: Mocca-Quark-Creme

Süße & pikante Bäckereien

Buttermilchbrötchen

Fett	●●	20 Min.
Cholesterin	1 mg	(+ 45 Min. Ruhezeit)
Ballaststoffe	●	(+ 20 Min. Backzeit)

Pro Stück ca. 214 kcal
8 g Eiweiß · 9 g Fett · 24 g Kohlenhydrate

ZUTATEN FÜR 6 STÜCK:
200 g Weizenmehl (Type 1050)
50 g Sojamehl
1/2 TL Salz
125 g Buttermilch
1 TL Zucker
1/2 Würfel Hefe (21 g)
50 g Diät-Margarine
Außerdem:
Backpapier
etwas Milch zum Bestreichen

1 Beide Mehlsorten in eine Schüssel geben, mit Salz vermischen und in die Mitte eine Mulde drücken. Die Hälfte der Buttermilch erwärmen, den Zucker einrühren, die Hefe hineinbröckeln und auflösen lassen. Die Hefemischung in die Mulde geben und zugedeckt an einem warmen Ort 15 Min. gehen lassen.

2 Die restliche Buttermilch und die Diät-Margarine in Flöckchen dazugeben, mit den Knethaken des Handrührgeräts vermischen. Dann mit den Händen zu einem glatten Teig verkneten. Den Teig zugedeckt 15 Min. gehen lassen. Den Backofen auf 200° vorheizen. Ein Backblech mit Backpapier auslegen.

3 Den Teig in 6 gleich große Stücke teilen, jeweils zu kleinen Kugeln formen und auf das Backblech legen. Nochmals zugedeckt 15 Min. gehen lassen. Die Brötchen oben schräg mit einem Messer einritzen, mit Milch bestreichen und im Backofen (Mitte, Umluft 180°) 20 Min. backen, bis die Brötchen goldbraun sind.

!! Tipp: Lauwarm, mit fettreduziertem Frischkäse bestrichen und mit frischem Obst Ihrer Wahl belegt, schmecken die Brötchen besonders gut. Oder probieren Sie dazu den Hüttenkäse mit Paprika und Curry von Seite 46 aus.

Dinkel-Quark-Kringel

Fett	●	30 Min.
Cholesterin	–	(+ 20 Min. Backzeit)
Ballaststoffe	–	

Pro Stück ca. 93 kcal
3 g Eiweiß · 4 g Fett · 11 g Kohlenhydrate

ZUTATEN FÜR 15 STÜCK:
Für den Teig:
150 g Dinkelvollkornmehl
1/2 Päckchen Backpulver
100 g Magerquark
25 g Zucker
3 EL Olivenöl
2–3 EL fettarme Milch
Für die Füllung:
15 g Diät-Margarine
2 säuerliche Äpfel
25 g Pekannüsse oder Walnusskerne
1 TL gemahlener Zimt
Außerdem:
Mehl für die Arbeitsfläche
Backpapier

1 Den Backofen auf 200° vorheizen. Das Mehl in eine Schüssel sieben. Backpulver, Quark, Zucker und Öl dazugeben und mit den Knethaken des Handrührgeräts zu einem Teig kneten. So viel Milch dazugeben, dass eine glatte Masse entsteht.

2 Den Teig auf einer bemehlten Arbeitsfläche rasch durchkneten und zu einem 40 x 30 cm großen Rechteck ausrollen.

3 Für die Füllung die Diät-Margarine schmelzen lassen und auf den Teig streichen. Die Äpfel schälen, fein raspeln und auf dem Teig verteilen. Die Nüsse hacken und mit dem Zimt darüber streuen. Von der Längsseite her vorsichtig zu einer festen Rolle formen. Ein Backblech mit Backpapier auslegen.

4 Mit einem scharfen Messer Scheiben von etwa 1,5 cm Dicke abschneiden und auf das Backblech legen. Im Backofen (2. Schiene von unten, Umluft 180°) 15 Min. backen, bis die Kringel goldbraun sind.

!! Tipp: Wenn Sie die Kringel als Dessert servieren wollen, können Sie eine Joghurtsauce aus 150 g fettarmem Joghurt, 1 Prise Vanillezucker und etwas Zucker dazureichen. Pekannüsse können Sie auch durch alle anderen Nusssorten ersetzen.

Bild oben: Buttermilchbrötchen
Bild unten: Dinkel-Quark-Kringel

Kartoffel-Quark-Brot

Fett	–	30 Min.
Cholesterin	35 mg	(+ 30–35 Min. Backzeit)
Ballaststoffe	●●●	

Pro Scheibe ca. 68 kcal
4 g Eiweiß · 1 g Fett · 9 g Kohlenhydrate

ZUTATEN FÜR 1 REHRÜCKENFORM VON 26 CM LÄNGE:
450 g mehlig kochende Kartoffeln
1 kleine rote Zwiebel
1 kleine rote Paprikaschote
1 kleine Lauchstange
40 g Roggenmehl (Type 997)
1 Ei
60 g Magerquark
Salz
Cayennepfeffer
1 TL getrockneter Majoran
Außerdem:
etwas Fett für die Form

1 Die Kartoffeln mit Schale in 20–25 Min. garen, abgießen und etwas auskühlen lassen.

2 In der Zwischenzeit die Zwiebel schälen und klein würfeln. Die Paprikaschote halbieren, putzen, waschen und in kleine Würfel schneiden. Den Lauch putzen, längs halbieren, gründlich waschen und in feine Streifen schneiden. Den Backofen auf 200° vorheizen.

3 Die Kartoffeln pellen und durch eine Kartoffelpresse drücken. Oder grob hacken und mit einer Gabel zerdrücken. Mit dem Gemüse vermischen, mit Mehl, Ei, Quark, Salz, Cayennepfeffer und Majoran verkneten.

4 Die Form leicht einfetten und die Kartoffelmasse hineindrücken. Im Backofen (2. Schiene von unten, Umluft 180°) 30–35 Min. backen, bis die Oberfläche knusprig ist. Das Brot herausnehmen, auf einem Kuchengitter etwas auskühlen lassen und stürzen. In 10 Scheiben schneiden und servieren.

!! Tipp: Dazu passt ein knackiger grüner Salat oder Tomatensalat mit einem Buttermilchdressing (siehe Variante Seite 148).

Joghurt-Walnuss-Brötchen

Fett	●●	20 Min.
Cholesterin	–	(+ 1 Std. 20 Min. Ruhezeit)
Ballaststoffe	●	(+ 30–35 Min. Backzeit)

Pro Stück ca. 234 kcal
8 g Eiweiß · 8 g Fett · 32 g Kohlenhydrate

ZUTATEN FÜR 6 STÜCK:
1/2 Würfel Hefe (21 g)
etwa 100 ml lauwarmes Wasser
1/2 TL Zucker
250 g Weizenmehl (Type 1050)
1/2 TL Salz
1 TL Backpulver
125 g Magermilch-Joghurt
70 g Walnusskerne oder Kürbiskerne
Außerdem:
Backpapier
Weizenmehl für die Arbeitsfläche

1 Die Hefe in eine Tasse bröckeln und darin mit Wasser und Zucker verquirlen. Zugedeckt 10 Min. ruhen lassen. In eine Rührschüssel umfüllen. Mehl, 1/2 TL Salz, Backpulver und Joghurt dazugeben und alles mit den Knethaken des Handrührgeräts zu einem geschmeidigen Hefeteig verkneten. Den Teig zugedeckt an einem warmen Ort 50 Min. ruhen lassen.

2 Ein Backblech mit Backpapier auslegen. Die Walnuss- oder Kürbiskerne grob hacken und unter den Hefeteig kneten. Diesen in 6 gleich große Stücke teilen, zu länglichen Brötchen formen und auf das Backblech setzen. Zugedeckt 30 Min. gehen lassen.

3 Den Backofen auf 175° vorheizen. Die Brötchen mit Salzwasser bestreichen und im Backofen (Mitte, Umluft 160°) 30–35 Min. backen. Auf einem Rost auskühlen lassen.

!! Tipp: Backen Sie am besten gleich die doppelte Menge. Der Arbeitsaufwand ist kaum höher. Die Brötchen lassen sich prima einfrieren und mindestens 3 Monate lang aufbewahren.

!! Varianten: Statt mit Walnüssen können Sie die Brötchen mit Sonnenblumenkernen, gerösteten Zwiebeln oder gehackten Kräutern verfeinern.

Bild oben: Kartoffel-Quark-Brot
Bild unten: Joghurt-Walnuss-Brötchen

Hirseplätzchen mit Tomaten

Fett –	30 Min.
Cholesterin 1 mg	(+ 30 Min. Backzeit)
Ballaststoffe –	

Pro Stück ca. 35 kcal
2 g Eiweiß · 1 g Fett · 5 g Kohlenhydrate

ZUTATEN FÜR 20 STÜCK:
1/4 l Gemüsebrühe
Salz
125 g Hirse
125 g Magerquark
1 TL rosenscharfes Paprikapulver
3 Tomaten
2 EL frisch gehacktes Basilikum
30 g fein geriebener Grana Padano
Außerdem:
Backpapier

1 Die Gemüsebrühe mit 1/2 TL Salz und der Hirse zum Kochen bringen. Die Hirse zugedeckt bei schwacher Hitze 20 Min. quellen lassen, bis die Flüssigkeit aufgesogen ist. Den Backofen auf 180° vorheizen.

2 Den Quark mit Paprikapulver glatt rühren und mit der Hirse vermischen. Ein Backblech mit Backpapier auslegen. Mit einem Esslöffel Häufchen auf das Backblech setzen, diese zu Plätzchen von etwa 4 cm Durchmesser flach drücken.

3 Die Tomaten waschen, von den Stielansätzen befreien, in Scheiben schneiden und auf die Hirseplätzchen legen. Mit Basilikum und Käse bestreuen. Im Backofen (Mitte, Umluft 160°) 30 Min. backen, bis der Käse geschmolzen und knusprig ist.

!! Variante: Sie können die Plätzchen statt mit Tomatenscheiben und Basilikum mit Paprikaringen belegen und mit Majoran bestreuen. An Stelle von Grana Padano, einem italienischen Hartkäse, können Sie Parmesan nehmen.

Pizzafladen

Fett ●●	40 Min.
Cholesterin –	(+ 1 Std. Ruhezeit)
Ballaststoffe –	(+ 16 Min. Backzeit)

Pro Stück ca. 180 kcal
4 g Eiweiß · 8 g Fett · 22 g Kohlenhydrate

ZUTATEN FÜR 8 STÜCK:
1/2 Würfel Hefe (21 g)
150 ml lauwarmes Wasser
1 TL Zucker
250 g Weizenmehl (Type 1050)
6 EL Olivenöl
Salz
4 TL getrockneter Thymian oder Pizzagewürz
1 Knoblauchzehe
Außerdem:
Mehl für die Arbeitsfläche
Öl für die Bleche

1 Die Hefe in eine Tasse bröckeln und darin mit etwas Wasser und Zucker glatt rühren. 3 EL Mehl unterrühren und den Vorteig zugedeckt an einem warmen Ort 15 Min. ruhen lassen.

2 Den Vorteig in eine Rührschüssel geben, das restliche Mehl, 3 EL Olivenöl, 1 Prise Salz und das restliche Wasser dazugeben. Mit den Knethaken des Handrührgeräts zu einem geschmeidigen Teig verkneten. Den Teig zugedeckt bei Zimmertemperatur 45 Min. ruhen lassen.

3 Zwei Backbleche mit etwas Öl einfetten. Den Teig in 8 Portionen teilen. Auf einer bemehlten Arbeitsfläche zu etwa 10 cm großen Fladen ausrollen und auf die Bleche legen. Zugedeckt noch etwa 15 Min. ruhen lassen. Den Backofen auf 250° (Umluft 220°) vorheizen.

4 Das restliche Öl mit Salz und Thymian oder Pizzagewürz verrühren. Den Knoblauch schälen, durch die Presse drücken und dazugeben. Die Pizzafladen damit dünn bestreichen und nacheinander im Backofen (unten) jeweils 8 Min. backen.

!! Tipp: Für noch mehr Aroma die Fladen nach Belieben vor dem Würzen dünn mit Tomatenmark oder Tomatenpüree bestreichen.

Bild oben: Hirseplätzchen mit Tomaten
Bild unten: Pizzafladen

Zwiebelkuchen

Fett ●	15 Min.
Cholesterin 4 mg	(+ 30 Min. Kühlzeit)
Ballaststoffe ●●●	(+ 25 Min. Backzeit)

Pro Stück ca. 140 kcal
7 g Eiweiß · 6 g Fett · 14 g Kohlenhydrate

ZUTATEN FÜR 16 STÜCKE:
Für den Teig:
250 g Weizenmehl (Type 1050)
1/2 TL Salz
200 g Magerquark
4 EL Olivenöl
Für den Belag:
600 g Zwiebeln
2 EL Olivenöl
Salz, Pfeffer aus der Mühle
rosenscharfes Paprikapulver
2 TL getrockneter Thymian
2 EL Weizenmehl (Type 1050)
1/8 l fettarme Milch
1/8 l Gemüsebrühe
100 g geriebener fettarmer Käse (30 % Fett i. Tr.)
Außerdem:
Mehl zum Bearbeiten
Öl für das Blech

1 Für den Teig Mehl, Salz, Quark, Öl und 5–6 EL Wasser vermengen und auf der Arbeitsfläche gründlich verkneten, bis der Teig schön geschmeidig ist. Zugedeckt 30 Min. kalt stellen.

2 In der Zwischenzeit die Zwiebeln schälen, halbieren und in dünne Halbringe schneiden. Das Öl in einer breiten Pfanne erhitzen, die Zwiebeln darin bei mittlerer Hitze in 20 Min. weich und leicht goldbraun braten. Mit Salz, Pfeffer, Paprikapulver und Thymian würzen.

3 Das Mehl über die Zwiebeln stäuben und unter Rühren anschwitzen, nach und nach die Milch und die Brühe einrühren. Bei schwacher Hitze 5 Min. köcheln lassen, dann vom Herd nehmen.

4 Den Backofen auf 200° vorheizen. Ein Backblech einfetten. Den Teig auf einer leicht bemehlten Fläche noch einmal durchkneten, dünn ausrollen und das Blech damit auskleiden. An den Rändern einen schmalen Rand formen. Die Zwiebelmischung darauf verteilen, den Käse obenauf streuen. Den Kuchen im Backofen (unten, Umluft 180°) 25 Min. backen. In 16 Stücke schneiden.

!! Tipp: Fettarmen Käse gibt es bereits fertig gerieben zu kaufen. So ist er im Kühlschrank mehrere Wochen lang haltbar – ein ideales Fertigprodukt für den Vorrat.

Lauch-Apfel-Quiche

Fett ●	30 Min.
Cholesterin 30 mg	(+ 30 Min. Kühlzeit)
Ballaststoffe –	(+ 30 Min. Backzeit)

Pro Stück ca. 122 kcal
6 g Eiweiß · 5 g Fett · 14 g Kohlenhydrate

ZUTATEN FÜR 1 QUICHEFORM VON 24 CM Ø:
Für den Teig:
175 g Weizenmehl (Type 1050)
1/2 TL Salz
125 g Magerquark
2 EL Rapsöl
Für den Belag:
700 g Lauch
1 EL Rapsöl
Salz, Pfeffer aus der Mühle
1 säuerlicher Apfel
4 Zweige Estragon
200 g Magermilch-Joghurt
1 Ei
100 ml fettarme Milch
3 Messlöffel pflanzliches Bindemittel (Packungsangabe beachten; Reformhaus)
3 EL Sonnenblumenkerne
Außerdem:
Mehl zum Ausrollen

1 Für den Teig Mehl, Salz, Quark, Rapsöl und 3 EL Wasser gründlich verkneten und zugedeckt 30 Min. kalt stellen. Inzwischen den Lauch putzen, längs aufschlitzen und gründlich waschen, trockenschütteln und in schmale Ringe schneiden. Das Öl in einer Pfanne leicht erhitzen, den Lauch darin anschwitzen. Mit Salz und Pfeffer würzen und bei mittlerer Hitze 5–10 Min. garen.

2 Den Backofen auf 200° vorheizen. Den Teig auf bemehlter Fläche rund ausrollen und die Quicheform gleichmäßig damit auskleiden.

3 Den Apfel vierteln, schälen und entkernen, die Viertel quer in Scheiben schneiden. Sofort mit dem Lauch mischen.

4 Den Estragon waschen, trockenschütteln und die Blättchen hacken. Mit Joghurt, Ei, Milch und pflanzlichem Bindemittel verquirlen, die Lauch-Apfelmischung unterheben, mit Salz und Pfeffer würzen und auf dem Teig verteilen. Die Sonnenblumenkerne obenauf streuen. Den Kuchen im Backofen (Mitte, Umluft 180°) 20 Min. backen. In 12 Stücke schneiden.

Bild oben: Zwiebelkuchen
Bild unten: Lauch-Apfel-Quiche

Mini-Calzone

Fett	●●	30 Min.
Cholesterin	7 mg	(+ 20 Min. Ruhezeit)
Ballaststoffe	–	(+ 15–20 Min. Backzeit)

Pro Stück ca. 199 kcal
10 g Eiweiß · 8 g Fett · 23 g Kohlenhydrate

ZUTATEN FÜR 8 STÜCK:
Für den Teig:
250 g Weizenmehl (Type 1050)
150 g Magerquark
1 TL Salz, 1/2 TL getrockneter Thymian
3 EL Olivenöl
Für die Füllung:
1 Zwiebel, 1 TL Olivenöl
1 Knoblauchzehe
2 TL getrockneter Thymian
2 kleine feste Tomaten
1 kleine grüne Paprikaschote
125 g Mozzarella
Salz, Pfeffer aus der Mühle
Außerdem:
Mehl zum Bearbeiten, Öl zum Bestreichen
getrockneter Thymian zum Bestreuen

1 Mehl, Quark, Salz, Thymian, Olivenöl und 4–6 EL Wasser mit den Knethaken des Handrührgeräts verkneten. Zugedeckt mindestens 30 Min. ruhen lassen.

2 Inzwischen die Zwiebel schälen und klein würfeln. Das Öl leicht erhitzen. Die Zwiebelwürfel darin bei schwacher Hitze glasig werden lassen. Den Knoblauch schälen und durch die Presse dazugeben, mit Thymian würzen und vom Herd nehmen. Die Tomaten über Kreuz einritzen, überbrühen, häuten und ohne Stielansätze und Kerne klein würfeln. Die Paprikaschote halbieren, putzen, waschen und ebenfalls klein würfeln. Den Mozzarella abtropfen lassen und klein würfeln. Alles mischen und mit Salz und Pfeffer abschmecken.

3 Den Backofen auf 225° (Umluft 200°) vorheizen. Ein Backblech mit Backpapier auslegen. Den Teig noch einmal durchkneten und in 8 gleich große Stücke teilen. Jedes Stück rund formen und auf bemehlter Fläche zu einem etwa 14 cm großen Kreis ausrollen.

4 Jeweils 1–2 EL Füllung in der Mitte auf den Teig geben. Die Kreise zu Halbkreisen zusammenklappen, die Ränder mit den Fingern zusammendrücken. Vorsichtig hochnehmen, den Rand mit zwei Fingern dekorativ einkerben und nach oben über die Füllung ziehen, so dass die Naht oben ist und die Täschchen wie Boote aussehen. Auf das Backblech setzen, mit Öl bestreichen und mit Thymian bestreuen. Im Backofen (unten) in 15–20 Min. goldbraun backen.

Picknick-Täschchen

Fett	●●	45 Min.
Cholesterin	–	(+ 15 Min. Backzeit)
Ballaststoffe	●●	

Pro Stück ca. 319 kcal
11 g Eiweiß · 8 g Fett · 52 g Kohlenhydrate

ZUTATEN FÜR 8 STÜCK:
Für den Teig:
200 g Weizenmehl (Type 1050)
1/2 TL Salz
150 g Magerquark
3 EL Rapsöl
Für die Füllung:
2 Bund Frühlingszwiebeln
1 Dose Maiskörner (400 g)
1/2 rote Paprikaschote
Cayennepfeffer
Salz
Außerdem:
Mehl für die Arbeitsfläche
1 EL Milch zum Bestreichen
2 EL Sesamsamen zum Bestreuen

1 Mehl, Salz, Quark, Öl und 3–4 EL Wasser mit den Knethaken des Handrührgeräts verkneten. Zugedeckt mindestens 30 Min. kalt stellen.

2 In der Zwischenzeit die Frühlingszwiebeln putzen, waschen und in sehr feine Ringe schneiden. Den Mais abtropfen lassen. Die Paprikaschote putzen, waschen und in feine Würfel schneiden. Das Gemüse mischen und mit Cayennepfeffer und Salz würzen.

3 Den Backofen auf 225° vorheizen. Den Teig auf leicht bemehlter Fläche noch einmal durchkneten. In 8 Portionen teilen und diese zu etwa 15 cm großen Kreisen ausrollen. Die Füllung darauf verteilen, die Kreise zu Halbkreisen zusammenklappen, dabei die unteren Ränder über die oberen klappen. Obere und untere Ränder mit den Fingern dekorativ zusammendrücken. Dabei die Ränder gut verschließen.

4 Die Täschchen mit Milch bestreichen und mit Sesam bestreuen. Im Backofen (Mitte, Umluft 200°) in 15 Min. goldbraun backen.

Bild oben: Mini-Calzone
Bild unten: Picknick-Täschchen

Pikante Windräder

Fett ●●
Cholesterin 8 mg
Ballaststoffe ●●

50 Min.
(+ 4 Std. Kühlzeit)
(+ 30 Min. Backzeit)

Pro Stück ca. 392 kcal
13 g Eiweiß · 24 g Fett · 30 g Kohlenhydrate

ZUTATEN FÜR 4 STÜCK:
150 g Weizenmehl (Type 1050)
150 g Magerquark
100 g Diät-Margarine
Salz
1 gelbe Paprikaschote
1 große Tomate
2 Frühlingszwiebeln
75 g Schafkäse (40 % Fett i. Tr.)
Pfeffer aus der Mühle
Außerdem:
Backpapier
Mehl für die Arbeitsfläche
Milch zum Bestreichen

1 Für den Teig Mehl, Quark, Diät-Margarine und 1 Prise Salz mit den Knethaken des Handrührgeräts verkneten. Den Teig zugedeckt 4 Std. im Kühlschrank ruhen lassen.

2 Für die Füllung die Paprikaschote halbieren, putzen, waschen und in feine Streifen schneiden. Die Tomate waschen und ohne den Stielansatz in Scheiben schneiden. Die Frühlingszwiebeln putzen, waschen und in Ringe schneiden. Den Schafkäse klein würfeln. Alles vorsichtig mischen und mit Salz und Pfeffer abschmecken.

3 Den Backofen auf 200° vorheizen. Ein Backblech mit Backpapier auslegen. Den Teig noch einmal durchkneten. Auf bemehlter Arbeitsfläche etwa 1 cm dick zu einem etwa 30 x 30 cm großen Quadrat ausrollen und dieses in vier Quadrate teilen. Jede Seite des Teigstücks in der Mitte etwa 2 cm einschneiden.

4 Die Teigquadrate auf das Backblech legen und jeweils ein Viertel der Füllung in die Mitte des Teiges geben. Die Spitzen zur Mitte klappen und andrücken. Mit Milch bestreichen und im Backofen (unten, Umluft 180°) in 30 Min. goldbraun backen.

Sesam-Kringel

Fett ●●
Cholesterin –
Ballaststoffe ●●

20 Min.
(+ 1 Std. 20 Min. Ruhezeit)
(+ 25–30 Min. Backzeit)

Pro Stück ca. 296 kcal
9 g Eiweiß · 11 g Fett · 41 g Kohlenhydrate

ZUTATEN FÜR 8 STÜCK:
450 g Weizenmehl (Type 1050)
1 Würfel Hefe (42 g)
1 TL Zucker
1 TL Salz
50 g weiche Diät-Margarine
80 g Sesamsamen zum Bestreuen
Außerdem:
Sonnenblumenöl für Hände und Backblech
Milch zum Bestreichen

1 Das Mehl in einer Schüssel mit den Händen auflockern und in die Mitte eine Mulde drücken. Die Hefe und den Zucker in 1/8 l lauwarmem Wasser auflösen und in die Mulde gießen. Mit etwas Mehl vermischen und zugedeckt an einem warmen Ort 10 Min. ruhen lassen.

2 Das Salz auf den Mehlrand streuen, die Diät-Margarine in Flöckchen hinzufügen und alles verrühren, dabei 1/8 l Wasser zugießen. Mit den Knethaken des Handrührgeräts 4-5 Min. durchkneten. Die Hände einölen und den Teig nochmals kräftig kneten, dann zugedeckt an einem warmen Ort 1 Std. gehen lassen.

3 Den Backofen auf 225° vorheizen. Zwei Backbleche einfetten. Den Teig nochmals durchkneten, zu einer Rolle formen und in 8 gleich große Portionen teilen. Diese zu 30–35 cm lange Rollen formen und zu Kringeln zusammenlegen. Die Enden fest zusammendrücken und die Kringel auf die Backbleche setzen.

4 Die Oberseite der Kringel mit Milch bestreichen und mit Sesam bestreuen. Die Kringel noch einmal 10 Min. gehen lassen, dann nacheinander im Backofen (Mitte, Umluft 200°) in 25–30 Min. hellbraun backen.

Bild oben: Pikante Windräder
Bild unten: Sesam-Kringel

Vollkorn-Apfelkuchen ohne Ei

Fett	+	40 Min.
Cholesterin	4 mg	(+ 15 Min. Ruhezeit)
Ballaststoffe	●●●	(+ 30 Min. Backzeit)

Pro Stück ca. 304 kcal
7 g Eiweiß · 15 g Fett · 37 g Kohlenhydrate

ZUTATEN FÜR 1 SPRINGFORM VON 18 CM Ø:
100 g Diät-Margarine
200 g Weizenvollkornmehl
50 g Sojamehl (Reformhaus)
1/2 Päckchen Backpulver
30 g Zucker
1 Prise Salz
100 ml fettarme Milch
Für die Füllung:
1/2 unbehandelte Zitrone
1 kg säuerliche Äpfel (z. B. Cox Orange)
30 g Mandelblättchen
40 g Zucker
Außerdem:
Mehl für die Arbeitsfläche
Puderzucker zum Bestäuben

1 Die Diät-Margarine bei schwacher Hitze schmelzen lassen. Die beiden Mehlsorten, Backpulver, Zucker und Salz in einer Schüssel vermischen. Diät-Margarine und Milch dazugeben und mit den Knethaken des Handrührgeräts verkneten. Auf einer bemehlten Arbeitsfläche rasch zu einem glatten Teig verarbeiten. Den Teig mindestens 15 Min. im Kühlschrank ruhen lassen.

2 Den Backofen auf 200° vorheizen. 1 TL Schale von der Zitronenhälfte abreiben und den Saft auspressen. Die Äpfel schälen und grob raspeln. Mit Zitronensaft, Zitronenschale, Mandeln und Zucker vermischen.

3 Die Hälfte des Teiges etwas größer als die Form ausrollen und hineinlegen. Mit den Fingern einen Rand hochdrücken. Die Apfelmasse darauf verteilen, den übrigen Teig zu einem Kreis von etwa 18 cm Durchmesser ausrollen und auf die Füllung legen. Den Teig an den Rändern fest andrücken und die Oberfläche mit einer Gabel einige Male einstechen.

4 Im Backofen (Mitte, Umluft 180°) 30 Min. backen, bis die Oberfläche goldbraun und knusprig ist. Mit Puderzucker bestäuben und in 8 Stücke schneiden.

Pflaumenkuchen aus Roggenhefeteig

Fett	●	15 Min.
Cholesterin	31 mg	(+ 30 Min. Ruhezeit)
Ballaststoffe	●●●	(+ 40 Min. Backzeit)

Pro Stück ca. 157 kcal
4 g Eiweiß · 6 g Fett · 21 g Kohlenhydrate

ZUTATEN FÜR 1 SPRINGFORM VON 24 CM Ø:
200 g Roggenmehl (Type 997)
50 g Sojamehl (Reformhaus)
150 ml fettarme Milch
50 g Zucker
1/2 Würfel Hefe (21 g)
60 g Diät-Margarine
1 Ei
Salz
1 Päckchen Vanillezucker
1 TL abgeriebene Schale von 1 unbehandelten Zitrone
450 g gelbe Pflaumen
Außerdem:
etwas Fett für die Form
Puderzucker zum Bestäuben

1 Roggenmehl und Sojamehl in einer Schüssel vermischen und in die Mitte eine Mulde drücken. Die Milch erwärmen. 4 EL Milch mit 1 EL Zucker vermischen und die Hefe hineinbröckeln. Die Hefemischung in die Mulde geben und zugedeckt an einem warmen Ort 15 Min. gehen lassen.

2 Die restliche Milch und übrigen Zucker, die Diät-Margarine in Flöckchen, Ei, Salz, Vanillezucker und Zitronenschale dazugeben und mit den Knethaken des Handrührgeräts unterkneten. Den Teig zugedeckt 15 Min. gehen lassen.

3 In der Zwischenzeit die Pflaumen waschen, abtropfen lassen, halbieren, entkernen und in Spalten schneiden. Den Backofen auf 200° vorheizen.

4 Die Form dünn einfetten, den Teig in die Form geben, glatt verstreichen und die Pflaumenspalten hineindrücken. Den Kuchen im Backofen (2. Schiene von unten, Umluft 180°) 20 Min. backen. Mit Puderzucker bestäuben und weitere 15–20 Min. backen, bis der Kuchen an den Rändern goldbraun ist. Auf einem Kuchengitter etwas auskühlen lassen. Den Kuchen vor dem Servieren nochmals mit Puderzucker bestäuben und in 12 Stücke schneiden.

Bild oben: Vollkorn-Apfelkuchen ohne Ei
Bild unten: Pflaumenkuchen aus Roggenhefeteig

Mandelmakronen

Fett ● 25 Min.
Cholesterin – (+ 20 Min. Backzeit)
Ballaststoffe –

Pro Stück ca. 80 kcal
2 g Eiweiß · 4 g Fett 7 g Kohlenhydrate

ZUTATEN FÜR 35 STÜCK:
35 runde Backoblaten (50 mm Durchmesser)
2 Eiweiße
150 g Zucker
200 g gemahlene Mandeln
50 g Orangeat
1 EL Puderzucker
etwas gemahlener Zimt

1 Den Backofen auf 150° vorheizen. Die Oblaten auf einem Backblech auslegen.

2 Die Eiweiße steif schlagen, dabei gegen Ende den Zucker einrieseln lassen und weiterschlagen. Die Mandeln unterheben.

3 Den Teig in einen Spritzbeutel mit großer glatter Tülle geben und daraus Schnecken auf die Oblaten spritzen. Das Orangeat fein hacken und jeweils etwas Orangeat in die Mitte der Makronen drücken.

4 Die Makronen im Backofen (Mitte, Umluft 140°) in 20 Min. goldbraun backen. Den Puderzucker fein sieben und mit etwas Zimt vermischen. Die Mischung über die Makronen streuen.

Haferkugeln

Fett – 25 Min.
Cholesterin –
Ballaststoffe –

Pro Stück ca. 16 kcal
0 g Eiweiß · 1 g Fett 3 g Kohlenhydrate

ZUTATEN FÜR ETWA 30 STÜCK:
5 Tropfen Bittermandelaroma
1/4 TL gemahlener Zimt
1 Msp. gemahler Piment
100 g zarte Haferflocken
1 EL Honig
2 EL Kokosflocken oder Sesamsamen

1 150 ml Wasser mit Bittermandelaroma, Zimt und Piment zum Kochen bringen. Nach und nach die Haferflocken dazugeben, dabei so lange kräftig rühren, bis eine feste klebrige Masse entsteht. Den Honig unterrühren und die Masse auskühlen lassen.

2 Mit nassen Händen kleine Kugeln von etwa 1,5 cm Durchmesser formen und in Kokosflocken oder Sesamsamen wälzen. Nebeneinander auf einen flachen Teller legen und im Kühlschrank gut duchkühlen lassen.

!! Tipp: Die Haferkugeln schmecken auch als Beilage zum Obstsalat oder zu einem cremigen Dessert.

!! Tipp: Statt Piment und Zimt können Sie auch 1/2 TL Kakaopulver (schwach entölt) untermischen und die Haferkugeln statt in Kokosflocken und Sesam in Kakaopulver wälzen.

Dattelmakronen

Fett – 25 Min.
Cholesterin 14 mg (+ 20 Min. Backzeit)
Ballaststoffe –

Pro Stück ca. 37 kcal
2 g Eiweiß · 1 g Fett · 6 g Kohlenhydrate

ZUTATEN FÜR ETWA 25 STÜCK:
125 g Datteln
100 g Magerquark
1 Ei
1 Päckchen Bourbon-Vanillezucker
1 TL gemahlener Zimt
125 g 4-Korn-Flocken
Außerdem:
Backpapier

1 Den Backofen auf 175° vorheizen. Die Datteln längs halbieren, vom Kern befreien und quer in dünne Scheiben schneiden. Mit Quark, Ei, Vanillezucker und Zimt vermischen. Nach und nach die 4-Korn-Flocken unterrühren, bis ein fester Teig entsteht.

2 Ein Backblech mit Backpapier auslegen. Mit zwei Teelöffeln etwa 2 cm breite Teighäufchen auf das Backblech setzen. Die Makronen im Backofen (2. Schiene von unten, Umluft 150°) 15–20 Min. backen, bis sie knusprig sind.

!! Tipp: Diese Makronen halten sich in einer gut verschließbaren Dose etwa 2–3 Tage. Sie sollten möglichst schnell verzehrt werden.

Bild oben: Mandelmakronen
Bild unten links: Haferkugeln
Bild unten rechts: Dattelmakronen

Orangen-Reis-Kuchen

Fett	●	1 Std.
Cholesterin	2 mg	(+ 3 Std. Kühlzeit)
Ballaststoffe	–	(+ 20–25 Min. Backzeit)

Pro Stück ca. 171 kcal
4 g Eiweiß · 5 g Fett · 24 g Kohlenhydrate

ZUTATEN FÜR 1 SPRINGFORM VON 24 CM Ø:
125 g Dinkelmehl
60 g kalte Diät-Margarine
2 EL Puderzucker
1/2 l fettarme Milch
2 Päckchen Vanillezucker
130 g Milchreis
2 unbehandelte Orangen
6 Blatt weiße Gelatine
50 g Orangenmarmelade
50 g Orangeat
12 Minzeblättchen

1 Aus Mehl, Diät-Margarine, Puderzucker und 2–3 EL kaltem Wasser rasch einen glatten Mürbeteig kneten. Den Teig in Klarsichtfolie wickeln und 30 Min. kalt stellen. Den Backofen auf 175° vorheizen.

2 Den Mürbeteig auf den Boden der Sprinform legen und etwas flach drücken. Ein Stück Klarsichtfolie darauf legen, den Teig dünn ausrollen und die Folie abziehen. Den Teig mehrmals mit einer Gabel einstechen und im Backofen (Mitte, Umluft 160°) 20 Min. backen. Auf einem Kuchengitter auskühlen lassen.

3 In der Zwischenzeit die Milch aufkochen lassen, den Vanillezucker und den Reis hineinstreuen. Den Reis zugedeckt bei schwacher Hitze 40 Min. quellen lassen, dann abkühlen und dabei ausquellen lassen.

4 Die Orangen heiß abwaschen und abtrocknen. Die Schale abreiben. Die Früchte schälen, filetieren und dabei den abtropfenden Saft auffangen. Die Gelatine in reichlich kaltem Wasser 5 Min. einweichen. Tropfnass in eine Tasse geben und im warmen Wasserbad oder in der Mikrowelle auflösen. Mit dem aufgefangenen Orangensaft, Orangenschale und Milchreis verrühren. Die Orangenfilets würfeln und vorsichtig unterrühren.

5 Den Mürbeteigboden vorsichtig auf eine Tortenplatte setzen. Die Marmelade erwärmen und auf den Tortenboden streichen. Einen Tortenring um den Boden herum befestigen, den Reis hineingeben und glatt streichen. Zugedeckt mindestens 2 Std. kalt stellen. Das Orangeat fein hacken. Die Minze waschen und trockentupfen. Den Kuchen mit Orangeat und Minze garnieren und in 12 Stücke schneiden.

Französische Apfeltarte

Fett	●●	30 Min.
Cholesterin	1 mg	(+ 1 Std. Kühlzeit)
Ballaststoffe	–	(+ 35– 40 Min. Backzeit)

Pro Stück ca. 173 kcal
2 g Eiweiß · 7 g Fett · 25 g Kohlenhydrate

ZUTATEN FÜR 6 STÜCKE:
100 g Mehl
50 g kalte Diät-Margarine
2 EL Puderzucker
2 kleine säuerliche Äpfel
1 EL Zitronensaft
2 EL Mandelblättchen
2 TL Zucker
3 EL Apfelgelee
Außerdem:
Backpapier

1 Aus Mehl, Diät-Margarine, Puderzucker und 1–2 EL eiskaltem Wasser rasch einen glatten Mürbeteig kneten. Den Teig in Klarsichtfolie wickeln und mindestens 1 Std. kalt stellen.

2 Den Backofen auf 175° vorheizen. Ein Backblech mit Backpapier auslegen. Den Teig zwischen zwei Lagen Klarsichtfolie zu einem etwa 20 cm großen Kreis ausrollen. Die obere Folie abziehen, den Teig mit Hilfe der anderen Folie auf das Backblech geben. Die Folie abziehen. Eventuell den Kreis mit Hilfe eines Springformbodens gleichmäßig rund schneiden, dann einen schmalen Rand hochdrücken. Den Teigboden im Backofen (Mitte, Umluft 160°) in 15 Min. goldbraun backen. Eventuell entstandene Bläschen im Teig mit einer Gabel aufstechen.

3 Die Äpfel schälen, vierteln, vom Kerngehäuse befreien und in dünne Spalten schneiden, mit Zitronensaft beträufeln und dekorativ auf dem Tarteboden arrangieren. Mandelblättchen und Zucker obenauf streuen und den Kuchen weitere 20–25 Min. backen. Das Apfelgelee erwärmen und die Tarte damit bestreichen. Zum Servieren in 6 Stücke schneiden.

Bild oben: Französische Apfeltarte
Bild unten: Orangen-Reis-Kuchen

Kleine Quarkstrudel

Fett	–	40 Min.
Cholesterin	26 mg	(+ 30 Min. Ruhezeit)
Ballaststoffe	–	(+ 35 Min. Backzeit)

Pro Stück ca. 214 kcal
13 g Eiweiß · 2 g Fett · 35 g Kohlenhydrate

ZUTATEN FÜR 12 STÜCKE:
Für den Teig:
300 g Mehl
1 kleines Ei
1 EL Essig
1 EL Öl
1 Prise Salz
1/8 l lauwarmes Wasser
Für die Füllung:
750 g Magerquark
50 g Sultaninen
2 Päckchen Vanillezucker
75 g Zucker
3 EL Mandelstifte
5–6 Aprikosen
Außerdem:
Backpapier
2 EL fettarme Milch zum Bestreichen
1 EL Puderzucker zum Bestäuben

1 Für den Strudelteig Mehl, Ei, Essig, Öl, Salz und Wasser verkneten und mindestens 5 Min. auf der Arbeitsfläche kneten, bis der Teig geschmeidig geworden ist. Unter einem feuchten Tuch mindestens 30 Min. ruhen lassen.

2 Quark, Sultaninen, Vanillezucker, Zucker und Mandeln verrühren. Die Aprikosen waschen, entsteinen und in kleine Würfel schneiden. Zum Quark geben und alles vorsichtig vermengen.

3 Den Backofen auf 200° vorheizen. Ein Backblech mit Backpapier auslegen. Den Teig in 3 Portionen teilen. Jede Portion erst auf leicht bemehlter Fläche ausrollen, dann mit den Händen auf einem mit Mehl bestäubten Küchentuch zu einem dünnen Rechteck ausziehen.

4 Die Quarkmischung so auf den drei Teigplatten verteilen, dass überall ein etwa 1 1/2 bis 2 cm breiter Rand frei bleibt. Jeweils die Schmalseiten der Teigplatten über die Füllung klappen, dann den Teig von einer Längsseite beginnend zum Strudel aufrollen.

5 Die Strudel nebeneinander mit der Naht nach unten auf das Backblech setzen. Auf der Oberfläche je vier Mal diagonal leicht einschneiden. Mit Milch bestreichen und im Backofen (Mitte, Umluft 180°) 35 Min. backen. Mit Puderzucker bestäuben.

Birnenkuchen

Fett	●	30 Min.
Cholesterin	15 mg	(+ 30 Min. Backzeit)
Ballaststoffe	●	

Pro Stück ca. 130 kcal
4 g Eiweiß · 5 g Fett · 18 g Kohlenhydrate

ZUTATEN FÜR 20 STÜCKE:
Für den Teig:
150 g Magerquark
1 kleines Ei
2 EL Zucker
1 Prise Salz
2–3 EL fettarme Milch
2 EL Öl
275 g Weizenmehl (Type 1050)
2 TL Backpulver
Für den Belag:
1,5–2 kg feste, reife Birnen
2 Päckchen Vanillezucker
100 g Mandelblättchen
Außerdem:
Öl für das Blech
Mehl zum Ausrollen

1 Für den Teig Magerquark mit Ei, Zucker, Salz, Milch und Öl verrühren. Mehl und Backpulver mischen und unter die Quarkmischung rühren und kneten, bis ein glatter, geschmeidiger Teig entstanden ist.

2 Den Backofen auf 200° vorheizen. Ein Backblech mit Öl ausstreichen. Den Teig auf leicht bemehlter Fläche dünn ausrollen, das Backblech damit auskleiden. An den Seiten einen schmalen Rand hochdrücken.

3 Die Birnen schälen, vierteln, entkernen, in Spalten schneiden und die Spalten auf dem Teig verteilen. Vanillezucker und Mandelblättchen darüber streuen. Den Kuchen im Backofen (Mitte, Umluft 180°) 30 Min. backen. Frisch gebacken servieren – am besten lauwarm.

!! Varianten: Diesen fruchtigen Blechkuchen können Sie auch mit anderem Obst zubereiten, etwa mit säuerlichen Äpfeln, Zwetschgen oder Aprikosen. Kein zu saftiges Obst verwenden, sonst weicht der Boden durch.

Bild oben: Kleine Quarkstrudel
Bild unten: Birnenkuchen

Buchweizenkuchen mit Kiwis

Fett ●●
Cholesterin 38 mg
Ballaststoffe ●●●

35 Min.
(+ 40 Min. Backzeit)

Pro Stück ca. 202 kcal
6 g Eiweiß · 9 g Fett · 23 g Kohlenhydrate

ZUTATEN FÜR 1 TARTEFORM VON 24 CM Ø:

Für den Teig:
130 g Buchweizen
1/2 Vanilleschote
30 g gemahlene Haselnüsse
2 EL Rosinen
50 g Diät-Margarine
1 EL Honig
1 Ei
40 g Weizen- oder Dinkelmehl
Für den Belag:
150 g cremiger Magerquark
3 EL Zucker
3 Kiwis
Außerdem:
etwas Fett für die Form
Puderzucker zum Bestäuben

1 Den Buchweizen in einem Sieb kalt abbrausen und mit 1/4 l Wasser in einen Topf geben. Die Vanilleschote längs aufschlitzen, das Mark herauskratzen und mit der Schote dazugeben. Aufkochen lassen und den Buchweizen zugedeckt bei schwacher Hitze 15 Min. quellen lassen, bis die Flüssigkeit aufgesogen ist. Etwas auskühlen lassen. Den Backofen auf 180° vorheizen.

2 Haselnüsse, Rosinen, Diät-Margarine, Honig, Ei und den Buchweizen verrühren. Nach und nach das Mehl unterrühren, bis ein fester streichfähiger Teig entsteht.

3 Die Tarteform dünn einfetten. Den Teig einfüllen und verstreichen. Im Backofen (Mitte, Umluft 160°) 40 Min. backen, bis der Rand knusprig ist. Den Boden in der Form auskühlen lassen.

4 Für den Belag Quark mit Zucker verrühren und auf den Boden streichen. Die Kiwis schälen, in Scheiben schneiden und auf dem Quark verteilen. Mit Puderzucker bestäuben und in 8 Stücke schneiden.

Schneller Kaffeekranz

Fett ●
Cholesterin 34 mg
Ballaststoffe –

30 Min.
(+ 25 Min. Backzeit)

Pro Stück ca. 168 kcal
5 g Eiweiß · 6 g Fett · 25 g Kohlenhydrate

ZUTATEN FÜR 18 STÜCKE:

400 g Weizenmehl (Type 1050)
3 TL Backpulver
1 Prise Salz
1 TL gemahlener Zimt
100 g Zucker
100 g weiche Diät-Margarine
250 g Magerquark
2 kleine Eier
75 g Sultaninen
Außerdem:
Backpapier
Puderzucker zum Bestäuben

1 Den Backofen auf 225° vorheizen. Ein Backblech mit Backpapier auslegen.

2 In einer Schüssel das Mehl mit Backpulver, Salz, Zimt und Zucker mischen. Die Diät-Margarine unterrühren, bis lauter kleine Streusel entstanden sind. Quark, Eier und Sultaninen unterrühren und unterkneten.

3 Den Teig mit den Händen verkneten und auf der Arbeitsfläche zu einem etwa 40 cm langen Strang in Backblechlänge formen. Den Strang auf dem Backblech zu einem Kranz formen, die Nahtstelle zusammendrücken und gleichmäßig formen.

4 Den Kuchen im Backofen (Mitte, Umluft 200°) in 25 Min. goldbraun backen. Mit Puderzucker bestäuben und möglichst frisch gebacken servieren.

!! Tipp: Rührteig wird gewöhnlich mit viel Fett und vielen Eiern zubereitet und ist deshalb für eine cholesterinfreundliche Ernährung nicht gut geeignet. Mit diesem Kuchen lernen Sie eine »entschärfte« Variante kennen, bei der ein Teil des Fettes und der Eier durch Magerquark ersetzt wird.

Bild oben: Buchweizenkuchen mit Kiwis
Bild unten: Schneller Kaffeekranz

Kefirschnitten mit Himbeeren

Fett	●●●	30 Min.
Cholesterin	36 mg	(+ 15 Min. Backzeit)
Ballaststoffe	●	(+ 3 Std. 30 Min. Ruhezeit)

Pro Stück ca. 245 kcal
7 g Eiweiß · 11 g Fett · 27 g Kohlenhydrate

ZUTATEN FÜR 10 STÜCKE:

Für den Teig:
200 g Weizenmehl (Type 1050)
50 g Puderzucker
1 kleines Eigelb
1 Prise Salz, 50 g Magerquark
100 g kalte Diät-Margarine

Für den Belag:
300 g tiefgekühlte Himbeeren
8 Blatt weiße Gelatine
1 unbehandelte Zitrone
500 g fettarmer Kefir
3 EL Zucker, 1 kleines Eiweiß
3 EL Pistazienkerne

Außerdem:
Fett und Mehl für die Form

1 Mehl, Puderzucker, Eigelb, Salz, Quark und Diät-Margarine rasch verkneten. Zugedeckt mindestens 30 Min. kalt stellen. Anschließend den Backofen auf 200° vorheizen. Eine 20 x 30 cm große Backform am Boden dünn einfetten und mit Mehl bestäuben.

2 Den Teig zwischen 2 Lagen Klarsichtfolie in der Größe der Form ausrollen. Die obere Folie abziehen, den Teig in die Form heben, auch die obere Folie abziehen. Den Teig bis an den Rand der Form auseinander drücken, aber keinen Rand formen. Mit einer Gabel mehrmals einstechen und im Backofen (Mitte, Umluft 180°) in 15 Min. goldbraun backen. Auskühlen lassen.

3 Für den Belag die Himbeeren auftauen lassen. Die Gelatine 5 Min. in reichlich kaltem Wasser einweichen. Die Zitrone heiß abwaschen und abtrocknen, die Schale fein abreiben und den Saft auspressen.

4 Die Gelatine tropfnass in eine Tasse geben und im warmen Wasserbad auflösen. Etwas Kefir unterrühren, diese Mischung mit dem übrigen Kefir, Zitronensaft und -schale sowie Zucker verrühren.

5 Das Eiweiß steif schlagen und unterheben. Einige Himbeeren zum Garnieren beiseite legen, die restlichen unter den Kefir heben. Diese Masse auf den Tortenboden in der Form geben und mindestens 3 Std. kalt stellen. In 12 Stücke schneiden, vorsichtig aus der Form lösen, mit Himbeeren und Pistazien garnieren.

Baisertörtchen mit Moccacreme

Fett	●	30 Min.
Cholesterin	14 mg	(+ 1 Std. 30 Min. Backzeit)
Ballaststoffe	–	

Pro Stück ca. 196 kcal
8 g Eiweiß · 4 g Fett · 32 g Kohlenhydrate

ZUTATEN FÜR 8 STÜCK:
4 Eiweiße
200 g Puderzucker
1 TL Speisestärke
3 Blatt weiße Gelatine
4 EL starker heißer Espresso
300 g Magerquark
2 EL Zucker
1/4 TL gemahlene Bourbon-Vanille
1 EL Kakaopulver, gesiebt
100 g Sahne

Außerdem:
Backpapier
Kakaopulver und Mokkabohnen zum Garnieren

1 Den Backofen auf 100° vorheizen. Ein Backblech mit Backpapier auslegen. Die Eiweiße steif schlagen, dabei gegen Ende nach und nach den Puderzucker einrieseln lassen. Der Eischnee muss schnittfest sein. Zuletzt die Speisestärke darüber stäuben und unterziehen.

2 Den Eischnee in einen Spritzbeutel mit mittelgroßer glatter Tülle füllen und daraus etwa 8 cm große Kreise auf das Blech spritzen. Rundherum kleine Tupfen als Rand auf die Kreise spritzen. Die Törtchen im Backofen (Mitte, Umluft kleinste Stufe) 1 Std. 30 Min. trocknen lassen, dabei einen Kochlöffelstiel zwischen die Ofentür stecken, damit Feuchtigkeit entweichen kann. Die Törtchen auskühlen lassen.

3 Die Gelatine in reichlich kaltem Wasser einweichen, dann ausdrücken und im heißen Espresso auflösen. Den Espresso etwas abkühlen lassen, mit Quark, Zucker, Vanille und Kakaopulver verrühren und kalt stellen, bis die Masse zu gelieren beginnt. Die Sahne steif schlagen und unterheben. 15 Min. ruhen lassen. Die Creme in die Baisertörtchen spritzen. Mit Kakaopulver und Mokkabohnen verzieren.

Bild oben: Baisertörtchen mit Moccacreme
Bild unten: Kefirschnitten mit Himbeeren

Mohntäschchen

Fett ●	1 Std.
Cholesterin 1 mg	(+ 1 Std. 15 Min. Ruhezeit)
Ballaststoffe ●	(+ 15 Min. Backzeit)

Pro Stück ca. 157 kcal
8 g Eiweiß · 4 g Fett · 22 g Kohlenhydrate

ZUTATEN FÜR 12 STÜCK:
Für den Teig:
1/2 Würfel Hefe (21 g)
100 ml lauwarme Milch
2 EL Zucker
250 g Dinkelmehl
100 g Magerquark
1 Prise Salz
Für die Füllung:
75 g gemahlener Mohn
100 ml Milch
200 g Magerquark
3 EL Zucker oder Honig, 1/2 TL gemahlene Vanille
2 Messlöffel pflanzliches Bindemittel (Packungsangabe beachten, Reformhaus)
Außerdem:
Backpapier, Mehl für die Arbeitsfläche
Milch zum Bestreichen, 1–2 EL Mohn zum Bestreuen

1 Für den Teig die Hefe in eine Tasse bröckeln und mit etwas Milch, Zucker und Mehl glatt rühren. Zugedeckt 10 Min. ruhen lassen. Mit den übrigen Teigzutaten zu einem glatten Teig verkneten. Den Teig zugedeckt an einem warmen Ort 50 Min. ruhen lassen.

2 Für die Füllung den Mohn mit der Milch in einem kleinen Topf verrühren, aufkochen und bei schwacher Hitze 2 Min. köcheln lassen. In eine Schüssel umfüllen, etwas abkühlen lassen und mit Quark, Zucker, Vanille und Bindemittel verrühren. Ein Backblech mit Backpapier auslegen.

3 Den Hefeteig auf einer bemehlten Fläche durchkneten und in 12 Portionen teilen. Jede Portion zu einem etwa 10 cm großen Kreis ausrollen. Jeweils 1 EL Mohnmischung in die Mitte geben, die Kreise zu Halbkreisen zusammenklappen und die Ränder zusammendrücken. Vorsichtig in eine Hand nehmen, die Ränder dekorativ mit zwei Fingern zusammendrücken und nach oben ziehen, so dass die Naht oben auf den Täschchen ist. Auf das Backblech setzen und zugedeckt 15 Min. ruhen lassen. Den Backofen auf 200° vorheizen.

4 Die Mohntäschchen mit Milch bestreichen und mit Mohn bestreuen. Im Backofen (Mitte, Umluft 180°) in 15 Min. goldbraun backen.

Quarktaschen mit Pistazien

Fett –	45 Min.
Cholesterin 1 mg	(+ 1 Std. 15 Min. Ruhezeit)
Ballaststoffe ●	(+ 15 Min. Backzeit)

Pro Stück ca. 137 kcal
8 g Eiweiß · 1 g Fett · 24 g Kohlenhydrate

ZUTATEN FÜR 12 STÜCK:
Für den Teig:
1/2 Würfel Hefe (21 g)
100 ml lauwarme Milch
2 EL Zucker
250 g Dinkelmehl
100 g Magerquark, 1 Prise Salz
Für die Füllung:
250 g Magerquark
2 EL Zucker
1 Päckchen Zitronenzucker (ersatzweise Vanillezucker)
3/4 EL pflanzliches Bindemittel (Packungsangabe beachten, Reformhaus)
50 g Sultaninen
25 g Pistazienkerne
Außerdem:
Backpapier, Mehl für die Arbeitsfläche
1 EL Milch zum Bestreichen
1 EL gemahlene Pistazien zum Bestreuen

1 Für den Teig die Hefe in eine Tasse bröckeln und mit etwas Milch, Zucker und Mehl glatt rühren. Zugedeckt 10 Min. ruhen lassen. Mit den übrigen Teigzutaten zu einem glatten Teig verkneten. Den Teig zugedeckt an einem warmen Ort 50 Min. ruhen lassen.

2 Für die Füllung den Quark mit Zucker, Zitronenzucker, Bindemittel, Sultaninen und Pistazien in einer Schüssel verrühren. Ein Backblech mit Backpapier auslegen.

3 Den Teig auf einer bemehlten Fläche durchkneten, zu einer Rolle formen und in 12 Portionen teilen. Jede Portion zu einem etwa 10–12 cm großen Kreis ausrollen. Jeweils 1 EL Quarkmischung in die Mitte geben, die Kreise zu Halbkreisen zusammenklappen und die Ränder mit einer Gabel festdrücken. Die Quarktäschchen auf das Backblech setzen und zugedeckt 15 Min. ruhen lassen. Den Backofen auf 200° vorheizen.

4 Die Quarktäschchen mit Milch bestreichen und mit gemahlenen Pistazien bestreuen. Im Backofen (Mitte, Umluft 170°) in 15 Min. goldbraun backen.

Bild oben: Mohntäschchen
Bild unten: Quarktaschen mit Pistazien

Kirsch-Muffins

Fett	●●	30 Min.
Cholesterin	26 mg	(+ 20 Min. Backzeit)
Ballaststoffe	–	

Pro Stück ca. 183 kcal
4 g Eiweiß · 8 g Fett · 25 g Kohlenhydrate

ZUTATEN FÜR 12 STÜCK:
240 g Schattenmorellen (aus dem Glas)
200 g Weizenmehl (Type 1050)
60 g gemahlene Haselnüsse
2 1/2 TL Backpulver
1/2 TL Natron
1 Ei
100 g Zucker
80 ml Sonnenblumen- oder Rapsöl
225 g Buttermilch
Außerdem:
1 Muffinform
Fett für die Form oder 12 Papier-Backförmchen

1 Den Backofen auf 180° vorheizen. Die Vertiefungen einer Muffinform einfetten oder die Papier-Backförmchen hineinsetzen. Die Kirschen in einem Sieb gut abtropfen lassen.

2 Das Mehl mit den Haselnüssen, Backpulver und Natron mischen. In einer zweiten Schüssel das Ei mit Zucker, Öl und der Buttermilch gut verrühren. Die Mehlmischung rasch unterrühren.

3 Die Kirschen halbieren und unter den Teig mischen. Den Teig in die Vertiefungen bzw. in die Papierförmchen füllen und im Backofen (Mitte, Umluft 160°) 20 Min. backen. Mit einem Holzstäbchen die Garprobe machen: Bleibt Teig daran haften, noch ein paar Minuten backen, bleibt das Stäbchen sauber, sind die Muffins fertig.

!! Tipp: Wenn Sie keine Muffinform besitzen, können Sie auch jeweils zwei Papierförmchen ineinander setzen, diese mit dem Teig füllen und auf ein Backblech setzen.

Walnuss-Taler

Fett	●	30 Min.
Cholesterin	1 mg	(+ 15 Min. Ruhezeit)
Ballaststoffe	●	(+ 15 Min. Backzeit)

Pro Stück ca. 139 kcal
5 g Eiweiß · 6 g Fett · 16 g Kohlenhydrate

ZUTATEN FÜR 10 STÜCK:
200 g Weizenmehl (Type 1050)
50 g Sojamehl
1 Päckchen Backpulver
1 EL Zucker
Salz
50 g Diät-Margarine
150 ml kalte Milch
40 g gehackte Walnusskerne
Außerdem:
Mehl für die Arbeitsfläche
Backpapier
Milch zum Bestreichen

1 Beide Mehlsorten mit Backpulver, Zucker und 1 Prise Salz in einer Rührschüssel mischen. Die Diät-Margarine in Stückchen darauf verteilen und leicht mit dem Mehl mischen. In die Mitte des Teiges eine Mulde drücken und die Milch dazugießen. Mit den Knethaken des Handrührgeräts kneten, bis der Teig elastisch ist. Die Walnüsse fein hacken und unterkneten. Den Teig 15 Min. quellen lassen.

2 Den Backofen auf 180° vorheizen. Den Teig auf einer leicht bemehlten Arbeitsfläche zu einer Rolle von etwa 5 cm Durchmesser formen. Diese in 10 Scheiben schneiden.

3 Ein Backblech mit Backpapier auslegen. Die Teigstücke darauf legen und mit etwas Milch bestreichen. Die Taler im Backofen (Mitte, Umluft 160°) etwa 20–25 Min. backen. Auf einem Kuchengitter auskühlen lassen.

!! Tipp: Die Walnuss-Taler lassen sich wunderbar mitnehmen. Am besten schmecken sie aber ganz frisch mit Erdbeerkonfitüre.

Vanille-Muffins

Fett	●	30 Min.
Cholesterin	25 mg	(+ 20 Min. Backzeit)
Ballaststoffe	–	

Pro Stück ca. 160 kcal
3 g Eiweiß · 5 g Fett · 37 g Kohlenhydrate

ZUTATEN FÜR 12 STÜCK:
250 g Weizenmehl (Type 1050)
2 TL Backpulver
1/2 TL Natron
1 Ei
140 g Zucker
1 Päckchen Vanillezucker
1 TL Vanillemark
80 ml Sonnenblumen- oder Rapsöl
150 g Buttermilch
Außerdem:
1 Muffinform
Fett für die Form oder 12 Papier-Backförmchen

1 Den Backofen auf 180° vorheizen. Die Vertiefungen einer Muffinform einfetten bzw. die Papier-Backförmchen hineinsetzen.

2 Das Mehl mit Backpulver und Natron mischen. In einer zweiten Schüssel das Ei mit Zucker, Vanillezucker, Vanillemark, Öl und der Buttermilch gut verrühren. Die Mehlmischung rasch einrühren.

3 Den Teig in die Vertiefungen bzw. in die Papierförmchen füllen und im Backofen (Mitte, Umluft 160°) in 20 Min. goldbraun backen. Mit einem Holzstäbchen die Garprobe machen: Bleibt Teig daran haften, noch ein paar Minuten backen, bleibt das Stäbchen sauber, sind die Muffins fertig.

Bild oben: Kirsch-Muffins
Bild unten links: Walnuss-Taler
Bild unten rechts: Vanille-Muffins

Erdbeer-Creme-Torte

Fett ++
Cholesterin 78 mg
Ballaststoffe ●

20 Min.
(+ 3 Std. Kühlzeit)
(+ 10–15 Min. Backzeit)

Pro Stück ca. 329 kcal
9 g Eiweiß · 26 g Fett · 16 g Kohlenhydrate

FÜR 1 SPRINGFORM VON 24 CM Ø
Für den Teig:
100 g Weizenmehl (Type 1050)
50 g Sojamehl
50 g Zucker, Salz
1 Eigelb
100 g gekühlte Diät-Margarine
Für den Belag:
6 Blatt weiße Gelatine
300 g Erdbeeren
250 g Magerquark
250 g Buttermilch, 40 g Zucker
Saft und abgeriebene Schale von 1 unbehandelten Zitrone
Außerdem:
Mehl für die Arbeitsfläche

1 Für den Teig Mehl, Zucker und 1 Prise Salz vermischen. In die Mitte eine Vertiefung drücken und das Eigelb hineingeben. Die Diät-Margarine in kleinen Stücken darauf geben und alles schnell zu einem krümeligen Teig verkneten. Den Teig in Klarsichtfolie wickeln und 1 Std. kalt stellen.

2 Den Backofen auf 200° vorheizen. Den Teig auf einer bemehlten Arbeitsfläche dünn ausrollen. Mit dem Rand der Springform einen Teigboden ausstechen, diesen in die Form legen und mit einer Gabel mehrmals einstechen. Den übrigen Teig zu einer Rolle formen und als Rand auf den Teigboden drücken.

3 Den Mürbeteig im Backofen (Mitte, Umluft 180°) 10–15 Min. backen. Auf einem Kuchengitter 45 Min. abkühlen lassen. Die Gelatine in kaltem Wasser 5 Min. einweichen. Die Erdbeeren waschen, putzen, grob vierteln und mit dem Pürierstab pürieren. Mit Quark, Buttermilch, Zucker, Zitronensaft und -schale verrühren.

4 Die Gelatine ausdrücken und in einem kleinen Topf oder in der Mikrowelle auflösen. Mit etwas Erdbeerquark verrühren, dann rasch unter die restliche Creme rühren. Die Creme 20 Min. kalt stellen, bis sie zu gelieren beginnt.

5 Den Mürbeteigboden auf einen Kuchenteller legen. Einen Tortenring um den Boden herum befestigen. Die Erdbeercreme hineingeben und glatt streichen. Die Torte mindestens 2 Std. kalt stellen, dann in 12 Stücken servieren.

Vollkornwaffeln

Fett –
Cholesterin 1 mg
Ballaststoffe ●●

1 Std. 15 Min.

Pro Stück ca. 139 kcal
5 g Eiweiß · 1 g Fett · 28 g Kohlenhydrate

ZUTATEN FÜR CA. 12 WAFFELN:
1 Vanilleschote
1/2 l Milch
1 Msp. gemahlener Zimt
1 Msp. Salz
5 EL Honig
400 g Weizenvollkornmehl
evtl. Öl für das Waffeleisen

1 Die Vanilleschote längs aufschlitzen und das Mark herauskratzen. Die Milch mit der Vanilleschote und dem Mark aufkochen lassen. Zimt und Salz dazugeben und den Honig in der Milch auflösen. Die Milch etwas abkühlen lassen.

2 Die Vanilleschote aus der Milch nehmen. Das Mehl über die abgekühlte Milch sieben und alles gut verrühren.

3 Das Waffeleisen erhitzen und eventuell mit Öl einfetten. Etwa 1–2 EL Waffelteig in das Eisen geben und glatt streichen. Das Waffeleisen schließen und den Teig in 2–3 Min. backen, bis die Waffeln hellbraun und knusprig sind.

!! Tipp: Die Vollkornwaffeln werden nicht ganz so knusprig wie Weißmehlwaffeln. Mit 1/4 l Milch und 1/4 l Wasser statt 1/2 l Milch backen sie etwas knuspriger.

Bild oben: Erdbeer-Creme-Torte
Bild unten: Vollkornwaffeln

Beerentorte

Fett ●●● | 25 Min.
Cholesterin 25 mg | (+ 30-35 Min. Backzeit)
Ballaststoffe ●●

Pro Stück ca. 213 kcal
5 g Eiweiß · 10 g Fett · 26 g Kohlenhydrate

ZUTATEN FÜR 1 SPRINGFORM VON 26 CM Ø:

Für den Teig:

125 g Diät-Margarine
100 g Zucker
1 Prise Salz
1 Ei
150 g Dinkelmehl
50 g Sojamehl
1 TL Backpulver
4 EL Apfelsaft

Für den Belag:

800 g gemischte Beeren (z. B. Erdbeeren, Himbeeren, Brombeeren)
2 EL Zucker
1 Päckchen Tortenguss
150 ml Apfel- oder Beerensaft

Außerdem:

Fett für die Form

1 Den Backofen auf 190° vorheizen. Die Diät-Margarine mit Zucker und Salz cremig rühren. Das Ei unterschlagen. Dinkel- und Sojamehl mit dem Backpulver vermischen. Die Mehlmischung und den Apfelsaft dazugeben und unterrühren.

2 Die Springform einfetten. Den Teig in die Form streichen und im Backofen (Mitte, Umluft 175°) in 30–35 Min. backen. Den Tortenboden abkühlen lassen. Die Beerenfrüchte waschen, verlesen, putzen und abtropfen lassen. Größere Früchte eventuell halbieren. Den Tortenboden mit der Beerenmischung belegen.

3 Für den Guss Zucker und Tortengusspulver in einem kleinen Topf mischen und mit dem Apfelsaft und 100 ml Wasser glatt rühren. Einmal aufkochen lassen, dann den Topf vom Herd nehmen. Wenn der Guss zu gelieren beginnt, die Beeren damit überziehen. Zum Servieren in 12 Stücke schneiden

!! Variante: Bei dieser Obsttorte können Sie Ihrer Fantasie freien Lauf lassen und je nach Saison und Vorlieben auch 500 g andere Früchte für den Belag verwenden.

Quitten-Pie

Fett ●● | 40 Min.
Cholesterin 2 mg | (+ 1 Std. Backzeit)
Ballaststoffe ●●

Pro Stück ca. 182 kcal
3 g Eiweiß · 8 g Fett · 24 g Kohlenhydrate

ZUTATEN FÜR 1 PIEFORM VON 27 CM Ø:

Für den Teig:

70 g kalte Diät-Margarine
1 EL kalte Butter
160 g Weizenmehl (Type 1050)
1/2 TL Salz

Für den Belag:

1 kg Quittenwürfel
120 g Zucker
Saft und Schale von 1 unbehandelten Zitrone
50 g Mandeln

1 Diät-Margarine und Butter geschmeidig verrühren. In einer zweiten Schüssel Mehl und Salz mischen, die Hälfte der Fettmischung hinzufügen und mit einer Gabel vorsichtig vermischen. Das restliche Fett dazugeben und weiterrühren, bis der Teig leicht krümelig ist.

2 Dann 2–3 EL Wasser hinzufügen, aber nur so viel, dass der Teig zu einer Kugel geformt werden kann. Alles rasch zu einem glatten Teig verarbeiten. Dabei nicht kneten, sondern nur leicht drücken, sonst wird er bröselig und nach dem Backen zu fest. Den Teig in Klarsichtfolie wickeln und im Kühlschrank 1 Std. ruhen lassen.

3 Die Quittenwürfel mit 180 ml Wasser bei mittlerer Hitze 20–30 Min. kochen lassen. In einem Sieb abtropfen lassen und dabei den Saft auffangen. 1/8 l von diesem Saft mit dem Zucker aufkochen lassen. Den Backofen auf 170° vorheizen. Die Quitten, Zitronensaft und -schale sowie die Mandeln hinzufügen.

4 Den Teig auf einer bemehlten Arbeitsfläche etwa 3 mm dick und etwas größer als die Pieform ausrollen. Den Boden und den Rand der Form mit dem Teig auslegen, dabei den Rand etwas dicker lassen. Die Quittenmasse auf dem Teig verteilen und im Backofen (Mitte, Umluft 150°) 1 Std. backen, bis die Pie-Mitte fest ist. Zum Servieren in 12 Stücke schneiden.

Bild oben: Beerentorte
Bild unten: Quitten-Pie

Schokoladenkuchen

Fett ● 20 Min.
Cholesterin – (+ 45 Min. Backzeit)
Ballaststoffe ●

Pro Portion ca. 227 kcal
7 g Eiweiß · 6 g Fett · 36 g Kohlenhydrate

ZUTATEN FÜR 1 KASTENFORM VON 30 CM LÄNGE:
100 ml Sonnenblumenöl
150 g Zucker
1 Prise Salz
125 g gemahlene Mandeln
100 ml Milch
150 g Magerquark
200 g Weizenmehl (Type 1050)
1 Päckchen Backpulver
2 EL Kakaopulver (stark entölt)
1–2 TL gemahlener Zimt
1/2 Tafel Halbbitterschokolade
Außerdem:
Fett und Semmelbrösel für die Form

1 Den Backofen auf 180° vorheizen. Die Kastenform dünn einfetten und mit Semmelbrösel ausstreuen.

2 Für den Teig Öl, Zucker und Salz mit den Schneebesen des Handrührgeräts in 3 Min. gut verrühren. Nach und nach die Mandeln, Milch und den Quark unterrühren.

3 Das Mehl mit Backpulver, Kakao und Zimt mischen und unter den Teig rühren. Die Schokolade in grobe Stücke hacken und unterheben. Den Teig in die Kastenform geben und im Backofen (Mitte, Umluft 160°) 45 Min. backen. Zum Servieren in 14 Stücke schneiden.

Kokos-Napfkuchen

Fett + 20 Min.
Cholesterin 1 mg (+ 1 Std. 10 Min. Backzeit)
Ballaststoffe ●

Pro Portion ca. 306 kcal
5 g Eiweiß · 18 g Fett · 32 g Kohlenhydrate

ZUTATEN FÜR EINE NAPFKUCHENFORM VON 26 CM Ø:
300 ml Milch
150 g Kokosraspel
200 g Diät-Margarine
140 g Zucker
2 EL Sojamehl
6 EL frisch gepresster Orangensaft oder kalte Milch
400 g Weizenmehl (Type 1050)
50 g Speisestärke
1 Päckchen Backpulver
Außerdem:
Fett und Semmelbrösel für die Form

1 Die Milch leicht erwärmen und die Kokosraspel in der lauwarmen Milch 5 Min. quellen lassen. Den Backofen auf 180° vorheizen. Die Form dünn einfetten und mit Semmelbrösel ausstreuen.

2 Diät-Margarine und Zucker mit den Schneebesen des Handrührgeräts in 3 Min. schaumig rühren. Das Sojamehl mit dem Orangensaft oder der kalten Milch glatt rühren und dazugeben. Die Kokosraspel samt Milch ebenfalls unterschlagen.

3 Das Mehl mit Speisestärke und Backpulver vermischen und unter die Kokosmasse rühren. Den Teig in die Form geben und im Backofen (unten, Umluft 160°)in 60–70 Min. goldbraun backen. Zum Servieren in 16 Stücke schneiden.

!! Tipp: Besonders gut schmeckt der Kuchen, wenn Sie ihn mit Zuckerguss überziehen und dünn mit Kokosraspel bestreuen. Für den Guss 150 g Puderzucker mit 3 EL frisch gepresstem Orangen- oder 1–2 EL Zitronensaft klümpchenfrei verrühren.

Bild oben: Schokoladenkuchen
Bild unten: Kokos-Napfkuchen

Hafer-Pistazien-Brötchen

Fett	●●●	30 Min.
Cholesterin	–	(+ 1 Std. Ruhezeit)
Ballaststoffe	●●●	(+ 25 Min. Backzeit)

Pro Portion ca. 317 kcal
15 g Eiweiß · 10 g Fett · 43 g Kohlenhydrate

ZUTATEN FÜR 12 BRÖTCHEN:
300 g Californische Pistazien ohne Schale
200 g blütenzarte Haferflocken
200 g Weizenvollkornmehl
300 g Roggenvollkornmehl
1 TL Salz
1 Würfel Hefe (42 g)
1 Packung Fertig-Sauerteig
2 EL Haferflocken zum Bestreuen
Außerdem:
Backpapier

1 Die Pistazien grob hacken. Die Hälfte davon mit den Haferflocken, den beiden Mehlsorten und Salz in einer großen Schüssel mischen. In die Mitte eine Mulde drücken und die Hefe hineinbröckeln. 4 EL lauwarmes Wasser dazugeben und die Hefe mit etwas Mehl vom Rand zu einem Vorteig verrühren. Zugedeckt 5 Min. ruhen lassen.

2 Den Fertig-Sauerteig und knapp 1/2 l lauwarmes Wasser zum Vorteig geben und alles mit den Knethaken des Handrührgeräts glatt verkneten. Dann weitere 3 Min. kräftig durchkneten. Den Teig zugedeckt an einem warmen Ort 45 Min. gehen lassen, bis sich das Volumen verdoppelt hat.

3 Den Teig nochmals 3 Min. kräftig durchkneten. 2 Backbleche mit Backpapier auslegen. Aus dem Teig 12 kleine Brötchen formen. Die Oberseiten kreuzweise einscheiden, mit Wasser bestreichen und mit den übrigen Pistazien und Haferflocken bestreuen, diese andrücken.

4 Den Backofen auf 220° vorheizen. Die Brötchen nochmals zugedeckt 15 Min. gehen lassen. Dann im Backofen (Mitte, Umluft 200°) 20–25 Min. backen. Auf einem Kuchengitter auskühlen lassen.

!! Tipp: 1 Bund Schnittlauch waschen, trockenschütteln und in feine Röllchen schneiden. Mit 300 g Quark, 4 EL Milch, Salz und Pfeffer verrühren. Mit Paprikapuler bestäuben. 50 g kalifornische Pistazien grob hacken, in einer Pfanne ohne Fett rösten, bis sie zu duften beginnen und über den Quark streuen. Den Dip zu den Brötchen servieren.

Aprikosenkuchen

Fett	●	30 Min.
Cholesterin	1 mg	(+ 30 Min. Backzeit)
Ballaststoffe	●●	

Pro Portion ca. 251 kcal
8 g Eiweiß · 6 g Fett · 42 g Kohlenhydrate

FÜR 1 SPRINGFORM VON 26 CM Ø:
800 g reife Aprikosen oder 1 große Dose Aprikosen
60 g Diät-Margarine
120 g Zucker
300 g Magerquark
350 g Dinkelmehl
50 g Speisestärke
2 Päckchen Backpulver
200 ml fettarme Milch
Außerdem:
Fett für die Form
3 EL gehackte Pistazien oder Mandeln

1 Die Aprikosen waschen, halbieren, vom Kern befreien und in Spalten schneiden. Aprikosen aus der Dose in ein Sieb geben und sehr gut abtropfen lassen, dann kleinschneiden.

2 Diät-Margarine, Zucker und Quark gut verrühren. Mehl, Speisestärke und Backpulver mischen und abwechselnd mit der Milch hinzufügen. Den Teig 10 Min. quellen lassen, eventuell noch etwas Milch hinzufügen. Den Backofen auf 180° vorheizen.

3 Die Form dünn einfetten. Den Teig in die Form geben und glatt streichen. Die Aprikosenspalten gleichmäßig darauf verteilen. Mit den gehackten Pistazien oder Mandeln bestreuen und im Backofen (Mitte, Umluft 180°) 30 Min. backen.

!! Tipp: Dieser Kuchen ist im Handumdrehen zubereitet und schmeckt auch mit anderen Früchten. Je nach Jahreszeit zum Beispiel mit Rhabarber, Kirschen oder Birnen.

Bild oben: Hafer-Pistazien-Brötchen
Bild unten: Aprikosenkuchen

Hilfreiche Tabellen

Lebensmittel	Energiegehalt kcal/100 g	Fettgehalt g/100 g	MUF g/100 g	EUF g/100 g	Cholesterin mg/100 g
Milch					
Buttermilch	35	0,5	0,02	0,2	4
Buttermilchpulver	373	2,3	0,1	0,7	8
Kondensmilch, mind. 7,5% Fett	132	7,6	0,24	2,3	25
Kondensmilch, mind. 10% Fett	176	10,1	0,31	3,0	33
Magermlich	35	0,1	0,01	0,02	3
Milch, fettarm, mind. 1,5%, höchst. 1,8%	47	1,6	0,09	0,03	5
Molke, süß	24	0,2			2
Molkenpulver	343	1,2	0,05	0,38	4
Vollmilch, mind. 3,5% Fett	66	3,8	0,15	0,08	12
Schafmilch	97	6,3	0,28	1,5	21
Trockenmagermilch (Magermilchpulver)	354	1,0	0,03	0,25	3
Trockenvollmilch (Vollmilchpulver)	481	26,2	0,72	8,4	95
Ziegenmilch	67	3,9	0,11	0,04	11
Milchprodukte					
Bel paese(Rahmstufe)	374	30,2	0,57	8,6	100
Brie (Rahmbrie), 50% Fett i.Tr.	342	27,9	10,0	8,1	90
Butterkäse, 50% Fett i.Tr.	344	28,8	0,9	7,5	68
Camembert, 30% Fett i.Tr.	216	13,5	0,39	3,6	40
Camembert, 60% Fett i. Tr.	378	34,0	1,0	9,3	80
Chester, 50% Fett i. Tr.	397	32,2	0,94	8,6	100
Edamer, 40% Fett i. Tr.	315	23,4	0,57	6,6	70
Edelpilzkäse, 50% Fett i. Tr.	355	29,8	0,83	7,7	90
Emmentaler, 45% Fett i. Tr.	383	29,7	1,02	6,9	90
Frischkäse, Rahm-Frischkäse, 50% Fett i. Tr.	270	23,6	0,75	6,4	75
Frischkäse, Doppelrahmstufe, 60%, höchst. 85% Fett i. Tr.	330	31,5	1,0	8,5	105
Gouda, 45% Fett i. Tr.	365	29,2	0,7	7,7	90

Lebensmittel	Energiegehalt kcal/100 g	Fettgehalt g/100 g	MUF g/100 g	EUF g/100 g	Cholesterin mg/100 g
Gorgonzola	358	31,2	1,0	8,5	102
Gruyère	410	32,3	1,7	9,3	74
Hüttenkäse, Cottage	102	3,0	0,2	1,4	14
Joghurt, fettarm, mind. 1,5%, höchst. 1,8% Fett	49	1,6	0,05	0,4	5
Joghurt, mager, höchst. 0,3% Fett	36	0,1	0,0	0,03	
Limburger, 20% Fett i. Tr.	183	8,6	0,16	2,5	21
Limburger, 40% Fett i. Tr.	267	19,7	0,37	5,9	60
Mozzarella	225	16,1	0,5	4,5	46
Münsterkäse, 45% Fett i. Tr	290	22,6	0,49	6,2	70
Romadur, 30% Fett i. Tr.	218	13,7	0,3	4,1	
Roquefort	361	30,6	1,32	8,2	90
Sahne, Kaffeesahne mind. 10% Fett i. Tr.	123	10,5	0,43	3,1	35
Sahne, Schlagsahne mind.30% Fett	308	31,7	1,02	9,2	110
Sahne, sauer, Sauerrahm	189	18,0	0,7	5,0	60
Frischkäse, Sauermilchkäse, Harzer-, Mainzer-, Hand-, Stangenkäse, höchst. 10% Fett i. Tr.	27	0,7	0,03	0,21	3
Schmelzkäse, 45% Fett i. Tr.	270	23,6	0,6	5,3	45
Speisequark, 20% Fett i. Tr.	106	5,1	0,16	1,3	17
Tilsiter, 45% Fett i. Tr.	355	27,7	0,77	7,2	52
Eier					
Hühnerei, Gesamtinhalt	155	11,2	1,4	4,7	400
Eigelb	720	31,9	4,4	13,2	1260
Fette und Öle					
Baumwollsamenöl	897	99,7	48,8	19,6	
Butter, Süß-und Sauerrahm-butter	752	83,2	3,0	23,1	240
Diät-Margarine	722	80,0	46,7	10,9	
Erdnussöl	895	99,4	23,9	53,9	
Halbfettmargarine	368	40,0	17,5	10,1	4
Heringsöl	896	99,5	3,3	53,5	500

Lebensmittel	Energiegehalt kcal/100 g	Fettgehalt g/100 g	MUF g/100 g	EUF g/100 g	Cholesterin mg/100 g
Hühnerfett	896	99,5	23,0	50,0	100
Kakaobutter	896	99,5	1,7	33,1	3
Kokosfett	894	99,0	1,4	6,7	
Kürbiskernöl	896	99,5	51,5	23,5	
Leinöl	896	99,5	68,7	17,2	7
Maiskeimöl	900	100	50,9	31,6	
Mayonnaise	540	54,8	6,5	18,4	57
Mohnöl	896	99,5	73,4	10,0	
Olivenöl	896	99,6	8,9	73,2	
Palmkernfett	894	99,3	2,4	13,4	2
Palmöl	888	98,7	11,0	37,9	
Pflanzenmargarine	722	80,0	25,5	29,0	7
Rindertalg	872	96,5	4,7	42,0	100
Rüböl	891	99,0	27,7	68,5	2
Safloröl	896	99,5	74,4	11,9	
Schweineschmalz	898	99,7	9,6	45,4	85
Sesamöl	896	99,5	42,5	40,1	
Sojaöl	887	98,6	61,0	20,6	2
Sonnenblumenöl	898	99,8	60,7	22,4	
Standardmargarine	722	80,0	17,8	32,5	30
Traubenkernöl	896	99,5	66,0	16,7	
Walnussöl	896	99,6	70,9	15,7	
Weizenkeimöl	896	99,5	64,7	15,6	
Fleisch und Innereien					
Hase, Durchschnitt	113	1,0	0,3	0,2	65
Hammelfleisch, Schulter	306	25,0	1,6	11,5	70
Hammelfleisch, Filet	112	3,4	0,08	1,5	70
Hirsch, Durchschnitt	112	3,3	0,2	1,6	60
Kalbfleisch, reines Muskelfleisch	92	0,8	0,1	0,3	70
Kalbfleisch, Kotelett	112	3,1	0,2	2,6	70
Kalbsbries	99	3,4			250
Kalbshirn	109	7,6	1,0	1,6	2000
Kalbsleber	114	4,1	1,4	0,9	360
Kalbslunge	90	2,2	0,5	0,5	150
Reh	132	1,4	0,1	0,6	60
Rindfleisch,					

Lebensmittel	Energiegehalt kcal/100 g	Fettgehalt g/100 g	MUF g/100 g	EUF g/100 g	Cholesterin mg/100 g
reines Muskelfleisch	106	1,7	0,07	0,6	60
Rindfleisch, Filet	116	4,4	0,2	2,3	60
Rindfleisch, Roastbeef	188	15,2	0,5	6,7	60
Rinderherz, gegart	121	6,0	0,16	1,6	150
Rinderhirn	128	9,6	1,1	1,9	2000
Rinderleber	113	3,1	0,9	0,7	265
Rindermilz	100	2,9	0,2	1,3	265
Rinderniere	113	5,1	0,08	1,2	375
Schweinefleisch, reines Muskelfleisch	111	3,0	0,21	1,4	65
Schweinefleisch, Kotelett	193	13,0	1,5	6,4	70
Schweinefl., Bug, Blatt, Schulter, Vorderschinken	282	23,9	3,6	5,5	65
Schweinehirn	123	9,0	1,1	1,8	2000
Schweineleber	134	5,7	0,5	1,2	340
Schweinelunge	114	6,7	1,4	1,4	320
Schweineniere	113	5,2	0,68	1,4	365
Wurstwaren					
Bierschinken	235	19,2	10,0	4,4	67
Blutwurst	400	38,5	3,1	12,7	96
Bockwurst	277	25,3	2,4	10,5	65
Bündner Fleisch	262	9,5			
Cervelatwurst	456	43,2	2,8	12,4	101
Corned Beef, amerikanisch	209	12,0	1,4	6,2	64
Corned Beef, deutsch	141	6,0	0,3	2,4	70
Dosenwürstchen (Brühwürste)	228	19,6	2,0	8,6	88
Fleischkäse (Stuttgarter Art)	299	21,9	2,2	8,8	114
Fleischwurst	297	27,1	3,0	12,9	55
Frankfurter Würstchen	269	24,4	2,1	8,9	65
Frühstücksfleisch	200	13,9	1,3	5,5	58
Gelatine, Speisegelatine	338	0,1			
Gelbwurst	342	32,7	3,2	13,7	68
Göttinger(Blasenwurst)	373	35,0	3,1	14,1	59
Jagdwurst	266	15,7	1,5	6,6	82
Kalbsbratwurst	270	25,0	1,9	9,1	72
Kalbskäse	318	29,7	1,2	10,3	70

Lebensmittel	Energiegehalt kcal/100 g	Fettgehalt g/100 g	MUF g/100 g	EUF g/100 g	Cholesterin mg/100 g
Kasseler, Schweinefleisch	237	17,0	1,1	8,0	79
Knackwurst	351	33,7	2,7	11,6	72
Leberpastete (Brühwurstart)	314	28,6	3,7	14,1	135
Leberkäse	320	30,4	2,4	10,7	66
Leberwurst	420	41,2	1,5	13,7	227
Lyoner	310	28,8	2,9	12,6	63
Mettwurst (Braunschweiger Mettwurst)	456	45,0	3,6	15,9	104
Mortadella	345	32,8	2,4	10,7	63
Plockwurst	482	45,0	2,9	14,2	100
Regensburger	290	21,1	2,1	8,9	72
Salami, deutsche	447	32,9	3,1	13,7	112
Schweineschinken, gekocht	201	12,8	1,1	5,5	85
Schweineschinken, gesalzen und geräuchert	372	33,3	2,6	13,5	80
Schweinsbratwürstl	342	32,4	1,3	5,4	92
Speck, durchwachsen, Wammerl	621	65,0	6,3	27,1	90
Weißwurst (Münchner Weißwurst)	287	27,0	2,1	9,9	73
Wiener Würstchen	279	24,4	2,4	10,5	65
Geflügel					
Ente, Duchschnitt	227	17,2	1,9	8,5	80
Gans, Durchschnitt	364	31,0	3,3	16,0	110
Huhn, Brathuhn, Durchschnitt	133	5,6	1,2	1,6	80
Huhn, Suppenhuhn, Durchschnitt	257	20,3	3,1	9,1	63
Huhn, Brust	99	0,9	0,2	0,3	60
Huhn, Schlegel	110	3,1	0,6	2,3	75
Huhn, Leber	131	4,7	1,0	1,1	555
Truthahn, Durchschnitt	216	15,0	4,4	4,1	75
Truthahn, jung, Durchschnitt	151	6,8	1,6	2,0	81
Truthahn, Brust	105	1,0	0,2	0,3	60
Truthahn, Keule	114	3,6	0,8	0,5	75
Fische – Seewasser					
Bismarckhering, Hering mariniert	168	10,4	1,9	5,0	56
Brathering	204	15,2	2,7	5,3	85

Lebensmittel	Energiegehalt kcal/100 g	Fettgehalt g/100 g	MUF g/100 g	EUF g/100 g	Cholesterin mg/100 g
Flunder	72	0,7	0,3	0,3	50
Heilbutt	101	2,3	0,7	0,8	50
Hering mariniert	207	14,9	2,4	6,9	85
Hering (Ostseehering)	155	9,2	2,1	3,7	45
Kabeljau, Dorsch	74	0,4	0,3	0,1	50
Katfisch, Steinbeißer	88	2,8	0,8	1,0	80
Makrele	182	11,9	3,0	4,7	70
Meeräsche	120	4,3	1,5	1,3	70
Ölsardine, abgetropft	222	13,9	8,0	5,0	140
Rotbarsch, Goldbarsch	105	2,5	0,7	0,9	70
Sardine	124	5,2	2,5	1,5	15
Schellfisch	73	0,7	0,2	0,2	60
Scholle	76	1,5	0,4	0,5	55
Schwertfisch	130	2,1	0,2	0,8	70
Seehecht, Hechtdorsch	77	0,9	0,3	0,3	60
Seezunge	83	1,4	0,2	0,4	60
Sprotte	216	16,6	2,8	6,5	75
Steinbutt	82	1,7	0,2	0,2	60
Stint	85	1,7	0,6	0,6	60
Thunfisch	226	10,0	3,2	2,4	60
Fische – Süßwasser					
Aal	281	24,5	1,9	14,2	140
Aal, geräuchert	329	28,6	2,2	17,5	195
Barsch, Flußbarsch	117	3,6	1,5	0,8	70
Brasse	116	5,5	1,2	2,6	70
Forelle	102	2,7	0,3	0,4	55
Hecht	82	0,9	0,3	0,2	60
Karpfen	115	4,8	0,7	2,3	70
Lachs	202	13,6	2,1	4,5	35
Renke	100	1,6	0,5	0,5	83
Schleie	77	0,7	0,2	0,3	70
Zander	83	0,3	0,1	0,1	36
Krusten-/ Weichtiere					
Auster	51	1,2	0,2	0,7	50
Garnele	87	1,4	0,3	0,3	140
Hummer	81	1,9	0,2	0,2	180

Lebensmittel	Energiegehalt kcal/100 g	Fettgehalt g/100 g	MUF g/100 g	EUF g/100 g	Cholesterin mg/100 g
Krebs, Flusskrebs	65	0,8	0,4	0,3	150
Languste	79	1,1	0,3	0,2	200
Miesmuschel	51	1,3	0,3	0,4	110
Pilgermuschel	63	0,8	0,3	0,1	190
Tintenfisch	73	0,9	0,1	0,1	60
Mehl und Teigwaren					
Getreide und Mehle					
Gerste, entspelzt, ganzes Korn	290	2,1	1,2	0,2	
Grünkern, Dinkel, Spelz	320	2,7	1,3	0,3	
Hafer, entspelzt, ganzes Korn	359	7,1	2,8	2,5	
Haferflocken	364	7	2,7	2,6	
Hirse, geschältes Korn	316	3,9	1,9	0,9	
Mais, ganzes Korn	333	3,8	1,7	1,1	
Reis, unpoliert	348	2,2	0,8	0,5	
Reis, poliert	347	0,6	0,2	0,2	
Roggen, ganzes Korn	266	1,7	0,8	0,1	
Roggenmehl, Type 815	319	1,0	0,6	0,1	
Roggenmehl, Type 1800	300	1,5	0,7	0,2	
Sorghum, Mohrenhirse	307	3,2	1,1	1,0	
Weizen, ganzes Korn	302	2,0	1,2	0,3	
Weizengrieß	312	0,8	0,5	0,1	
Weizenmehl, Type 405	331	1,0	0,5	0,1	
Weizenmehl, Type 1600	327	2,1	1,2	0,3	
Weizenkeime	302	9,2	5,0	1,4	
Weizenkleie	195	4,7	2,4	0,7	
Brot					
Brötchen	263	1,8	0,6	0,2	
Grahambrot	197	1,0	0,6	0,2	
Kekse (Butterkekse)	443	11,0	0,9	4,2	45
Knäckebrot	312	2,1	1,2	0,3	
Roggenbrot	212	0,9	0,4	0,1	
Roggenmischbrot	228	1,1	0,4	0,1	
Roggenmischbrot mit Weizenkleie	216	1,5	0,4	0,1	
Roggenvollkornbrot	209	1,2	0,7	0,2	

Lebensmittel	Energiegehalt kcal/100 g	Fettgehalt g/100 g	MUF g/100 g	EUF g/100 g	Cholesterin mg/100 g
Salzstangen, Salzbrezeln	345	0,5	0,3	0,1	
Weißbrot, Weizenbrot	244	1,2	0,4	0,1	
Weizenvollkornbrot	240	2,4	1,0	0,5	
Weizenbrot	244	1,2	0,4	0,1	
Weizenmischbrot	240	1,1	0,4	0,1	
Weizentoastbrot	266	4,4	1,6	0,4	
Zwieback, eifrei	369	4,3	2,3	0,6	
Getreideprodukte					
Mais-Frühstücksflocken, Cornflakes	348	0,6	0,2	0,2	
Eierteigwaren(Nudeln, Makkaroni, Spaghetti, etc.)	345	2,8	0,9	0,3	95
Gemüse					
Artischocke	48	0,1	0,1		
Aubergine	20	0,2	0,1		
Augenbohne, Kuhbohne, Samen, trocken	269	1,4	0,7	0,1	
Bleichsellerie	11	0,2	0,12		
Blumenkohl	24	0,3	0,15		
Bohnen, grün, Schnittbohnen	36	0,2	0,12		
Bohnen, weiß, Samen,trocken	291	1,6	0,8	0,1	
Brokkoli	23	0,2	0,1		
Brunnenkresse	23	0,3	0,13		
Champignon, Kulturchampignon frisch	14	0,2	0,1		
Chicorée	11	0,2	0,1		
Chinakohl	10	0,3	0,13	0,05	
Endivie	13	0,2	0,08		
Erbsen, Gartenerbsen frisch, grün	81	0,5	0,1	0,2	
Erbsen, Gartenerbsen Samen, trocken	332	1,4	0,8	0,1	
Feldsalat, Rapunzel	14	0,4	0,2		
Fenchelkraut	57	0,3	0,2		
Gartenkresse	51	1,4	0,6	0,1	
Grünkohl	30	0,9	0,5	0,08	
Gurke	13	0,2	0,1		

Lebensmittel	Energiegehalt kcal/100 g	Fettgehalt g/100 g	MUF g/100 g	EUF g/100 g	Cholesterin mg/100 g
Kartoffel	70	0,1	0,05		
Kichererbsen, Samen	304	6,4	4,1	0,3	
Kohlrabi	25	0,1	0,05		
Kohlrübe, Steckrübe	41	0,2	0,1		
Kopfsalat	11	0,2	0,14		
Kürbis	18	0,1	0,06		
Limabohnen, Butterbohnen, Samen trocken	346	1,4	0,8	0,1	
Linsen, Samen trocken	310	1,4	0,6	0,25	
Mangold	26	0,3	0,17		
Meerrettich	60	0,3	0,2		
Möhren, Karotten	26	0,2	0,1		
Paprikafrüchte	20	0,3	0,2		
Petersilienblatt	50	0,4	0,25	0,05	
Petersilienwurzel	32	0,5	0,3		
Porree, Lauch	25	0,3	0,2		
Prinzessbohnen, Samen trocken	423	16,2	3,7	5,8	
Radieschen	14	0,1	0,05		
Rettich	10	0,2	0,08		
Rhabarber	9	0,1	0,07		
Rosenkohl	36	0,3	0,24		
Rote Rübe	42	0,1	0,05		
Rotkohl, Blaukraut	21	0,2	0,12		
Sauerkraut, abgetropft	14	0,3	0,17		
Salzgurken, Salzdillg.	21	0,1	0,06		
Schnittlauch	64	0,7	0,4		
Schwarzwurzel	14	0,4	0,22		
Sellerieknolle	16	0,3	0,16		
Sesam, Samen trocken	562	50,4	19,8	17,0	
Sojabohnen, Samen trocken	335	18,1	10,7	4,0	
Sojakeimlinge	56	1,2	0,9	0,2	
Sonnenblumensamen, trocken	580	49,0	27,9	13,4	
Spargel	14	0,1	0,1		
Spinat	15	0,3	0,2		
Tomate	17	0,2	0,1		
Weiße Rübe, Wasserrübe	19	0,2	0,1		

Lebensmittel	Energiegehalt kcal/100 g	Fettgehalt g/100 g	MUF g/100 g	EUF g/100 g	Cholesterin mg/100 g
Weißkraut	22	0,2	0,1		
Wirsing	32	0,4	0,24		
Zucchini	16	0,3	0,1		
Zuckermais, Speisemais	90	1,2	0,5	0,3	
Zwiebel	32	0,2	0,1		
Obst					
Ananas	56	0,2	0,1	0,05	
Apfel	50	0,4	0,1	0,05	
Apfelsine	43	0,2	0,07	0,06	
Aprikose	43	0,1	0,02	0,05	
Avocado	227	23,5	2,0	16,5	
Banane	90	0,2	0,06	0,03	
Birne	44	0,3	0,1	0,1	
Blaubeeren	83	0,6	0,3	0,1	
Brombeeren	44	1,0	0,6	0,1	
Dattel, getr.	272	0,5	0,2	0,1	
Erdbeeren	31	0,4	0,25	0,1	
Feige	62	0,5	0,2	0,2	
Grapefruit	38	0,1	0,04	0,02	
Himbeeren	29	0,3	0,2		
Johannisbeeren, rot	36	0,2	0,1	0,04	
Johannisbeeren, schwarz	45	0,2	0,1	0,04	
Kirsche, sauer	48	0,5	0,1	0,1	
Kirsche, süß	57	0,4	0,1	0,1	
Kiwi	46	0,6	0,24	0,1	
Mandarine	46	0,3	0,13	0,06	
Mirabelle	63	0,2	0,1		
Oliven, grün, mariniert	147	13,9	1,3	10,2	
Pfirsich	39	0,1	0,04	0,03	
Pflaume	51	0,2	0,1		
Reineclaude	56	0,8	0,3	0,06	
Rosinen	278	0,4	0,1		
Preiselbeeren, Stachelbeeren	45	0,2	0,1		
Wassermelone	35	0,2	0,07	0,03	
Weintrauben	67	0,3	0,1		
Zitrone	36	0,6	0,3	0,04	
Zuckermelone	54	0,1	0,04		

Lebensmittel	Energiegehalt kcal/100 g	Fettgehalt g/100 g	MUF g/100 g	EUF g/100 g	Cholesterin mg/100 g
Nüsse					
Cashewnuss, Kaschunuss	572	42,2	6,8	24,4	
Edelkastanie, Marone	194	1,9	0,8	0,7	
Erdnuss	571	48,1	14,4	22,1	
Haselnuss	648	61,6	6,5	47,5	
Kokosnuss	363	36,5	0,7	2,2	
Mandel, süß	598	54,1	10,2	36,8	
Paranuss	666	66,8	24,9	22,0	
Walnuss	669	62,5	40,9	9,8	
Getränke					
Apfelsaft, Handelsware	47				
Apfelsinensaft, Orangensaft, ungesüßt, Handelsware	44	0,1	0,04	0,03	
Grapefruitsaft, unges. Handelsware	47	0,1	0,03		
Nährbier	53				
Vollbier, dunkel	46				
Vollbier, hell	44				
Weißbier	45				
Rotwein, leichte Qualität	65				
Weißwein, mittlere Qualität (trocken)	69				
Süßigkeiten					
Apfelstrudel	178	5,9	0,6	1,5	24
Apfelstrudel (Mürbeteig)	216	7,5	1,9	2,5	22
Blätterteig	450	33,1	1,2	8,9	95
Blätterteiggebäck	392	25,7	2,0	6,0	76
Biskuit	288	5,0	0,8	2,0	248
Bonbons	370				
Fruchtspeiseeis	138	1,8	0,12	0,3	4
Hefeteig (süß)	284	6,0	0,5	1,7	50
Hefegebäck	316	9,0	0,6	2,6	106
Honig	303				
Kunsthonig, Invertzuckercreme	331				
Käsekuchen	296	16,4	0,8	4,7	139
Käsegebäck	435	32,0	1,2	8,7	86
Kakaopulver	343	11,7	0,4	3,4	
Krapfen	334	11,8	0,8	3,4	126
Mandelgebäck	506	28,0	1,5	8,8	87
Marzipan	464	25,0	3,0	10,7	
Milchspeiseeis	153	4,2	0,14	1,2	15
Mohnkuchen	379	18,1	7,2	3,2	38
Nougat	494	20,5	1,4	4,7	
Nussgebäck	506	28,0	9,2	11,0	17
Obstkuchen	202	8,4	2,0	2,8	50
Quarkkuchen (Ölteig)	352	17,2	4,2	5,3	52
Rührkuchen	293	12,3	0,9	5,0	86
Sahneeis	326	26,7	0,9	7,2	94
Sahnetorte	328	21,0	1,0	7,4	116
Sachertorte	343	11,6	0,7	3,6	181
Schokolade, Milchschokolade	527	31,5	0,8	8,0	
Waffelmischung	417	29,2	1,2	8,2	206
Weihnachtsstollen	412	20,4	1,0	5,9	54
Zwiebelkuchen	207	9,7	0,8	3,2	46

MUF = mehrfach ungesättigte Fettsäuren = gesundheitlich empfehlenswert

EUF = einfach ungesättigte Fettsäuren = gesundheitlich empfehlenswert

Quelle: »Fettstoffwechselstörungen und ihre Folgeerkrankungen – Eine Sammlung von Fragen aus der Praxis für die Praxis beantwortet«, 80 Seiten, DM 19,80, ISBN 3-00-001270-2 über den Buchhandel oder die Lipid-Liga e. V.

Glossar

Aceto balsamico, weißer & roter
Sehr würziger, süßsaurer Essig aus dem Most weißer italienischer Trauben der Rebsorte »Trebbiana«. Der echte »Aceto Balsamico Tradizionale di Modena« ist von dunkelbrauner Farbe und hat ein vollmundiges Aroma. Wie ein guter Wein muss er mehrere Jahre reifen, dabei durchläuft er ein Holzfass aus Eiche, eines aus Kirschholz, eines aus Esche und schließlich eines aus Maulbeerbaum. Es handelt sich deshalb um eine Kostbarkeit, die entsprechend teuer verkauft wird. Mittlerweile wird Aceto balsamico aber auch in schnelleren und wesentlich billigeren Verfahren hergestellt und ist in jedem Supermarkt erhältlich. Der weiße Aceto balsamico ist geschmacklich milder als der rote.

Adzukibohnen
Die kleinen dunkelroten oder schwarzen Hülsenfüchte haben einen süßlichen, aber doch kräftigen Geschmack. Einweichzeit etwa 1 Std., Garzeit 1–1 1/2 Std. Reich an Ballaststoffen, Eiweiß und Kohlenhydraten.

Agar-Agar
Ist ein pflanzliches Dickungsmittel aus Meeresalgen. Es stellt eine mineralstoffreiche, geschmacksneutrale und kalorienfreie Alternative zu tierischer Gelatine dar. Angeboten wird Agar-Agar fein gemahlen, gepresst, in Stangen- oder Streifenform. Beachten Sie bei der Anwendung die Packungsangaben. Erhältlich in Reformhaus und Naturkostladen.

Ahornsirup
Sirup aus dem Saft des Zuckerahorns, ursprünglich aus Kanada. Der dicke, karamellartige Sirup hat ein feines Aroma und stellt eine geschmacklich interessante Alernative zum Zucker dar. Klassisch wird Ahornsirup zu Pfannkuchen gegessen, er eignet sich aber auch hervorragend zum Süßen und Backen. Erhältlich in Supermarkt, Reformhaus oder Naturkostladen.

Apfel- oder Birnendicksaft
Süßungsmittel aus erhitztem, eingedicktem Apfel- oder Birnensaft. Leichtes Eigenaroma, aber die Süßkraft ist wesentlich geringer als die von Zucker. Erhältlich in Reformhaus und Naturkostladen.

Bindemittel, pflanzliches
Unter Bindemitteln versteht man Mittel zum Eindicken und Gelieren von Flüssigkeiten. Die gängigsten pflanzlichen Bindemittel sind Agar-Agar, Gummi arabicum, Johannisbrotkernmehl, Guarkernmehl und Pektin. Aber auch Stärke kann als Bindemittel verwendet werden.

Buchweizen/Buchweizenmehl
Kleine dreieckige Körner aus der Familie der Knöterichgewächse mit herzhaft nussigem Geschmack. Sie gehören botanisch zwar nicht zur Familie der Getreide, werden aber genauso verwendet. Die ganzen Körner können wie Reis gekocht werden. Erhältlich in Supermarkt, Reformhaus und Naturkostladen. Das fein gemahlene Buchweizenmehl wird vor allem für Teigwaren, Pfannkuchen, Klöße und Ähnliches verwendet. Das Mehl enthält kein Klebereiweiß und muss deswegen immer mit einem weiteren Mehl gemischt verbacken werden. Backwaren mit Buchweizen haben einen charakteristisch nussig-trockenen Geschmack. Erhältlich in Supermarkt, Reformhaus oder Naturkostladen.

Bulgur
Vorgedämpfter, getrockneter und grob gebrochener Weizen mit fein nussigem Aroma. Er kann gekocht oder gedämpft als Beilage serviert werden. Besonders beliebt in der Küche des Vorderen Orients. Erhältlich in Supermarkt, Reformhaus, Naturkostladen und türkischen Läden.

Butternuss-Kürbis
Kleiner birnenförmiger Kürbis mit goldgelbem Fruchtfleisch. Der hocharomatisierte, kernarme Kürbis ist auch gut zum rohen Verzehr geeignet.

Chinesische Fischsauce
Salzige aromatische Würzsauce mit würzigem Fischaroma. Nicht zu verwechseln mit Fischfond. Erhältlich im Asienladen.

Couscous
Zu Kügelchen gepresster Hartweizengrieß, der durch Dampfbehandlung nicht klumpt. Couscous ist das Nationalgericht Nordafrikas und inzwischen auch bei uns eine beliebte Beilage. Erhältlich im Supermarkt oder in türkischen Läden.

Currypaste
Würzpaste, die vor allem in der thailändischen Küche verwendet wird. Freunde der asiatischen, exotischen oder einfach nur scharfen Küche werden Geschmack an der gelben (eher mild, gut geeignet für Fischgerichte) und roten (sehr scharf) Currypaste finden. Sie kann zum Verfeinern von Gemüse, Fisch- und Fleischgerichten sowie für Saucen verwendet werden. Erhältlich im Asienladen.

Diät-Margarine
Diät-Margarine wird auf der Basis hochwertiger Pflanzenfette hergestellt und ist frei von Milchfett. Sie enthält wenig gesättigte, aber besonders viele ungesättigte Fettsäuren. Die mehrfach ungesättigten Fettsäuren machen beinahe 50 Prozent des Gesamtfettanteils aus. Somit ist Diät-Margarine für eine fettmodifizierte Ernährung sehr empfehlenswert. »Diät« steht in

diesem Zusammenhang für »gesundheitlich wertvoll«, und bedeutet nicht, dass diese Margarine fett- oder kalorienärmer ist als herkömmliche Sorten.

Dinkelmehl
Dinkel ist die Urform des Weizens, das wie Weizenmehl verwendet werden kann. Es zeichnet sich jedoch durch seinen fein-würzigen Geschmack aus. Erhältlich im Supermarkt, Reformhaus oder Naturkostladen.

Edelhefe-Flocken
Dieses Vitamin-B-haltige Würzmittel kann zum Binden und Würzen von Suppen, Saucen und Salaten sowie zum Bestreuen pikanter Gerichte verwendet werden. Kleine Mengen davon werten den Nährwert von Brotaufstrichen, Müslis, Getreide und Gemüsegerichten auf. Zur Schonung der Vitamine sollten die Flocken aber erst nach dem Kochen zugegeben werden. Erhältlich im Reformhaus.

Essig
Essig ist ein prima Würz- oder Konservierungsmittel. Je nachdem, welche Geschmacksträger (Kräuter und Gewürze) zugesetzt werden und auf welcher alkoholischen Basis der Essig angesetzt wird, ergeben sich eine Vielzahl verschiedener Essige.
Estragonessig: Eignet sich besonders für Fischgerichte, helle Saucen, Kartoffel-, Tomatensalat usw.
Zitronenessig: Weißweinessig mit spritzigem, sehr frischem Zitronenaroma.
Weißweinessig: Besonders feines, intensives Aroma. Weißweinessig kann deshalb sparsam verwendet werden und eignet sich gut für Fisch- und Geflügelgerichte.

Filoteig
Hauchdünne Teigblätter für blättriges Gebäck und Pasteten, etwa 50 x 50 cm groß. Erhältlich in griechischen Läden, eingeschweißt und tiefgefroren oder frisch. Ein ähnliches Produkt erhalten Sie in türkischen Läden als »Yuffka-Teigblätter«, die Sie genauso verwenden können.

Garam Masala
Eine Gewürzmischung aus verschiedenen gerösteten und gemahlenen Gewürzen wie Koriandersamen, Kreuzkümmel, Pfeffer, Kardamom, Zimt und Nelken. Die Zusammensetzung ist je nach Hersteller unterschiedlich, deswegen kann der Geschmack differieren. Erhältlich im Reformhaus oder Asienladen.

Gelbe Linsen
Geschälte Linsen von leicht süßlichem Geschmack, die ganz oder halbiert angeboten werden. In der indischen Küche sind halbierte Linsen, so genannte »Dal«, besonders beliebt. Erhältlich im Supermarkt, Reformhaus, Naturkostladen oder Asienladen.

Glasnudeln
Sind aus Mungobohnenmehl hergestellte Nudeln, die vor dem Kochen weiß und nach dem Kochen durchsichtig sind. Erhältlich im Asienladen oder in gut sortierten Supermärkten.

Grünkernschrot
Grünkern ist »unreif« geernteter Dinkel, der geschält, gedarrt und über dem offenen Holzfeuer geröstet wird. Die Körner erhalten so einen charakteristischen, leicht rauchigen, nussigen Geschmack. In der Küche findet Grünkern als ganzes Korn, Schrot oder Mehl Verwendung. Die ganzen Körner und das Schrot können wie Reis gekocht und als Beilage serviert werden. Beliebt sind auch Suppen, Aufläufe, Brotaufstriche und Bratlinge aus Grünkernschrot. Grünkernmehl wird zum Andicken von Suppen und Saucen, Klößen, Eierkuchen usw. benutzt. Erhältlich im Supermarkt, Reformhaus oder Naturkostladen.

Haferkleie
Hat einen besonders hohen Gehalt an löslichen Ballaststoffen und wirkt somit Cholesterin senkend. Sie ist in Reformhäusern, Naturkostläden oder Apotheken erhältlich.

Haselnussmus
Sehr nussig-aromatische Paste aus gemahlenen Haselnüssen. Sehr lecker als Brotaufstrich oder zu Waffeln, zum Verfeinern von Süßspeisen, Kuchen und Desserts. Das Öl, das sich auf der Oberfläche absetzen kann, ist hochwertiges Haselnussöl und sollte vor jeder Verwendung wieder untergerührt werden. Erhältlich im Reformhaus oder Naturkostladen.

Hirse
Das älteste kultivierte Getreide ist eiweißreich und zeichnet sich vor allem wegen seines hohen Eisengehalt als wertvolles Grundnahrungsmittel aus. Das ganze Korn von eher mildem Geschmack kann wie Reis sehr vielseitig zubereitet werden. Auch für Süßspeisen geeignet. Erhältlich im Supermarkt, Reformhaus oder Naturkostladen.

Hokkaido-Kürbis
Verhältnismäßig kleiner leuchtend oranger Kürbis. Das knallig orange Fruchtfleisch verleiht Gerichten eine besonders schöne Farbe und ist hocharomatisch. Er gilt als einer der besten Speisekürbisse. Im Naturkosthandel schon im Sommer erhältlich.

Jasminreis/Duftreis
Langkörniger Reis aus Thailand, der schon beim Kochen fein und angenehm blumig duftet. Er ist nach dem Kochen locker und nicht klebrig. Am besten gelingt er, wenn er in der doppelten Volumenmenge Wasser in etwa 15 Min. quellen kann. Erhältlich im Supermarkt, Reformhaus, Naturkostladen oder Asienladen.

Keniabohnen
Sehr dünne, faden- und samenlose Bohnen, die besonders zart und delikat sind. Deshalb werden sie gerne in der feinen Küche verwendet. Sie können durch grüne Busch- oder Prinzessbohnen ersetzt werden. Erhältlich bei gut sortierten Gemüsehändlern.

Kichererbsen
Getrocknete, gelbe knotig-herzförmige Erbsen, die eine sehr lange Kochzeit haben. Einweichzeit etwa 12 Std., Garzeit etwa 3 Std., im

Schnellkochtopf 45 Min. Getrocknet oder vorgegart als Konserve erhältlich im Supermarkt, Reformhaus, in türkischen, arabischen oder asiatischen Läden.

Koriandergrün
Kraut mit großen, grünen, petersilienähnlichen Blättern. Die getrockneten Samenkörner werden bei uns in erster Linie als Gewürz für Lebkuchen, Spekulatius und Weihnachtsgebäck verwendet, aber auch für Brot, Rotkohl, Wild, Pasteten und Wurst. Das frische Kraut hat einen sehr charakteristischen Geschmack und wird vor allem in der lateinamerikanischen und der asiatischen Küche verwendet. Frisches Koriandergrün wird im Topf oder mit Wurzel angeboten und hält sich, locker in Folie gewickelt, einige Tage im Kühlschrank. Ersatzweise kann die – allerdings weniger aromatische – Petersilie verwendet werden. Erhältlich im Naturkostladen, Kräuterhandel oder Asienladen.

Kreuzkümmel/Kumin
Gewürz, das sein kräftiges Aroma frisch gemahlen bzw. im Mörser pulverisiert am besten entfalten kann. Wird vor allem in der indischen und arabischen Küche verwendet. Erhältlich im Supermarkt, Reformhaus, Naturkostladen oder Asienladen, meist als »Cumin«.

Leinsamen
Längliche, braune Samen der Lein- bzw. Flachspflanze. Reich an hochwertigen Fetten, daher auch Ausgangsprodukt der Leinöl-Gewinnung. Reich an Ölsäure, Linol- und Linolensäure.

Maronen
Ei- bis herzförmige Esskastanie mit kräftigem, sahnigem Aroma. Nach dem Rösten oder Kochen schmecken sie leicht süßlich. Im Herbst überall frisch, ganzjährig auch als Konserve erhältlich.

Mungobohnensprossen
Knackig frische Keimlinge der Mungobohne mit süßlichem Aroma, auch »grüne Sojabohne« genannt. Sie können durch Sojasprossen ersetzt werden. Als Konserve überall erhältlich, frisch im Gemüsehandel und in Asienläden.

Natron
Backtriebmittel wie Backpulver, darf allerdings nur in geringen Mengen eingesetzt werden, sonst erhält das Gebäck einen bitteren Beigeschmack. Erhältlich in Supermarkt oder Apotheke.

Öle
Flüssiges Speisefett, das je nach Sorte aus Ölfrüchten, Keimen, Nüssen, Körnern oder Samen gewonnen wird. Alle pflanzlichen Öle sollten kühl, aber nicht unter 12°, also nicht im Kühlschrank, und lichtgeschützt aufbewahrt und rasch verbraucht werden, da sie schnell verderben.
Erdnussöl: Mildes, hellgelbes Öl mit leicht nussigem Aroma. Zeichnet sich durch gute Haltbarkeit aus, ist stark erhitzbar und eignet sich deshalb auch zum Braten und Frittieren.
Olivenöl: Feines Speiseöl, das in verschiedenen Geschmacksnuancen von mild bis kräftig würzig angeboten wird. Da sich auch die Qualität der Olivenöle stark unterscheiden kann, sollten Sie beim Kauf hochwertiges, kaltgepresstes Öl bevorzugen. Es ist als »olio extra vergine« oder »Natives Olivenöl Extra« gekennzeichnet. Es handelt sich um naturreines Olivenöl der ersten Pressung.
Rapsöl: Hellgelbes Öl ohne Eigengeschmack. Rapsöl hat sich als hervorragendes Speiseöl mittlerweile einen festen Platz neben dem Olivenöl erobert. Es liefert besonders hochwertige Fettsäuren und eignet sich auch für alle Gerichte, die stark erhitzt werden. Alternativ können Sonnenblumen- oder Pflanzenöl verwendet werden.
Sesamöl (hell & dunkel): Kaltgepresstes, wertvolles Öl aus gerösteten oder ungerösteten Sesamsamen. Schmeckt intensiv nussig und ist eher Geschmackszutat als Speisefett. Das teure Öl kann daher sparsam verwendet werden, hält sich aber auch lange, weil es kaum ranzig wird. Erhältlich im Supermarkt, Reformhaus, Naturkostladen und Asienladen.
Sojaöl: Hellgelbes, mildes Öl, das ähnlich wie das Rapsöl sehr stark erhitzbar ist.
Walnussöl: Dunkelgelbes Öl mit ausgeprägtem Nussaroma. Es wird vor allem als Würzmittel in der kalten Küche verwendet und passt hervorragend zu kräftigen Blattsalaten. Offenes Walnussöl sollte innerhalb weniger Wochen verbraucht werden, da es schnell ranzig und bitter wird. Erhältlich im Reformhaus oder Naturkostladen.

Puy-Linsen
Kleine, grün gesprenkelte Linsenart, die sich durch einen besonders feinen Geschmack auszeichnet und zunehmend beliebter wird. Beim Kochen behält die Puy-Linse ihre Form und hebt sich auch dadurch von anderen Sorten ab, die schneller zerkochen. Die Puy-Linsen können durch jede andere Linsenart ersetzt werden. Erhältlich im Reformhaus oder Naturkostladen.

Reisbandnudeln
Bandnudeln aus China, die aus Reismehl hergestellt werden und deshalb etwas heller in der Farbe sind als die gewohnten Hartzweizen-Nudeln. Erhältlich im Supermarkt oder Asienladen.

Rote Linsen
Linsen von vergleichsweise mildem Geschmack mit sehr kurzer Garzeit. Geeignet für Suppen und Pürees. Werden besonders in der indischen und asiatischen Küche verwendet. Erhältlich im Reformhaus, Naturkostladen oder Asienladen. Rote Linsen können am besten durch gelbe Linsen ersetzt werden.

Safranfäden
Kostbares Gewürz mit herbem, leicht scharfem Aroma. Echter Safran verleiht Speisen einen satten Gelbton. In der arabischen Küche wird Safran vorwiegend für Süßspeisen und herzhafte Reisgerichte verwendet, in Nordafrika für Fleisch- und Geflügelgerichte. Safranfäden sollten Sie vor der Verwendung in etwas Flüssigkeit einweichen. Erhältlich im Reformhaus.

Sambal Oelek
Aus Indonesien stammende sehr scharfe, dickflüssige Würzsauce auf der Basis gestampfter Chilischoten. Beim Kochen, Dippen oder als Würzsauce sehr sparsam dosieren.

Seidentofu
Weiche Tofusorte, die nicht gepresst, sondern nach dem Gerinnen des Sojabohnenquarks nur noch einmal durchgerührt wird. Die Konsistenz erinnert deshalb an Dickmilch. Seidentofu ist für die Zubereitung cremiger Saucen, Dressings und Dessertcremes oder als Joghurt-ersatz geeignet. Erhältlich im Reformhaus und Asienladen.

Soja Cuisine
Pflanzliche Alternative zu Crème fraîche mit einem Fettanteil von 18 Prozent, hergestellt auf der Basis von Wasser, Pflanzenöl und Sojabohnen. Verfeinert Suppen und Saucen, schmeckt aber auch als Kaffeesahne. Erhältlich im Reformhaus. Ersatzweise kann auch Soja Creme verwendet werden.

SojaCremig neutral/Soja Creme
Pflanzliche, sahnig-cremige Alternative zu Sahne ohne Eigengeschmack aus Sojabohnen, die mit Wasser vermahlen werden. Unterscheidet sich auf Grund des Herstellungsverfahrens in der Konsistenz von Soja Cuisine. Besonders gut zum Verfeinern oder Abbinden von Suppen und Saucen geeignet, kann dabei im Gegensatz zu Sahne mitgekocht werden.

Sojamehl
Wird aus gereinigten, geschälten, (teilweise gerösteten), gemahlenen Sojabohnen gewonnen. Sojamehl eignet sich zur Herstellung von Back,- Teig- und Süßwaren. Für die cholesterinarme Küche sehr interessant, da es auf Grund seines hohen Gehalts an Lecithin als Ei-Ersatz verwendet werden kann. Erhältlich im Reformhaus oder Naturkostladen.

Sojamilch/Soja-Drink
Aus gelben Sojabohnen gewonnene, fettarme und cholesterinfreie Alternative zu Kuhmilch. Durch Weiterverarbeitung mit Gerinnungsmitteln wird Tofu gewonnen. Erhältlich im Reformhaus, Naturkostladen oder Asienladen sowie im Supermarkt, dort jedoch oft nur aromatisiert.

Sojasauce
Würzig pikante Sauce aus fermentiertem Sojabohnenextrakt. Je nach Saucentyp wird teilweise Reis oder Weizen mitvergoren. Weniger hochwertige Produkte können Zucker, Salz, Aromastoffe, Zuckercouleur usw. enthalten. Dunkle chinesische Sojasauce ist kräftig im Geschmack, helle japanische Sojasauce eher süßlich und weniger salzig. Die größte Auswahl finden Sie im Asienladen, erhältlich aber auch im Supermarkt.

Sojasplitter und -würfel
Eiweißreiche Fleischalternative aus entfettetem Sojamehl. Die kleinen Splitter oder Würfel sind ballaststoffreich, fett- und cholesterinfrei. Trocken aufbewahrt sind sie unbegrenzt haltbar. Vor der Zubereitung müssen sie einige Stunden in Wasser quellen, wobei das Volumen um das 3- bis 4-fache ansteigt. Erhältlich im Reformhaus oder Naturkostladen.

Sprotten
Kleine Sardinen, die meist als Konserve angeboten werden. Am gängigsten sind die »Kieler Sprotten« und geräucherte Sprotten, die Sie im Kühlregal finden.

Thai Chilisauce
Scharfe Würzsauce aus Chilischoten, Zucker und Essig, die zum Abschmecken von Gerichten oder als Tischsauce verwendet wird. Erhältlich im Asienladen.

Tofu
Wird aus gestockter Sojamilch hergestellt und ist in Asien die wichtigste Eiweißquelle. Das cholesterinfreie Produkt ohne Eigengeschmack wird gepresst in vielerlei Form angeboten: In unterschiedlicher Konsistenz, gewürzt, bereits mariniert oder geräuchert. Tofu kann für die Zubereitung süßer sowie pikanter Speisen verwendet werden, kann mitgebraten, gegrillt oder cremig gerührt werden. Geschmack erhält er durch Marinieren. Erhältlich im Reformhaus, Naturkostladen oder Asienladen.

Wachtelbohnen
Längliche weiße Bohnen mit Sprenkeln, weswegen sie auch als »bunte Bohnen« bezeichnet werden. Sie sind mehlig, aber fest kochend und werden vor allem für Suppen, Salate und Pürees verwendet. Ersatzweise können weiße Bohnen verwendet werden. Erhältlich in gut sortierten Supermärkten, im Reformhaus oder Naturkostladen.

Weizenkeime
Keimlinge des Weizens, die als Flocken angeboten werden. Wie alle Keimlinge sind sie eine sehr gute Quelle für hochwertiges Eiweiß, linolsäurereiches Keimöl, Vitamin E, Vitamine der B-Gruppe, sowie die Mineralstoffe Kalium, Magnesium, Eisen und Zink. Erhältlich im Supermarkt, Reformhaus oder Naturkostladen.

Weizenmehl
Die Typenbezeichnung bei Mehlen ist ein Maß dafür, wie vollständig ein Getreide ausgemahlen wurde. Je höher die Type, desto mehr Inhaltsstoffe des Korns sind noch enthalten. Deswegen ist ein Mehl umso wertvoller, je höher die Type ist. Das handelsübliche Weizenmehl Type 405 ist sehr vitalstoffarm. Weizenmehl Type 1050 enthält einen höheren Anteil an Mineralstoffen und ist zum Backen besonders gut geeignet. Weizenvollkornmehl Type 1800 ist ballaststoff- und mineralstoffreich und deswegen gesundheitlich sehr wertvoll. Zum Backen ist es bedingt geeignet: Vollkornmehl bindet viel Wasser und muss zudem eine Weile quellen, bevor der Teig weiterverarbeitet werden kann. Weizenmehl Type 405 aus gängigen Backrezepten kann deswegen nicht 1:1 gegen Vollkornmehl ausgetauscht werden. Erhältlich ist Mehl verschiedener Typen in gut sortierten Supermärkten, im Reformhaus, Naturkostladen oder direkt beim Müller.

Rezeptregister von A–Z

Sachregister

Die Autoren

Vorwort

Prof. Dr. Werner O. Richter, Leitung des Instituts für Fettstoffwechsel und Hämorheologie in Windach bei München.
Er ist anerkannter Experte für Ernährungsfragen zu Stoffwechselstörungen. Bereits seit 1987 lehrt er als Dozent Stoffwechselkrankheiten und »Gesunde Ernährung« an der Ludwig-Maximillians-Universität München. Weitere Funktionen: Fachgruppenleiter »Nahrungsfette und Fette in der Ernährung« in der Deutschen Gesellschaft für Fettwissenschaft, Leiter der Fachgruppe »Hyper-lipoproteinämien« im Berufsverband der Ernährungsmediziner, Schriftleiter der Zeitschrift »Lipid-Report« und Vorstandsmitglied der Lipid-Liga e.V.

Die Rezept-Autorinnen

Dipl.oec.troph. Angelika Ilies, Dipl.oec.troph. Edita Pospisil und die Food-Autorin Doris Muliar zählen schon lange zu den Stammautoren des Gräfe und Unzer Verlags und haben viel Erfahrung mit der Entwicklung fettmodifizierter Gerichte.

Angelika Ilies

Die gebürtige Hamburgerin mit Wohnsitz in der Nähe von Frankfurt am Main startete ihre Karriere als Food-Journalistin direkt nach dem Oecotrophologiestudium. Sie erlebte den Redaktionsalltag in einem renommierten Verlag in London. Zurück im eigenen Land verstärkte sie das Kochressort der größten deutschen Foodzeitschrift. Seit 1989 arbeitet sie erfolgreich als freie Autorin und Food-Journalistin.

Doris Muliar

Die gebürtige Österreicherin arbeitet seit 1985 für Hörfunk, Fernsehen und Verlage. Sie hat schon zahlreiche Bücher zu den Themen Gesundheit und Fitness geschrieben. In den letzten Jahren lag ihr Schwerpunkt bei der Entwicklung leichter und schneller Rezepte für die fettarme Ernährung. Doris Muliar lebt und arbeitet in Köln.

Edita Pospisil

Das Spezialgebiet der Diplom-Ernährungswissenschaftlerin und Buchautorin liegt im Bereich ernährungsabhängiger Gesundheitsstörungen, deren Prävention und diätetische Behandlung. Im Mittelpunkt ihrer publizistischen Arbeit steht, wissenschaftliche Erkenntnisse aus den Gebieten Zuckerkrankheit, Bluthochdruck, Fettstoffwechselstörungen und Übergewicht in eine für jedermann leicht und überzeugende Form umzusetzen. Ihre Erfahrung und ihr Fachwissen erwiesen sich bei der Rezeptentwicklung und -bewertung als sehr hilfreich.

Michael Brauner
Food Fotografie

Nach Abschluss der Fotoschule in Berlin arbeitete er als Fotoassistent bei namhaften Fotografen in Frankreich und Deutschland, bevor er sich 1984 selbstständig machte. Sein individueller, atmosphärenreicher Stil wird in der Werbung ebenso wie in vielen bekannten Verlagen sehr geschätzt. In seinem Studio in Karlsruhe setzt er die Rezepte zahlreicher GU-Titel stimmungsvoll ins Bild.

Legende

An diesen Symbolen erkennen Sie bei den Rezepten auf einen Blick, wie viel Fett und Ballaststoffe eine Portion enthält.

Fett Pro Portion		Ballaststoffe Pro Portion	
bis 3 g	–	bis 2 g	–
4–6 g	●	2–4 g	●
7–9 g	●●	5–7 g	●●
10–14 g	●●●	8 g und > 8 g	●●●
15–19 g	+		
20–29 g	++		
30–39 g	+++		

Die Temperaturen bei Gasherden variieren von Hersteller zu Hersteller. Welche Stufe Ihres Herdes der jeweils angegebenen Temperatur entspricht, entnehmen Sie bitte der Gebrauchsanweisung.

Abkürzungen:

TL	=	Teelöffel
EL	=	Esslöffel
Msp.	=	Messerspitze
geh.	=	gehäuft
gestr.	=	gestrichen
kcal	=	Kilokalorien
MUF	=	mehrfach ungesättigte Fettsäuren
EUF	=	einfach ungesättigte Fettsäuren

Impressum

Genehmigte Sonderausgabe der Verlagsgruppe Weltbild GmbH, Steinerne Furt, D-86167 Augsburg

Konzept, Text, Redaktion: Anne Taeschner; Lektorat: Dipl.oec.troph Maryna Zimdars; Produktion: Maike Harmeier; Typografie und Layout: Kraxenberger Kommunikations-Haus, München; Satz: Büro für Informationsgestaltung, München; Fotografie: Michael Brauner; Bildnachweis: becel S. 9, 11; J. Rynio S. 14, 22; M. Wunsch S. 3, 16, 17, 18 (Brot), 21, 24, 25; Reproduktion: Repro Schmidt, Dornbirn; Projektleitung Lizenzausgabe: Götz Fuchs; Umschlaggestaltung: Vierthaler und Braun; Umschlagmotive: Gräfe und Unzer Verlag
Gesamtherstellung: Appl, Wemding
Printed in Germany
ISBN 3-8289-2175-2

2008 2007 2006

Die letzte Jahreszahl gibt die aktuelle Lizenzausgabe an.

Gesundheits-CheckUp auf CD

Mit Hilfe des Gesundheits-CheckUp können Sie die Ergebnisse von Labors oder aus Selbsttests überprüfen und mit älteren Untersuchungsergebnissen vergleichen. Eine große Erleichterung bei wiederkehrenden Tests. Mit Erinnerungsfunktion! Dabei kann das Computerprogramm die gemessenen Werte nur auf Plausibilität überprüfen, jedoch nicht eine ärztliche Diagnose ersetzen, zumal Referenzwerte von Labor zu Labor abweichen. Wenn Ihnen die vom Programm angezeigten Werte merkwürdig erscheinen oder Sie sich schlecht fühlen, kontaktieren Sie auf jeden Fall einen Arzt!

Systemvoraussetzungen und Installation:
Windows 98SE/ME/XP (SP1 & SP2), Pentium-PC mit 500 MHz oder schneller, 128 MB RAM (256 MB RAM empfohlen), 30 MB freier Festplattenspeicher, S-VGA-Grafikkarte mit 1.024 x 768 Pixeln Auflösung, 16-Bit-Farbtiefe (HighColor), CD-ROM oder DVD-Laufwerk, Drucker optional, Internet Explorer 5.5 oder höher. Bitte folgen Sie den Anweisungen auf der CD ("Gesundheits-CheckUp installieren").

Haftungsausschluss
Weder der Verlag noch der Software-Hersteller übernehmen eine Haftung für Schäden, die durch die Benutzung der beigelegten Software entstehen. Insbesondere nicht für Personen-, Sach- oder Vermögensschäden, die als Folgeschäden unmittelbar oder mittelbar im Zusammenhang mit der Nutzung der Software in Verbindung stehen. Auch für etwaige technische Fehler sowie für die Richtigkeit der gemachten Angaben wird keine Haftung übernommen.